THE HARRAP ANTHOLOGY

OF

FRENCH POETRY

edited by
JOSEPH CHIARI D. ès L.

GEORGE G. HARRAP & CO. LTD

LONDON TORONTO WELLINGTON SYDNEY

TO

T. S. ELIOT O.M.

THE BEST OF FRIENDS

WITH ADMIRATION AND AFFECTION

First published in Great Britain 1958
by GEORGE G. HARRAP & CO. LTD
182 High Holborn, London, W.C.1
Copyright. All rights reserved

Introduction © *Joseph Chiari* 1958

Composed in Bembo type and printed by
Butler and Tanner Ltd, Frome and London
Made in Great Britain

ACKNOWLEDGMENTS

THANKS are due to the following publishers for permission to reproduce copyright works in this anthology:

Calmann-Levy, Éditeurs (for poems by Anna de Noailles).

Éditions Émile-Paul Frères (for poems by Paul-Jean Toulet).

Librairie Gallimard (for poems by Paul Claudel, Paul Valéry, Charles Péguy, Max Jacob, Léon Paul Fargue, Guillaume Apollinaire, Jules Supervielle, Pierre Jean-Jouve, Saint-John Perse, Pierre Reverdy, Jean Cocteau, Paul Éluard, Louis Aragon, Henri Michaux, René Char, Patrice de la Tour du Pin and Catherine Pozzi).

Mercure de France (for poems by Émile Verhaeren, Jean Moréas, Francis Viélé-Griffin, Francis Jammes, Laurent Tailhade, and Yves Bonnefoy).

Desclée de Brouwer et Cie (for poems from *Babel* by Pierre Emmanuel).

The publishers and editor regret that, although every effort has been made, they have been unable to get in touch with the publishers of *Arbres d'artères* and *Je chante un feu parfait* by Pierre Emmanuel.

The editor wishes to express his gratitude to Dr K. H. Hall for her help in reading the proofs of the early section.

NOTE

IN the first section of the book, the spelling used is, with occasional minor modifications, that of the following editions:

Chanson de Roland—Constans, G. Paris; *Aucassin et Nicolette*—G. Paris; Richard Cœur de Lion—Ed. Larousse; Coucy—Société des Anciens Textes Français; Thibaud—Larousse; Muset—Larousse, Bédier; Machaut—Paget Toynbee; Rutebeuf—Larousse, A. Mary; Deschamps—Patterson, Larousse; Christine de Pisan—Larousse; Charles d'Orléans—Ed. Champion; Villon—Foulet, G. Paris; Marot—Guiffrey, Darmstater and Hatzfeld; Scève—Parturier; P. du Guillet—Aynard; Pontus de Tyard—Marty-Laveaux, Collection Pléiade; Du Bellay—Chamard, Société des Textes Français Modernes; Labé—Aynard, C. Boy; Ronsard—Laumonier; Belleau—A. Gouverneur; Magny—J. Favre; Jodelle—Marty-Laveaux; Baïf—Marty-Laveaux; Passerat—Blanchemain; Marie Stuart—Manuscripts in the Bodleian Library and the British Museum; Du Bartas—Holmes, Lyons, Linker; Garnier—Ed. Garnier; Desportes—H. Vaganay; La Ceppède—F. Ruchon; Bertaut—A. Chenevière; D'Aubigné—Droz, Garnier; Malherbe—Blanchemain; Sponde—Boase, Ruchon; Régnier—Jean Plattard; Maynard—Garrisson; Racan—L. Arnould.

CONTENTS

[5]

[10]

[11]

[12]

[13]

[16]

[17]

[18]

[19]

[21]

INTRODUCTION

THIS anthology is intended for the general reader as well as for the student of French in universities and schools. It is not an historical anthology aiming at giving a full picture of an age, or at illustrating theories and technical and social developments; neither is it a personal anthology in the way in which *Come Hither* by De La Mare, *The Poet's Tongue* by W. H. Auden and *The Spirit of Man* by Robert Bridges are personal anthologies—that is to say, collections of poems based on an avowedly personal choice or on a given theme. Yet, of course, the personal element is unavoidable. One approaches poetry with one's own beliefs and ways of thinking and feeling which are individual although not singular.

The French Language as a Medium for Poetry

Poetry, in its phenomenal aspect, is words; therefore, although the core of poetic experience and truth transcends words as symbols, poetry cannot but bear the imprint of the language in which it is expressed. The origins of the English language are more varied and complex than those of the French, and they have resulted in an altogether richer instrument of poetic expression. Its vocabulary and range of synonyms with subtle shades of meaning is much wider and more concrete, and the result is that in English one can work more through substantives, verbs and extensive use of word-grouping without having to fall back, as in French, on idiomatic expressions or syntactic constructions which obviously bear the mark of mind. The capacity to make composite words, inherited from the Anglo-Saxon, not only affords vividness of description and possibilities of alliterations, but also reduces the use of prepositions, limits the strictly rational processes, and combines with the inflectedness of the language to produce a greater faithfulness to the emotional pattern of the experience conveyed. The English language is altogether more flexible than the French, which is more precise, more abstract, more confined within grammatical rules, and therefore a better instrument for analysis. The word in English has greater autonomy than in French; its accent gives it individuality, and the rhythms of its poetry are more clear-cut, more easily recognizable than those of French poetry. English verse rests more on a qualitative or accentual rhythm than on a syllabic pattern, and its principal feet are the iamb and the trochee. The iambic rhythm is the more prevalent of the two, and it is also the normal rhythm of prose; this means that transitions from verse to prose and *vice versa* are easy, as far as the predominant iambic rhythm is concerned. A strongly accented language requires a very careful use of rhyme which, when coupled with the accent, can easily tend to make the structure and meaning of the line or phrase too subservient to it, and also to produce monotony. Therefore rhyme has been used sparingly, and is very often replaced by alliterations and by assonances and dissonances which allow a subtle interplay between line stop and sentence stop so typical of Shakespeare's later writings and of some of Milton's poetry. The word in French has less individuality than in English, and is more closely integrated into the whole to which it belongs, whether it is the poetic or the prose phrase; besides that, it can be considered, to all intents and purposes, as having no accent, though there is a quantitative accent in the various durations of the vowels. The accent in French is a matter of inflexion of speech in order to convey a given meaning or to produce an effect, and therefore, on the whole, it bears on words only as units of a phrase. Any brief affirmative phrase can be given quite a variety of meanings according to the intonation placed on the words or the inflexion of speech; any single syllable can, by lengthening and pitch, be made to convey meaning. French prosody has rested mainly on the syllabic pattern, on the music of the vowels, which is varied, on intonation and pitch, on pauses meant to convey meaning, and on rhyme, which is necessary to underline the structure of the line and to counteract a fluidity which tends more towards eloquence and rhetoric than towards a poetry of vision or suggestion. Besides that, one must note that the rules of French syntax tend to favour conceptualism rather than creativeness through language, though of course such poetry is possible whenever there is true poetic genius.

Free verse is undeniably less successful in French than in English; as for poetry in prose, or prose-poems, this is for me a contradiction in terms. It is either one or the other; the difference between the two is not so much a matter of degree as of nature, and it lies in the creative act; neither is it a question of prose dealing with thoughts and poetry with emotions, for this would be an altogether superficial and unreal division. The poetry of Lucretius carries with it a whole philosophic system, and it is most of the time poetry; the *Divine Comedy*, though less original in philosophic thought, is nevertheless a great philosophic poem; the whole of metaphysical poetry is packed with thought, and in fact there is no great poetry which does not contain thought, but thought felt, not conceptualized. On the other hand, the prose of Burke, Rousseau or Chateaubriand contains far more poetry than the whole verse output of Voltaire or of Gide. But then, verse is only the outward shape of a substance or form which makes poetry; when it is not there the verse, in spite of the metrical pattern, is only verse, and when the creative process has remained incomplete and has not found its organic shape, we have poetic prose—material for poetry, but not poetry.

The earliest French texts, with the exception of the *Serment de Strasbourg* (842) which is in prose, are in octosyllabic verse and date from the tenth century; they are *La Cantilène de Sainte Eulalie* and *La Vie de Saint Léger*. The next text, *La Vie de Saint Alexis* (eleventh century) is in decasyllabics. The most usual line of French poetry is the alexandrine; it is found for the first time in *Le Pèlerinage de Charlemagne à Jérusalem* (beginning of the twelfth century) and in *Le Roman d'Alexandre* by an unknown writer at the end of the twelfth century. Marcel Braunschvig says: " Si l'alexandrin a été regardé comme le vers type, c'est parce qu'il correspond à la fois à l'amplitude de notre respiration et à l'étendue de notre mémoire auditive, c'est-à-dire physiologiquement à l'intervalle moyen de deux mouvements respiratoires successifs." It is worth noting that the Greek and Latin hexameter was based on approximately the same number of syllables.

The alexandrine has a very great internal melodic range, but it has, because of rhyme and its syllabic structure, a pattern which does not break easily into prose. Racine alone has succeeded in making it walk side by side with everyday speech and at the same time in lifting it to heights unsurpassed in French poetry. The Romantics increased its flexibility and its brilliance, but when less practised hands were laid on this delicate and complex instrument, they merely disrupted it and only succeeded in making it drag its sinuous body or burst into lifeless fragments. Within the framework of the twelve syllables and the rhyme, the alexandrine offers a very great variety of rhythms or musical units. There are two broad divisions, the *alexandrin classique* or binary, and the *alexandrin trimètre* or ternary. In binary alexandrines there is always a caesura or pause which, falling after the sixth syllable, divides the line into two groups or hemistichs. The hemistich is in no way rigid; it may be divided into a number of syllabic groups of varying quantity or length: 3–3, 2–4, 4–2, 2–2–2, or 1–5; and as the other hemistich can have similar subdivisions, one can have a great variety of combinations. In the ternary alexandrine, the sixth syllable is never accented, and the line is divided into three groups of varying numbers of syllables: 4–4–4, 3–5–4, 4–6–2, etc. In the classical alexandrine meaning generally conforms with both the length of the line and the length of the hemistich; that is to say, the caesura cannot separate two words which ought to be joined by sense, neither can meaning overflow the line. The ternary rhythm, which became more predominant with the Romantics, favours the overflowing of meaning not only over a line, but over many lines and sometimes over a whole stanza. We find ternary alexandrines in the Classical age, but the overflowing line was strictly avoided. Victor Hugo rightly said: " J'ai disloqué ce grand niais d'alexandrin," and after him the Symbolists went much further and finally ended in free verse. The alexandrine is the standard metre of French poetry, and, contrary to the elementary view according to which all that matters is to count the necessary twelve syllables and then all is well, it is a very supple, very fluid and very elusive medium. The octosyllabic and decasyllabic lines are, together with the alexandrine, the most commonly used lines in lyric poetry.[1]

[1] ' Lyric ' here refers only to form ; it simply means non-epic, non-dramatic poetry.

To describe the varied stanzas of French poetry would require a full book. They vary from the *tercet*, the *terza rima* borrowed from Dante, the *quatrain*, the five-line stanza, the *sizain*, very commonly used, the seven-line stanza as in *La Bouteille à la Mer* by Vigny, the *huitain* and *dizain* of the *ballades*, to the sonnet. The *ballade* consists of three *huitains* or three *dizains* followed by a half-stanza or *envoi* addressing the person to whom the *ballade* is dedicated. Each stanza of the *ballade* as well as the *envoi* ends with the same line or *refrain*; the *huitain* is based on the octosyllabic line, and the *dizain* on the decasyllabic line, the respective rhyme schemes being *ababbcbc*, *ababbccdcd*. The sonnet was widely used in the sixteenth century and came into favour again with Baudelaire and the Parnassians. The form mostly adopted in France is slightly different from the Italian in the rhyme scheme, and is as follows: *abbaabbaccdede*. Needless to say this regularity of form has very often been contravened.

T. S. Eliot has said that " no *vers* is *libre* for the man who wants to do a good job." The history of the *vers libre* goes much further back than the nineteenth century and the Symbolists. Any poem which is not written in strictly stanzaic form or in regular alexandrines, but is written on the contrary in lines of varying lengths, is written in *vers libres*. We find examples of free verse in Melin de St Gelais (1487–1558), and extensively in seventeenth-century works, including those of Racine, Corneille and Molière, as well as in Elizabethan and Jacobean poetry and drama, and above all in the fables of La Fontaine who is undeniably the greatest master of free verse. The speech of his little dramas and *apologues* is dramatic speech, and it is made to fit meaning and to convey character. Free verse was also used in the eighteenth century, but up to the Symbolists it remained based on the syllabic pattern. In the age of the Symbolists the ear was above all attuned to music, and poetry had forsaken Parnassian pictorial imagery for rhythm and music. Free verse becomes, from then onward, an attempt to free poetry from the rigidity of the syllabic pattern and the rhyme; it appeals above all to the ear, and it aims at making full use of the music of words. These aims are obviously more within the reach of an accented language than of an unaccented language. In England Hopkins, a contemporary of the

Symbolists, is the poet who did most to extract music from words and, through syntactic distortions and quantitative notations, to approximate poetry to music. Mallarmé tried something similar, but with different aims in view.

The Symbolists' notion of the *vers libre* is a development of poetic prose which led to the prose-poem. Baudelaire was the first to formulate such a notion, which came to him after his reading of Aloysius Bertrand's *Gaspard de la Nuit*: " Quel est celui d'entre nous qui n'a pas, dans ses jours d'ambition, rêvé le miracle d'une prose poétique musicale sans rythme et sans rimes, assez souple et assez heurtée pour s'adapter aux mouvements lyriques de l'âme? " Before Baudelaire there had been, of course, the poetic prose of Fénelon, of Lammenais, of Gérard de Nerval with his publication of *Aurélia* in 1855, and of De Quincey. After Baudelaire, Charles Gros and Villiers de l'Isle Adam began to use *vers libre*, and the other Symbolist poets followed. Rimbaud's *Les Illuminations* was published in 1886; Mallarmé's *Anecdotes ou Poèmes*, published in 1897 as part of *Divagations*, are, according to Jean Royère, " the most fruitful reform effected in French poetry by the Symbolists."

The Symbolists can rightly claim to have contributed something of their own to French verse. They continued the dislocation of the alexandrine initiated by Hugo and the Romantics; they practised the *enjambement* and displaced or ignored the caesura; they preferred an uneven number of syllables to an even number; they repudiated the notion of clash between feminine and masculine rhymes, and they often replaced rhymes by assonances; finally, they practised the elision of the *e* mute in scansion. Yet, in spite of all these changes, one should speak of *vers libéré* and not of *vers libre*, for there is no such thing. Verlaine maintained that there was no verse without rhyme, and Mallarmé said: " Pour moi le vers classique — que j'appellerai le vers officiel — est la grande clef de cette basilique que j'appellerai ' la poésie française.' " Laforgue used free verse, and he also translated some of the poetry of Walt Whitman, whose influence was, according to some critics, paramount. Yet such a claim is unsupported by evidence, which on the contrary tends to show that free verse was neither fathered nor fostered by one single individual, but is merely a development of French poetry. The Claudelian *verset* has its antecedents in the Bible and in the Greek dramatists like Aeschylus, whose words Claudel translated. It has a recognizable rhythm, and both flexibility and power; but Claudel's achievement will not be easily emulated, for few poets have his power of metaphor and imagery to compensate for inherent rhythmical weaknesses.

The Main Traits of French Literature

" Le Francais n'a pas la tête épique," said Voltaire, and that seems true, or at least, it is verified by experience, which is what matters. But the Frenchman is eloquent, he is the Greek of modern times; eloquence is throughout one of the main characteristics of his poetry, and nobody was more aware of that than the poets themselves. Verlaine tried in vain to ring its neck; one can only echo the most illustrious statesman of our time and say: " Some neck! " Eloquence finds its best allies in analytical languages and in literary themes thoroughly refined by successive mental processes. It is undeniably true that French poetry is more remote from the people than English poetry, that its main themes are more literary and that there is very little high-quality poetry in France which, like that of Shakespeare in this country, has become part of everyday life. The epic poetry of France is not French history transmuted into poetry, as Shakespeare's historical plays are the epic of England; it is *La Franciade* or *La Pucelle*, works which nobody reads. It is also true that French poetry, with few exceptions such as that of Villon, lacks the universality of that of the great poets like Shakespeare, Goethe or Dante. Yet, in spite of these reservations France's artistic achievements, taken all in all, show a versatility, an all-round high level and a vitality unequalled by those of any other nation. Whatever the cause may be, history shows France as a transformer, a central force, absorbing, digesting extremes, and maintaining a ceaseless exploratory curiosity in all fields of human activity.

The main traits of French literature, and consequently of French genius, could be summed up as follows. First of all, sobriety, the quality which tempers excesses, tones down extremes and blends the rational and the supernatural into balanced compositions. Sobriety is born from the consciousness of human limitations. It is this consciousness which underlies the scepticism of Montaigne and the methodology of Descartes who, however much he worshipped reason, knew its limitations and never aspired, like Nietzsche, to steal God's fire or the keys of creation.

The next trait, which in fact flows from the previous one, is the capacity to laugh at life, at more than one level. It begins with the enormous zest for life of Maître Pathelin or of Maître François, whose gargantuan roar, born from wisdom slowly acquired after witnessing everywhere the contrast between misery and dreams, posturings and falls, shows empyrean mastery of the " human comedy " and links up with Shakespeare and Molière. Although Molière lived in an age of periwigs and conventions as intricate as today's pedestrian crossings in the Place de la Concorde, he is a close relation of Maître François. Instead of tilting at pedants and monks, he entertains us with the antics of the Marquis, the Précieuses, the hypocrites and the misers, and together with La Fontaine he shatters the pomp and high-blown dignity of the age of Louis XIV with his laughter and caustic shafts. La Bruyère and Boileau join with them to show that ridicule and satire can cause as deep wounds as blades, and are better correctives of abuses than *bastonnades*. Voltaire, Beaumarchais, Paul-Louis Courier continue the exploitation of a genre in which France is supreme. The most popular writers, the most typically French, are the masters of laughter—Rabelais, Molière and La Fontaine; and the first two are also those who have the strongest claims to universality and to a place beside Homer, Shakespeare and Dante.

Another typically French trait is attention to form, the kind of preoccupation which led Buffon to say that " le génie est une longue patience," Pascal that he had no time to shorten the last of his *Provinciales*, and Flaubert to complain about " les affres du style." With this extreme care for form, which permeates the whole of French life, goes a strong desire for clarity of meaning. The French language is a precise instrument, and even philosophy can be clearly expounded in it; Descartes has, according to Bertrand Russell, " an extraordinarily excellent style . . . , an admirable literary style." These various traits or characteristics of the French genius can be summed up in one word—consciousness; but consciousness has not only advantages, but serious drawbacks. First, it relies too much on mind and will, to the neglect of the obscure forces beyond the light and the control of the mind. Then, if consciousness leads to the fascinating introspective studies which abound in seventeenth-century France and are part of a strong moralistic tradition, it can also lead to narcissism and detachment from the outside world.

What is important in poetry is the capacity to speak through the senses; therefore the excellence of a poetic language is above all determined by its range of concrete, sensuous words which are part and parcel of visual and auditory imagination. However wide the vocabulary of a language might be, what matters for poetry is its range of perceptual words and its syntactic flexibility, and not its subtle variety of abstract terms. Dante's vocabulary, compared with that of a modern major language, was limited, but its range of perceptual words and concrete imagery was greater. The French language having become what it is, the French poet has had to deal with a more intractable material than the English poet, and, the more intractable the material, the stricter the rules and conventions by which it must abide. Besides that, one must not forget the fact that the French are, by and large, a Gaelic people and like all Gaels—Scots, Irish or Welsh—they love perfectly worked out conventions and patterns intricate and subtle as the variations of pibroch music. Amongst Gaelic or Greek people, the artist must not only be endowed with the natural prerequisite gifts, but he must also be an accomplished craftsman, knowing all the rules of his craft and ever striving towards its mastery. The strict conventions of French poetry, the insistence on style, the profusion of forms must be viewed in this light and not as mere superficial exercises.

The Pattern of French Poetry

In A.D. 800, on Christmas Day, Charlemagne, the French King and founder of the Holy Roman Empire, was crowned Emperor by the Pope in Rome. The French language, as far as literature is concerned, is mentioned for the first time in 659 as *lingua romana*. The first extant texts one finds in *lingua romana* are the

Strasbourg Oaths (842) and the *Cantilène de Sainte Eulalie*; but French literature truly begins in the eleventh century with the *Chansons de Geste*, the most famous of which is *La Chanson de Roland*, written in decasyllabic verse and containing some very colourful and moving passages. As Legouis[1] points out, the sensuousness of this poetry is impressive, the visual imagery is particularly strong, with the "clear countenance of the ladies," the "steely hands" of the knights, the "flowing beards" and the richness and glitter of the clothes. The *Chansons de Geste* are a product of Northern France. "The question of the influence of Provençal poetry on the less civilized north may be regarded as not proven," says Saintsbury, who is prepared to concede that lyric poetry developed earlier in the south and may have influenced the north; nevertheless, he very much doubts whether the *ballade*, the *chant-royal*, the *rondel* and the *villanelle* can be deduced from the *balada*, the *retroencha* or the *breu-doble*; furthermore he questions the value of the influence of the marked artificiality of the troubadours on the *trouvères*. On the other hand, Cazamian, discussing the influence of the poetry of the troubadours, says: "its influence was felt in the north of France; it can even be traced in England. . . . Meanwhile, in the north the prestige of the southern singers was inciting the poetical impulse to more ingenious and artificial forms of expression. . . . Under this stimulus various verse patterns assumed their definite individuation." [2]

The south of France was certainly in a more advanced state of civilization than the north. The status of women in southern society was different from what it was in the north; they were queens, if not in fact, as Aliénor of Aquitaine, at least in theory, owing to the high position which they occupied in society. Man's principal aim was to please them and, by displaying knightly virtues and by behaving according to the highly refined code of manners which could raise a villain to the level of a gentleman, to win their love. Love was the supreme occupation of such a matriarchal society, and love of a very special kind. It is the love immortalized by Petrarch for Laura, or by Dante for Beatrice.

[1] E. Legouis and L. Cazamian, *Histoire de la Littérature anglaise* (Hachette, 1921).

[2] L. Cazamian, *A History of French Literature* (Oxford University Press, 1955).

Woman is placed on a pedestal and worshipped, and the lover will serve her with the same loyalty as a vassal his sovereign. It is a kind of pure love, which nevertheless does not exclude physical love. The poetry of the troubadour is the poetry of courtly love sung in verses of sustained and varied workmanship. This poetry had no doubt distant popular origins, but once it reached maturity in the twelfth-century courts of the south of France, it became an aristocratic poetry, meant for noble ladies, and it was very often the work of aristocrats, as is proved by a glance at the most important names—Jaufré Rudel, Bernard de Ventadour, Bertrand de Born, Guillaume de Poitier; to these names one must add that of one of the most famous poets of Provence—Arnaut Daniel.

While the *chansons courtoises* of the south of France were singing the praises of women, the *chansons de toile* of the North were also about women, but about women doing the worrying and enduring, often enough, the pangs of unrequited love. The passion involved is no longer intellectual but something more complex, more violent and capable of extreme decisions. " Belle Doette " waits in vain for her lover Doon, and "Fair Erembor" has to go through a good deal of pleading and patient waiting before Count Renaud consents to forgive her. This *genre* does not seem to have survived the appearance of a more refined society in the thirteenth century. A poet of Arras, called Aude-froy le Bâtard, endeavoured to give these old popular themes a more literary form and to introduce into them elements of courtly love. His attempts indicate a change in taste and a spreading of the influence of the south to the north, whose courts were soon to be famous for their refinements. The court of Marie of Champagne, the daughter of Aliénor of Aquitaine, could rival in splendour that of her mother in Poitiers; the *trouvères* of Picardy, Champagne and Normandy were as famous as the troubadours whom they were not perhaps imitating but certainly emulating. One could not quote them all, yet a few, whose names have been hallowed by fame, must be noted: Chrétien de Troyes, Huon d'Oisy, Conon de Béthune, Adam de la Halle, le Châtelain de Coucy, Thibaud de Champagne, Richard Cœur de Lion, Guyot de Provins, Richard de Fournival, Colin Muset and, possibly the most original, the most Villonesque poet of the thirteenth century, the Parisian Rutebeuf. Like Villon, he has known poverty and all the hardships of a Bohemian life. Before Villon, he has discovered the poetry of death, whose threat is ever present in his mind. His lyricism, which transcends conventions, his irony about his misery, and his indignation are no literary games, but the personal expression of a plight genuinely felt and which was out of tune with his time. It is he who, more than anyone else, anticipates Villon. By the end of the thirteenth century a new society is being born, a middle class which thrives and gathers wealth while the nobles are impoverished or decimated by wars. The singers are silent, poetry seems to be exhausted, or rather one should say that a society growing in intellectual stature expects new forms of poetry; yet all it received was a plethora of verse-forms without substance: *ballade, rondeau, pastourelle, rondel, virelay, triolet*, etc., all brilliant exercises in versification but singularly devoid of content. Verse being the main literary medium of the Middle Ages, and the lyrical vein, the vein of song and direct poetry, having died out, thirteenth-century writers use the verse form for all sorts of subjects, such as preaching, moralizing, personal memoirs or any other pedestrian tasks rarely redeemed by true poetry.

Medieval art is generally didactic, its teaching being mostly religious. Dante describes his great poem as being, amongst other things, didactic; but in thirteenth-century France poetry is altogether a minor art, a game which ended in the hollow verse of the *rhétoriqueurs*. Guillaume de Machault and his school, with Eustache Deschamps and Christine de Pisan, in spite of their prolificity, contributed very little to poetry. Alain Chartier also belongs to this period; so does Charles d'Orléans, whose natural grace and workmanship established him as the best poet of his time. A brief backward glance at this stage shows us clearly the graph of French poetry before the appearance of that outstanding genius of " ung pôvre petit escollier qui fut Maistre François Villon ": first the epic, then the lyric, and later the didactic, with the abundant use of allegory so typical of the Middle Ages and embodied in two thirteenth-century long poems which achieved immense popularity—*Le Roman de la Rose* by Guillaume de Lorris and Jean de Meung, and *Le Roman de Renart*. While the schoolmen were preparing with their dialectics an instrument for accurate scientific deductions, poetry was becoming more and more a formal exercise; yet within this conventionalism of form and themes one could still sense all the naturalness of medieval life, one could see below the glittering apparel of men's clothes or their castles the sores which afflicted human life and the appetites which gave it zest. The allegories and symbols of the *Divine Comedy* are built upon a framework of very direct poetry, that is to say a poetry based on the immediate observation of physical reality, conveyed through vividness of imagery, and with all the intensity of feelings connected with it. This is also the method of the Bible, of Homer, of Rembrandt and of Villon. Whether the artist deals with parables or allegories and literary themes, what counts is the emotional force of his vision translating itself into elemental imagery or images based on reality directly felt and conveyed without any mental interference or unnecessary adornments. This is the case with Villon, whose genius performed upon the *ballade* Christ's miracle upon Lazarus. What was before a hollow shape, a gown fit for academic exercise, became tingling flesh and blood, pregnant with pathos and misery, aching for the scent of flowers or the lure of the senses, yet ever transfixed by the horror of old age, by the beckoning grin of the skeleton or by the dancing daemons from whom only the merciful hand of the Redeemer could rescue it. No one excels him in starkness of imagery and in direct intensity of expression; no poet has succeeded as he has in laying his heart bare in front of us, in telling of his loves, his foibles, his disgusts and despairs without sentimentality or bitterness. His vision pierces through reality to the heart of things and, avoiding poses and affectations, crystallizes it in a language hard and cold as diamond, and bearing the imprint of genius. The bulk of his work is small, yet within it he shows a poetic power unchallenged by any except the greatest. He has in him the magic which transmutes, and from the babel of voices of the effete versifiers of his age, the golden voice of this street-brawler and whore-addict rises to join the great choirs of mankind and to give France and the world one of the greatest poets who ever lived.

Clément Marot, the first known editor of Villon's works, is a poet of transition. He stands midway between the Pléiade and the *rhétoriqueurs*. He made use of the same literary *genres—rondeaux*, songs and madrigals—as the *rhétoriqueurs*, and like them overworked allegory. Unlike them, however, he is saved from oblivion by his wit, his grace, his Gallic verve, such as was already visible in the *fabliaux*, and by displays of urbanity and eloquence of diction which, if only rarely tinged with poetry, link him with the Classical age in which he was greatly admired. He is more anti-Catholic than positively won over by the Reformation; he is above all attracted by novelty, and this intellectual curiosity, together with a certain epicurean carelessness, caused him a good deal of trouble and led him into exile. The Pléiade ignored him, as they ignored Villon; Malherbe and Boileau, who were more interested in mellifluousness and elegant style than poetry, vindicated him and consigned the Pléiade to the limbo whence the Romantics rescued them.

After Henry IV of Germany had been compelled to wait for three wintry days, barefooted in front of the walls of Canossa in the year 1077, the authority of the Popes was at last complete, and in spite of the ups and downs of conflicts with the French Kings and the captivity of Avignon in the fourteenth century, it lasted until the Reformation. In an age when the Church is so often represented as obscurantist and hostile to science, it is not unnecessary to point out that the scientific attitude, the belief in causality, the spirit of inquiry and the rationalistic approach to truth, together with the belief that truth transcends national frontiers, which were much less stressed than in our time, have all been developed by the Church, and within the Church. Roger Bacon, Okham, Dun Scotus, Thomas Aquinas, who said so much in defence of reason, were all churchmen. Scholasticism, with its worship of Aristotle, began in the twelfth century and undeniably favoured the exercise of reason and the speculative spirit. If it became bogged down in verbal games and subtleties, or if the disputations were not conducted according to the best rules of tolerance, we must not forget that tolerance was ill-assorted with the belief that the soul alone mattered. When the *Cathari* emitted doubts as to the possibilities of the salvation of the soul corrupted by the flesh, the repression was savage, and in 1233 the

Inquisition was founded in order to prosecute such deviations from the central dogma. But we must not forget that the thirteenth century was also the age of Saint Francis, the most lovable of saints and the great apostle of goodness, and of Aquinas, the greatest living influence in the Catholic Church. His aim was to prove the truth of the Catholic faith through natural reason. Whatever one may think of the success of his attempt, he did show the importance of reason, and if three hundred years later Galileo was persecuted by the Church, one must remember that some of Aquinas' doctrines had also been condemned by churchmen of the Universities of Paris and Oxford. Medieval man was part of a creation still pervaded with God's immanence and transcendence, a creation which was informed in all its aspects with God's power, and man, aware of his fallen state, his possibilities of decay and return to nothingness, but also of his divine origin, was always intent on the hope of receiving all from God. According to Aquinas, matter is the cause of time, for without its resistance, essence and existence would be one and instantaneous. Time is therefore the movement of creation towards its essential goal.

The fifteenth century sees the beginning of the decline of the authority of the Church; the first signs of the Reformation are in the air with Huss and Wycliffe. Gunpowder and printing increase man's power, and Columbus, Vasco da Gama and Copernicus widen his horizon. Nationalism begins to emerge, the authority of kings and princes steadily replaces that of the Pope, and in 1527, the year of Macchiavelli's death, the Emperor Charles V sacks Rome. The destruction of the Church's authority causes social and individual anarchy; the individual becomes master of his fate. Renaissance man feels that through his will he can make himself; creation retains immanence but loses contact with transcendence; nature and the universe become self-sufficient. Senecan stoicism merges with the newly acquired human pride and creates the superman of early Shakespearean or Cornelian drama, who struts upon the stage of the world, wrapped in his arrogance, indifferent to all things, including death, and, with Milton's Satan, challenges the very power of Heaven. For the Reformers, man and creation, once pervaded with divinity, are now both fallen; God has withdrawn from them, and salvation can no longer come through actual grace alone, but only through Christ, by a kind of second creation involving the pre-destined will of God. For them man is always on the point of being lost, and yet he must never lose the hope of salvation.

If, through a revival of Greek studies after the fall of Constantinople in 1453, Plato supplanted Aristotle in pre-eminence, one could hardly say that the antiquities were discovered in the fifteenth century, unless one ignores the fact that pagan antiquity was more or less present in almost every aspect of medieval life and culture, and that the major works of the Middle Ages, the *Summa* and the *Divine Comedy*, are based upon a substratum of ancient philosophy. Irreligious humanism, with its insistence on Latin as a literary language, its hostility to scholasticism and to the medieval world, and its love of eloquence to the detriment of originality, appears superficial when compared with true humanism based on faith. With the new learning and with the widening of the world of the Renaissance, the images, symbols and terms of reference of poetry become different; the importance of mind and of ideas increases, and they both become part of the poet's consciousness. The relationship between man and the universe alters, words acquire more complex and more subtle meanings, and as the tools of man's increasing power, they become more important in themselves and a source of greater delight for the wealth of experience which they can reveal. Puns, verbal displays and dazzling conceits are part of the poetry of that age, and poetic form is intricate, complex and intent on rendering the blend of passion and intellectual restlessness which characterize it. It is what has been described later as metaphysical poetry; it emerges in France with Du Bartas and the School of Lyons, and it was through the works of the former that its influence reached England and Scotland. Du Bartas, who anticipated D'Aubigné, was with Ronsard the most famous poet of his day; his main work, *La Création*, translated into English in 1590–92, and also into other languages, passed through thirty editions in six years. His poetry was greatly admired by the literary world and by writers who, from Milton and Donne to Goethe, found in it a blend of erudition, imagination and power of striking imagery very congenial to English poetry.

Certain commentators, carried away by pride and by the eloquence which overwhelms travellers who think that they have discovered some new land, seem to have fallen victim to the same trouble as La Fontaine's astrologer, who, because of a mouse in his telescope, thought he had seen huge mountains on the moon. Thus, following the hint given by Saintsbury, H. Grierson and the unavoidable T. S. Eliot who, with his customary wisdom, related the metaphysicals to our modern science-afflicted world and to a sensibility ambivalently moved by ideas and feelings, the French metaphysicals have been turned into the newly recovered jewels of the French poetic crown, while their contemporaries, the poets of the Pléiade, must now share some of the age-old dust which had set upon the former. This housewife's flick of the duster, regardless of where the dust falls as long as the favourite teapot or tray duly shines, hardly fits literature. Maurice Scève could, if one so desired, be hailed as " le pair des plus grands poètes de notre race " without any dog-in-the-manger attitude, though of course the peerage would have to be singularly enlarged and the level of admission very much lowered, if he were to be counted " parmi les plus grands." He has written a supposedly long poem called *Délie*, but this is not a long poem in the way *Paradise Lost* or the *Divine Comedy* are long poems; it is a sequence of *dizains* mostly concerned with an ideal object of love called Délie, an anagram of *l'idée*. It is in many ways a kind of *Roman de la Rose* of the Renaissance, with intellectual conceits, verbal displays and Platonic symbolism and eroticism having taken the place of allegories and courtly love. We find in it all the various themes, conventions and imagery of the *canzonieri* from Dante to Petrarch, together with the Kabbalism, the love of alchemy, astronomy and mystery so dear to the age of transition in which the inner world of man and the outside world were taking on new shapes. The poetry of the metaphysicals, French or English, has this in common with our age, that it tries to rise through images and music to ideas. But whereas our age has not yet come to terms with the new learning, which for the moment most poets keep out of poetry, not so the

[41]

metaphysicals, whose imagery is learned, adorned with conceits or hyperboles, and displaying all the intellectual skill and curiosity which were then the fashion throughout Europe. Scève's poetry shows all these traits, and also a kind of Mallarméan attempt to rise through art to the idea. But this motley poem, without a central spine and an all-embracing, original vision to hold together the multicoloured patches and to blend them all into an organic synthesis, remains in the end a sensitive exploration of conventional themes and moods, bearing the imprint of versatility, but not something fused into a great whole by creative imagination. The verse is on the whole monotonous, clipped, tending to artificiality, and singularly lacking in sensuous imagery, metaphors and genuine passion. If one compares Scève with Donne, who is with Shakespeare and Burns the outstanding master of love poetry, one sees at once the difference between the poet whose versatility enables him to make good use of conventions, and the poet whose passion and deep sincerity overflow conventions and mould them according to the fire which is in him. In the best sonnets of Donne the blend of passion and thought sweeps to the end of the phrase or the stanza along a rhythm of speech which is ever startling, convincing, and most of the time so near to the true rhythm of passion naturally expressed, that one wonders how one could talk in any other way. There is nothing in Scève which compares with the best sonnets of Donne, the best of Marvell or, for that matter, with the best sonnets of Louise Labé, some of which have a true Shakespearean ring, with genuine passion and poetic imagination transmuting conventional themes and conferring upon some of them a musical, pervading simplicity. *Délie* is undeniably a considerable achievement, if only on the technical plane; it contains some very beautiful, outstanding *dizains*, but as for its being, as M. Thierry Maulnier suggests, " la méditation la plus haute et la plus assurée qui soit," one must demur. It might be noted in passing that on the road along which Scève moves one can see looming up in the distance the heroes of *L'Astrée*, the *précieuses* of the Hôtel de Rambouillet and the practitioners of euphuism.

Another poet whom, midst iconoclastic clangour of falling debris and hyperbolic paeans, some critics try to rush into the *sanctum sanctorum* of French poetry, is D'Aubigné. The attempt is vain, for in spite of superficial bruises, neither Ronsard nor Hugo nor Baudelaire budges an inch. D'Aubigné remains approximately where he was before, if anything perhaps a trifle more conspicuous or abashed by the exaggerated claims made on his behalf, for there is no doubt that an unseemly shuffling of crowns does nobody any good, and the reigning monarchs cling to theirs, knowing full well that they are never hallowed by the hands of one single pope but rather by the anonymous, conflicting hands of posterity. Having had Victor Hugo, Whitman and Claudel, we have been seasoned to passionate speech; yet the latter two are sweet-tongued cherubim compared with D'Aubigné. After all, Whitman only sang in exalted tones the praises of democracy and man the world over, while Claudel only called Renan, Voltaire and others impious—in which he was to a certain extent justified. But D'Aubigné's language would wither tropical forests or dry up the Red Sea; his colleagues are the Hebraic prophets, his emblems are clarion, fire and sword. *Les Tragiques* is a magnificent display, but is it poetry? Yes, if one feels the same itch for action, or if one thirsts for the blood of the miscreants, whoever they may be—French or Russian; no, if one is not a fellow-traveller sharing the conviction that a sectarian, tribal God will act as a dispenser of fire or atom bombs to be hurled at enemies whom, without hesitation, we of course call His enemies. This is rhetorical, declamatory poetry, and as such it either carries conviction, if the prerequisites of shared belief are there, or it only strikes us as a splendid display or a daring feat, without altering or enriching our sensibility as true poetry does. As far as satire, power of passionate speech, violence of invective go, D'Aubigné leaves behind Juvenal, Pope, Byron or Hugo; only Swift might have equalled him, if only the Black Dean, who was nevertheless a more considerable writer, had lisped in numbers and not in prose. But one cannot breathe for too long in a storm or listen for too long to a continuously high-pitched expostulation. Although D'Aubigné, together with Du Bartas who anticipated him, has greatly contributed to the development of the alexandrine, the great verse line which he uses is still in its infancy, waiting for the magic touch of Racine; it is still stiff and unredeemed from the monotony of the rhyme. Yet the D'Aubigné of *Les Tragiques* should not make us forget the author of lyrical poetry such as *Les Stances* and of very moving psalms. Whether he inveighs against his enemies or against his unfaithful lover, Diane, D'Aubigné displays the same violence, the same rage, the same imaginative distortions in which black confronts red, in which night trails into ensanguined clouds towards worlds only fit for the Thane of Cawdor. This preoccupation with morbidity and death, with decay and decomposition, rather alien to the poetry of the Pléiade, connects him with Villon, Sponde and Saint-Amant, naturally with Baudelaire and Corbière, and with Donne, the Donne of " Death shall be no more " or of the lover who always sees " beyond the flesh the skeleton."

The Renaissance was neither an upsurge of light in dark medieval Europe, nor the liberation of man from scholastic fetters, as some systematizing minds would have us believe. In spite of some Greek figures looming in the background, the great Quattrocento is not neo-pagan but profoundly religious and Catholic, and the Aristotelianism of St Thomas had already restored its importance to the existential aspect of creation, without waiting for the neo-classicism or neo-paganism of the sixteenth century. Life is not a juxtaposition of pure Veronesian colours, but a motley cloak; if the sixteenth century produced Luther and Calvin, it also produced St John of the Cross, St Theresa, Velazquez, Loyola and Anglican poetry. In France it not only produced Scève and D'Aubigné, but also Ronsard and the Pléiade, whose literary achievements are not the least important contribution to the poetic flowering of a great age and to French literature. Ronsard, the acknowledged prince of poets in his lifetime, widely admired and imitated by the literary world of his day, possibly, as Wyndham Lewis says, " the greatest poetic figure of the sixteenth century save Shakespeare," was no sooner dead than his work was swamped by the inane criticism of Malherbe and Boileau. In our time M. Maulnier, after much fencing and not a few reservations, grants to his early works and to those of Du Bellay the merit of continuing Scève. Ronsard himself recorded briefly his appreciation of *Délie* in the preface to the *Odes* written in 1550. To see in Scève the fount of a new form of sensibility and the source of themes and subjects which indicate even moderate originality, is to ignore overwhelming documentary evidence. There is hardly a *dizain* of Scève's *magnum opus* which does not bear traces of more or less close literary associations with past and contemporary writings.

Ronsard was a man of his age, an age which contained the mystic-Platonic pursuits of Scève and the Arcadian dreams of Sydney and Spenser. The sonnet was the dominant form of literary expression, and the sonnet with its syllogistic construction requires a minimum of structural clarity alien to the epigrammatic form of the *dizain*. Besides that, the long line—the alexandrine—gives greater scope than the decasyllabic line to circumvolutions of thoughts and feelings and to a kind of tidal impetus which goes on gathering momentum until its final breaking up into the dazzling shimmerings of the last line. Ronsard was a prolific writer who explored many *genres*; his technical skill and range are of the first magnitude and such as to enable him to keep up appearances even when genius nods; when, on the contrary, these various assets meet and fuse, the result is some wonderful odes and exquisite sonnets worthy of being set side by side with Shakespeare's. That alone is enough for undisputed greatness. " Gather ye rosebuds while ye may " has become too much the definition of Ronsard's poetry and the symbol of a facile epicureanism. Ronsard undeniably overlaid some of his poetry with Greek mythology, but one must not forget that his sense of the fleetingness of human life is that of his age, in which transcendence is disconnected from immanence, and in which Platonism has replaced the existential attitude of Aristotle; therefore one must enjoy oneself while one may, with the belief that the soul will take care of itself once it has been freed from the body; the present is what counts, the rest is doubtful and uncertain, and Ronsard, a firm Catholic freed from the medieval fears of hell, is convinced that God will forgive the trespasses of the body and will welcome the soul into His bosom.

Du Bellay's range is more limited; he lacked the zest for life, the love of roses and wine of his fellow-poet, and his melancholy turn of mind inclined him towards nostalgic, wistful songs in which pantheistic nature, at one with the poet's heart, comes to life and becomes part of a subtle music which does not dazzle but slowly pervades and overwhelms him who listens to it. Ill at ease with himself and with the world, afflicted prematurely with *le mal du siècle*, haunted perhaps by premonitions of his untimely death, he longs for a kind of mystical union with nothingness or *l'idée*. His feeling for nature is genuine, less literary than that of Ronsard and in many ways more reminiscent of Vaughan and of English Romantics than of the French. With him, no Cassandra or Hélène can fill the void of his heart, no certitude of fame can make him discard his melancholy thoughts, which he nurses and discusses with endearing restraint. The bulk of his work is small, but its level is high, bearing the imprint of genius, gaining in pervading force what it lacks in spectacular beauty or richness of themes. His most famous prose work, *Défense et Illustration de la Langue française*, is the manifesto of the Pléiade, intent on raising the French language to the full status of a literary medium and on introducing into French literature new *genres* mostly borrowed from Greek and Latin. The main poets of the Pléiade—Baïf, Belleau, Pontus de Tyard, Jodelle and Daurat—did not lack talents or scholarship, and their reform, in spite of Malherbe's attempt to subtilize it to his credit, was far-reaching enough, for its main aim was to favour the triumph of humanism and eloquence in French poetry. Although the mellifluous poetry of the author of the sonnet *A Icare* was widely appreciated in his day, and to the point of causing Ronsard twinges of jealousy, only Boileau could think that Desportes and Bertaut had replaced Ronsard and the achievements of the Pléiade.

In his *Défense et Illustration de la Langue française*, Du Bellay gives prominence to drama, which he wanted to strengthen through classical sources, and there is no doubt that the contribution of the sixteenth century to drama, with the names of Jodelle, Garnier, Hardy and Rotrou, is an impressive achievement. Jodelle wrote the first modern French tragedy with *Cléopâtre*, and the first modern French comedy with *Eugène*. With him the alexandrine makes its appearance on the stage. *Didon*, which followed, is an advance in versification but a regression from the strict point of view of drama, suffering too much, like most French or English plays of that period, from long speeches and staticity. Robert Garnier, an admirer and disciple of Ronsard, is the first French poet-dramatist who undeniably deserves the title of great. His plays—some of them, like *Marc-Antoine*, translated into English by Lady Pembroke in 1592, or *Cornelia*, translated by Kyd—, even the best of them, *Les Juives*, lack the tight construction and smooth versification of the classical drama and suffer from the usual defects of the age, but in munificence, wealth of poetry and lyrical beauty they challenge comparison with Racine and leave Corneille behind. Garnier has a rich exuberance, in fact a kind of Shakespearean imagination, capable of summoning the horror and the weight of night or the poignancy of passion and suffering in striking imagery. His theatre, essentially Elizabethan, moves with ease from pure lyricism to dramatic dialogue in varied rhythms bearing the imprint of the luxuriance of life. Some of the choruses of *Les Juives*, with their subtle music and varied rhythm, are among the best lyrics of French poetry, and one cannot but regret the neglect of such a great poet and wonder why it is that he was so easily superseded by Corneille and the new society.

The thought that the seventeenth century begins in 1600 carries no more truth than the old debated and counter-debated statement: " Enfin — ou hélas — Malherbe vint! " Malherbe, the pedant laureate, whose only genius was patience and self-assurance, is merely an effect and not a cause, a feeble tune in a vast orchestration whose dominant themes began to emerge in the 1630's with the creation of the Académie by Richelieu and with the publication of Descartes' first great work in 1637, which was the year after the first production of *Le Cid*. The separation of creation from transcendence, which had taken place at the end of the Middle Ages, is on the whole continued by the separation of man from nature. The fluctuating thought of Montaigne is not connected to anything and is a continuous question-mark. With Descartes, thought withdrawn from temporality endeavours to reach, through a kind of intellectual ascesis, a moment of pure intuition, which is proof of existence and which corresponds to the initial act of creation. This moment of intuition which links time and eternity is a pure act of mind transcending time and implying neither continuity nor contact between matter and spirit; therefore Being is no longer continuous as in the Catholic Middle Ages, but merely confined to the instant which has to be continuously repeated. The awareness of the fleetingness of life is increased and becomes a source of great anxiety for all except the stoics or staunch believers in will of the Cornelian type. For those who believe in God, creation requires the continuous renewal of God's grace; thence the anxiety of those who, deprived of predestinarian beliefs, know that, however just they may be, all might be lost without actual grace. The Pascalian moment of grace born from nakedness, anxiety, void and faith in God's mercy, echoes the *cogito* of Descartes reached through willed nothingness; Racine's Phèdre, a Jansenist like Pascal, is a sinner who did not receive grace; quietists and active Catholics had a similar feeling of anxiety and dependence upon God's grace. We have, therefore, either immanence without transcendence for those who believe in will, or transcendence connected with temporality through grace or intuition in moments which transcend time.

The end of the spiritual and physical upheavals of the Renaissance and Reformation, and the emergence of strong national rulers such as Elizabeth I in England and Richelieu in France imply also the emergence of a new sensibility. The spirit of individualism and adventure gives way slowly to a strongly hierarchized society which, whether in religion or in politics, believes in respect of the established rules. This new society having acquired learning, wealth and leisure, requires a new form of entertainment which bear-baiting, cock-fighting or minstrels can no longer provide. Neither can religious drama continue to satisfy the artistic longings of men who either condemn the theatre as a hotbed of sin or are more and more inclined to uphold the separation between the temporal and the spiritual. The growth of metropolitan life centred on the court called for a social form of entertainment; the theatre was the answer, the poet the man to provide it. Until then the poet had been a myth-maker, a singer, a servant of faith or an interpreter of the mysteries of the universe; from now on he can still fill all these parts according to his genius and beliefs, but he must above all entertain. He may be a poet by vocation, but society expects him to be a professional entertainer and to " please," in return for honour and wealth. Religious or political discussions in art are out of place; they are part of the ruler's prerogative, and as such are beyond the scope of the poet. Overt moralizing or display of personal feelings are bad manners in the age of respect of conventions and of *l'honnête homme*. The poet performs his task without trying to singularize himself by literary revolutions or ostentatious poses. The only fitting pose he can adopt is that of *magister*, upholder of order like Malherbe, or *législateur du Parnasse* like Boileau.

The poet accepts the forms, conventions, and on the whole the very themes and existing patterns of his age, which may be raised out of time by the incandescence of genius. Shakespeare did not invent the iambic pentameter, any more than Racine invented the alexandrine, but at their magic touch these two lines became like Ulysses' bow; they performed the functions for which they had been created; poets or heroes who are not born with the gift which enables them to accomplish such miracles can only draw from these instruments whining and not enchanting sounds. In the seventeenth century, while architecture passes from true sumptuosity to fantastic baroque, and painting moves from the realism and wealth of detail of Le Nain and Philippe de Champaigne to the orderliness of Poussin and Le Brun, literature forsakes the fullness of life of the Renaissance for the conceptualizations and patterns imposed by mind and by a society which through the newly established order exercises its authority through prerogatives strictly of its own, which aim at imposing the respect of conventions and the worship of reason and humanism preached by the new philosophy. The variety, the rhythms and the luxuriance of the phenomenal world, embodied in images, metaphors and symbols, are shorn off, leaving only the idea shining in its nakedness. We have the royal odes and *placets* of Malherbe, exercises in circumstantial versification which show technical skill and a tuneful ear, but which contributed as much to the rise of Polymia towards Parnassus as La Fontaine's famous fly to the upward journey of his coach.

Racan and Maynard, Malherbe's friends and followers, have much greater gifts, Maynard particularly, without nevertheless transcending the boundaries of minor poetry. With him more than with Malherbe emerges a certain Villonesque realism about the decay of the body, the cruelty of age and of death unredeemed by any pagan Elysium, which connects him with the nineteenth century. But a poet who shows greater stature and more variety in his poetry than any of the School of Malherbe, is Saint-Amant. His exuberance, his verbal skill and range of moods, from passionate, ribald, Verlainian bohemianism to the holy fervour of the end of his life, link him up with the Romantics who, through Gautier and Rémy de Gourmont, hailed him as an ancestor and gave him a high place in seventeenth-century non-dramatic poetry. He can be truly realistic and macabre in an age which only represents death in the apparel of greatness, and he shows a genuine love of nature and solitude, something rather rare in his age, except in the works of Théophile de Viau and in those of La Fontaine who, for that and other reasons, incurred the displeasure of Boileau.

In diction La Fontaine breaks all rules imposed by Malherbe or Boileau; his language is racy, subtle, and varying in tone according to the characters involved; his line is flexible, suited to the effect he is aiming at, and overflowing whenever necessary. His wit, his imagery, his gifts of observation about human and animal behaviour, and his innate sense of drama, make of him a wonder-painter of the life of his time and a *raconteur* worthy to stand beside the greatest. His bland *bonhomie* and his use of apologues enable him to satirize and to deal with problems which were obviously very much in men's minds, but which were made taboo by the authorities. His reputation is solid outside France and in France, of which he is with Molière perhaps the most perfect representative. He forms a *genre* by himself; one could not call him a great poet, for his work lacks some of the fundamental prerequisites which make great poetry, yet he had a genuine lyrical vein, and his technical skill, intellectual and affective range are those of a great writer. Boileau, whom Flaubert aptly described as *un pisse-froid*, is above all a satirist, and otherwise a narrow-minded critic who was merely the spare wheel of the classical carriage and who blatantly, and with general consent up to 1830, usurped the position of driver of the Muse. Molière is the most outstanding universal genius which France has produced. The *genre* in which he worked—comedy—, well separated in France from tragedy, does not elicit much poetry, though there are in his plays numerous moments of poignant irony and great pathos. He used verse as part of the conventions of the age, but his genius lies in the revelation of character and situations which, through his vision, acquire universal significance.

The two most important poet-dramatists which France has produced are Racine and Corneille. The garb of similar conventions which both wear hides fundamental differences, which render inane any attempt to see the work of the one as a continuation of the other. The world of Corneille is the world of the immanence of the human will, which makes itself in a continuous present beyond good and evil, and which becomes transcendent. Whether struggling for life or moving towards death, the Cornelian hero remains master of himself and of the universe, and, with his superhuman will, he reaches the instant which defies time. He can say: "I will, therefore I am." The dramatic action feeds the will, which can only be known in action; but one always knows that whatever the challenge, the response will be there, and even when the hero bemoans his fate, as Rodrigue and Polyeucte do, one is aware that the song is above all a convention or an aside of the hero whose will cannot break. Words in Corneille are means to an end, which is conviction; they have no internal resonance, they are part of a passionate rhetoric showing greater skill, greater verbal virtuosity than that of any other French dramatist; they dazzle, they stun, but they do not create experience, for they are part of a world which precludes it because of its lack of religious depth. The world of Racine is a religious world, a world in which transcendence connects with time through grace or at the point of death, when the hero, about to lose life, realizes the extent to which his sinful presence corrupts light or causes agony to God. By then it is always too late, for knowledge is ever the irreversible past, and once the hero realizes the distance which separates him from God, death is the only gesture, for death is his true destiny and the only possible means of returning to the whole. The action here is not a piling up of incidents in order to increase tension towards the *dénouement*, but a ruthless shedding of illusions and hopes through words which do not protect or save but, as in true tragedy, whether Greek or Christian, reveal to the hero the extent of his misfortune and the gaping grave at his feet; they do not feed and defend life or a transcendent will; they kill, that is to say, they perform their true poetic function: they return the individual to death—the great source of creation. After this oblation by words, after these ethereal pyres from which strange superhuman characters rise like phoenixes through immortal songs, nothing remains; the radioactive substances of the words and of the rhythms of French poetry have been exhausted, and here I agree with Thierry Maulnier that " si Racine avait eu des héritiers, il n'eût point été complètement Racine..." Once an action or an aspect of creation has reached its apex, its classical moment, it can only be followed by a period of sterility, which in France lasted for approximately 150 years.

By the eighteenth century, God, whose only usefulness in the Cartesian world was that of prime mover, has faded away into limbo; His creation, man, has acquired immanence and can emulate Him through his capacity, not to think, but to feel. Man is what his sensations are, and the stronger and the more prolonged they are, the greater and the more sustained the awareness of existence, which can be so self-absorbing as to hide even the looming shadow of the guillotine. Feelings and sensations require constant renewal, so variety, thirst for experience are the key words of the century whose buoyant optimism and reformatory zeal culminated in the French Revolution, which shattered both illusions and certitudes. After that, man's self-sufficiency, his immanence and his belief in his power to create a full life, join the rubbles of religion, which reason had destroyed without having produced anything to replace it. The mechanistic universe of Descartes has at last proved to be something very real, coextensive with mind and energy, but beyond the control of mind. Man becomes more and more aware of imponderables; his past tantalizes him and eludes him, his future lures him, and both are a source of torment and anxiety about dreams which he cannot grasp. The subjectivism of Descartes turns to solipsism in the Romantic, who is condemned to lament or sing in a universe which is now alive and which can be either sympathetic or utterly indifferent. The present is no longer a moment of

[52]

plenitude, but one of anxiety and constant frustration. Promethean man has stolen fire from Heaven, but that fire gives no heat, it only illuminates the lost Eden, and this vision eats up his heart and causes more suffering than the vultures on the Caucasian rocks. His only moments of peace are when he closes his eyes and lives through his imagination the life he longs for. All the poets of the Romantic age, from Blake to Wordsworth, Victor Hugo or Musset, have relied upon memory and imagination as the means to seize the real and to hitch time's flight to the wings of Eternity. The vital point is that English poetry emerged from the eighteenth-century barrenness and found its true voice with Blake, Burns and with the great Romantics, while French poetry, dominated by two hundred years of academism, by the neo-classicism and love of form which followed the turmoil of the Revolution, did not succeed in fully discarding the old diction and conventions and in replacing eloquence by poetry until the second half of the nineteenth century, with the visionary poetry of Hugo and with Nerval and the Symbolists. By then the Cartesian world had practically come to an end; consciousness was no longer an entity separated from the phenomenal world, but an awareness of that world informed by a reality or a noumenon beyond human grasp, while man was no longer an isolated point within spatial limitations, but part of a vast continuum which embraces historical time and the universe. Separateness was ended, and life in all its manifestations was part of the greater whole. The aim of artistic creation in this changed world is to reveal the beginning of things and the true reality of the cosmos; it is the dream of Rimbaud with his demiurgic attempts, it is the vision of the later Hugo, it is the dream of Baudelaire, of Balzac and Nerval with their belief in the relationship between the seen and the unseen, and it is a dream that ends in the realization of the impossibility of such an attempt. Rimbaud gave up poetry, Baudelaire, obsessed by sin, felt more and more the impossibility of creating or of finding any happiness in a corrupt world without God's grace, and Mallarmé saw in the real only a means to reach the absolute through the transcendence of art.

At this point one must try to discriminate between the egotism of the Romantic poet and the artistic self-consciousness of poetry

[53]

at the end of the nineteenth century and beginning of the twentieth. The Romantic poet or hero talks about himself as object. Through a kind of schizophrenic mental dissociation, he still conceives of the ego as a kind of Cartesian entity or subject, examining and analysing itself as object through an operation which is still within the realms of concepts and reason. Byron, Hugo and Goethe practise this kind of division and sing the concepts of their personality; Wordsworth does so up to a point in the growth of the poet's mind, yet with greater subjectivity, that is to say, with greater integration between subject and object, in a poetry not of description but of suggestion. Self-consciousness in art is not the projection of the ego or personality, but the true awareness of self as source and end of creation; the " Je est un autre " of Rimbaud, the self-analysis of Nerval or of Baudelaire in *Mon Cœur mis à nu* begins with the Symbolists. With Mallarmé the self is the duration of the poem, a transcendental moment condemned to nothingness. With Valéry poetry is truly consciousness of self, the ceaseless flow of a human conscience torn between the love of " le néant " and the desire to be and to fill " le creux toujours futur." What is interesting for him is not the poem as an end in itself, but the process of creation tending towards greater and greater consciousness, and therefore towards inhibition and paralysed narcissism. In the age of Bergson duration is the only reality; to be is to become, by drawing one's substance from the past or memory and transforming it into the present moving towards the future; it is therefore continuous creation, by mind for the atheists, or with God's help for those who, like Claudel, believe in Him and can say: " A chaque trait de notre haleine, le monde est aussi neuf qu'à la première gorgée d'air dont le premier homme fit son premier souffle."

The inadequacy of the Cartesian world and the emergence of a new sensibility became apparent in the latter half of the eighteenth century in the works of Rousseau, the great forerunner of the Romantic spirit, in those of German and English philosophers, and, slightly later, in English poetry. France, whose energies had been fully absorbed by action, emerged from the chaos of the Revolution with a craving for beauty of form and for classical order, and when art flourished again, we witness in that country an unhappy marriage between new themes, sub-jects, feelings and thoughts on the one hand, and old patterns and shapes on the other, which is the very proof that art was not something organic and lived through by fully integrated artists, but an activity approached from the outside and of an essentially conceptual nature. French Romantic poets took only the husk of things, while they remained unaware of the core; they con-centrated on external modifications, on techniques, and not on the creativeness of form, and, in spite of their claims of revolu-tionary changes, they made no profound changes in poetry. The poetic experience is still organized or recounted logically accord-ing to the rules of rhetoric, and not according to developing affective patterns which the poet discovers and suggests in a way which is also a source of creativeness for the reader. The rhetoric of Victor Hugo is different from that of Corneille, but it is still rhetoric; it is more emotional, more colourful, more laden with perceptual data, but it is still as dialectical; it aims at convincing the heart more than the mind, but conviction remains neverthe-less the aim. Like Voltaire, he is concerned with expressing his " philosophy," and although Voltaire's cerebrations are certainly different from his emotional rhetoric, we have in both cases rhetoric, which, of course, in the case of Victor Hugo, can rise to great poetry. One might be thoroughly repelled by the lapses into vulgarity, the bad taste, pose, humourlessness, gongorism, sentimentality and conceptualism which mar so much of Victor Hugo's work, but one cannot deny him the title of great poet. His claims:

> Je fis souffler un vent révolutionnaire,
> Je mis un bonnet rouge au vieux dictionnaire,

are, like Gautier's gaudy waistcoat, part of the means " pour épater le bourgeois," and Flaubert, for whom the only Romantic was Michelet, aptly describes Hugo as " un classique révolutionnaire."

Hugo's poetic drama, in spite of moments of intense pathos and poetry, and brilliant, memorable lines, is unacceptable, at least to our age, unable to stand continuous ranting and a high-sounding voice. One might agree with Gide's answer to the question " Who is the greatest poet of French literature? "—

" Victor Hugo, hélas ! "—and avoid discussing whether or not he is the greatest poet of French literature, on the ground that a literature is not a class-room in which one can award marks and positions, unless, of course, as in the case of Shakespeare and Dante, the bright pupils are so much ahead of the rest of the class that they can without qualms be awarded the prize. Yet there is no doubt that Hugo cannot be dismissed with such glib phrases as: " D'Aubigné est notre Hugo, il est celui qu'Hugo crut être, et réussit à faire croire qu'il l'était " [1]—which is nonsense. Hugo is Hugo, with his defects and qualities, but an incomparably greater genius and greater poet than D'Aubigné. The comparison is easy enough, for both dealt at times with similar themes in passionate language—political invective for one, religious invective for the other. Religion brings forth more profound emotions than politics, its field of reference is wider, its resonances in the human heart both more subtle and more stirring. D'Aubigné, a passionate poet, a poet of great gifts, perhaps a great poet, though definitely small if one compares him with Dante or Milton, who dealt with some of his themes, produced in *Les Tragiques* a much better piece of invective than Hugo in *Les Châtiments*— which of course has no claims to being the best poetry of Hugo— yet *Les Tragiques* remains essentially a tract for the times or for tempers of a similar nature; the rhymed alexandrine is all in all singularly boring and monotonous, compared with the fluidity and ease of the best of Victor Hugo; above all it is very remote from the magnificent visionary poetry, the revelatory metaphors and striking imagery of the Victor Hugo of *Dieu* and of *La Fin de Satan*—and there is the truly great Victor Hugo, the *mage* or *voyant* admired by Rimbaud and Baudelaire. Let Victor Hugo be described, not as a golden-feathered Ganymedean eagle hovering steadily in the azure sky and pouring forth heavenly music, but rather as a kind of winged chimera which can fly as high as any eagle, sing siren-songs, and also crawl on the earth midst repellent roars; let us readily admit that he is often enough only " un écho sonore," and that he gets lost in abstractions and pseudo-ideas, while his music becomes that of the village square;

[1] Thierry Maulnier: *Introduction à la Poésie française* (Gallimard, 1939), p. 79.

nevertheless, he has a verbal skill and a visionary imagination worthy of the greatest poets of the world and certainly unparalleled in French literature, of which he is, if not the very apex, at least undoubtedly one of its highest summits.

None of the other three members of the quartet, Lamartine, Vigny and Musset, who are so often described as the great Romantics, deserves the title of great. Lamartine, whose *Méditations*, published in 1820, were hailed with enthusiasm as the sign of the rebirth of French poetry, had been anticipated in that field by André Chénier, who is the only true poet which the eighteenth century produced and whose *Iambes* have satirical power and classical beauty of diction. The poetry of Lamartine—Chateaubriand and Rousseau versified—is conventional to a degree. To compare his high-flown political verse with the poetry of Shelley, or his sentimental outpourings with the emotion-laden, yet crisp, controlled poetry of his contemporary, Keats, is to realize the difference between the raw materials of poetry and the ores and gold into which the poetic imagination transmutes these materials. Musset suffers from the same defects as Lamartine; *Les Nuits* are a lamentable sample of tearfulness, chest-beating and sentimentality, unredeemed by brilliance of diction. But Musset had much greater gifts than Lamartine, and he had a vein of lyricism which stamps him as a true poet. His songs, with their remarkable technical versatility and music, are amongst the best in the French language. Besides that, Musset had other gifts; in contrast with Lamartine or Hugo, who were notoriously humourless, he had a remarkable sense of humour which, although it goes at times into eclipse, as in *Les Nuits*, enables him to laugh at himself and at others like him, as in *Rolla*, and to display the kind of Byronic irony which links him with Laforgue and Corbière and, through them, with Villon. Moreover, he has another rightful claim to fame with his poetic plays, which restored the tragic element to the stage. The mainspring of his drama is the fatality of love, and although we are far from the psychological insight and poetic power of Racine, his work easily represents the best sample of drama which French nineteenth-century literature produced.

The pessimism of Vigny was no wearing of his heart on his

sleeve *à la manière de* René, Werther or those whom Musset, thinking of Lamartine, described as " les pleurards, les rêveurs à nacelle, les amants de la nuit, des lacs, des cascatelles "; it was something as real as that of Leopardi, something deeply felt and borne with noble dignity and silence. In a world in which there was so much shedding of tears that Noah's ark could have floated upon them, Vigny remained dry, unwilling to moisten even an eyelid in the face of metaphysical disaster or human suffering. For what would be the use of it?

> S'il est vrai qu'au Jardin sacré des Écritures,
> Le Fils de l'Homme ait dit ce qu'on voit rapporté;
> Muet, aveugle et sourd au cri des créatures,
> Si le Ciel nous laissa comme un monde avorté,
> Le juste opposera le dédain à l'absence,
> Et ne répondra plus que par un froid silence
> Au silence éternel de la Divinité.

In *La Mort du Loup*, a fitting symbol of stoicism and proud acceptance of whatever comes, he sums up his attitude to life:

> Gémir, pleurer, prier, est également lâche.
> Fais énergiquement ta longue et lourde tâche
> Dans la voie où le sort a voulu t'appeler,
> Puis, après, comme moi, souffre et meurs sans parler.

Man, from birth to death, whether in the Mohammedan or the Christian world, is the prey of Destiny; therefore, rather than protest in vain to Heaven, he would do well to emulate Schopenhauer and to love his fellow-beings: " aimer ce que jamais on ne verra deux fois." Pascal had said, " l'homme n'est qu'un roseau, mais c'est un roseau pensant," that is to say he is aware of his fate and tragedy, and for Vigny human suffering in the face of a dumb universe is perhaps the only pride: " J'aime la majesté des souffrances humaines." The stormy love of Vigny for Marie Dorval had taught him a very hard lesson, from which he had drawn conclusions very different from those of Musset when he had been discarded by that mantis, George Sand. Women can be angels, like Éloa, but to the man of genius they are more likely to be what Delilah was to Samson—the instrument of his destruction. The leader of men, the great man is condemned to solitude and isolation, for great power causes incomprehension and fear on the part of his fellow beings who both need him and hate him, who may worship him and also kill him and keep his body as a source of miracles. Moses prays for the sleep of the earth, and he has no sooner disappeared than his successor, Joshua,

> ...s'avançait pensif, et pâlissant,
> Car il était déjà l'élu du Tout-Puissant.

Vigny's poetry is very different from that of his contemporaries; it is meditative poetry. The poet for him has the duty of thinking for other men and entrusting his message to the sea of humanity, as in *La Bouteille à la Mer*, with the faith that it is the spirit that counts and that his message will survive and be useful to others. The titles of the poems mentioned—*Moïse, La Mort du Loup, La Bouteille à la Mer*—suggest a method of poetic creation which is typical of Vigny. He starts from a symbol—a character or an image—which, like an allegory, represents an idea, a concept or an attitude to life, and he works out through some particular incidents in the life of the character chosen, or through the development of the image-symbol, as in *La Maison du Berger*, the philosophical implications contained in the symbol which is the framework of the poem. His use of symbols has absolutely nothing to do with the *Symbolistes*, who, as we shall see later, aimed at suggesting through the musicality and image-power of the words a reality which was beyond the grasp of mind and perceptions. The symbol of Vigny is to a certain extent the albatross of Baudelaire or of Coleridge, while his detachment, his aloofness from the mob anticipate Leconte de Lisle, who said:

> Je ne livrerai pas ma vie à tes huées,
> Je ne danserai pas sur ton tréteau banal
> Avec tes histrions et tes prostituées.

Vigny was very much admired by Baudelaire, who found in his dignity and stoicism an example for his own dandyism and his sullen suffering in a world of corruption and unavoidable weaknesses ever in conflict with his morbid awareness of sin. Vigny's verse is at times laboured and slow-moving under the strain of the ideas which it is made to carry; but in spite of these failings

[59]

he has some remarkable achievements to his credit—*La Maison du Berger* is one of them—, and his merits as a poet and as a pioneer are undeniable.

By the time Romantic exuberance and exhibitionism had turned to sour fruit and sere leaves, science, the last born of " la pensée " so highly praised by Vigny, was on the ascendancy; realism control, plasticity were the new watchwords for jaded sensibilities who wanted a rest from the ceaseless tides of sentiments: " Je hais le mouvement qui déplace les lignes," said Baudelaire; and the Parnassians echoed his views in lapidary poetry. Leconte de Lisle, haunted by a nostalgia for the exotic landscapes amidst which he had been born, revels in violent contrasts of colours set stiff and motionless on the canvas of his poems, which are like Gauguin's Tahitian pictures, a strange harmony of dissonances. The music of this new verse is syncopated, jerky and fit for a kind of primitive dance with jingling bells, tambourines, and bejewelled arms and ankles glittering in the dazzling sun. The listener or onlooker, stunned and entranced, watches, breathless, this primeval violence of nature and its inhabitants, " red in tooth and claw," giving a demonstration of Darwinism:

> Midi, roi des étés, épandu sur la plaine,
> Tombe en nappes d'argent des hauteurs du ciel bleu.

The earth stifles, elephants trample across red sands, lions sleep, while condors soar high over the snowy peaks of the Andes. Gautier, whom Baudelaire over-generously described as " le parfait magicien ès lettres françaises," Banville, Heredia, Sully Prudhomme and many other poets known as the *Parnasse*, concentrated on plasticity—arrested imagery, jewel words or lines—and produced one or two memorable examples of minor writing; but their flight from the restlessness and proneness to emotionalism of the Romantics towards sculptural beauty and stony heart, does not indicate any change in sensibility, which is the only true sign of the renewal of poetry and art. With them, it was still fragmented art, creation without a prime mover, and still the same flight away from the present into antiquity or exotic landscapes. No attempts were made towards integration or towards facing the problems of modern life.

These were the achievements of Nerval and the *Symbolistes*. Symbolism as a literary movement is difficult to characterize in a few words; it includes a new and widely shared form of sensibility, and a new approach to poetry. All one can do is to try to sum up, as briefly as possible, the main traits which mark the individuality of some of the principal representatives of that movement. Nerval is generally not included in it, yet his strange genius, much more attuned to the Germans Novalis and Hölderlin and to English poets, like Coleridge and Shelley, is the first to exteriorize clearly in France an awareness of the mysterious life of nature and of the complex interpenetration of man's thoughts and feelings and perceptions. It is he who, much more than Baudelaire, sought "l'épanchement du rêve dans la vie réelle," and who said:

A la matière même un verbe est attaché,
Un pur esprit s'accroît sous l'écorce des pierres.

One looks in vain in French Romantic poetry for the kind of close union between man and nature which pervades the poetry of Wordsworth, Coleridge or Shelley. Lamartine wonders and questions: "Objets inanimés, avez-vous donc une âme?"; for Vigny nature is indifferent, and for Musset and the early Hugo she is part of the properties of poetry, but she is never a "symbolic image of the mind," as Novalis defined her; she is not the mysterious echo of a world beyond the senses, which the poet, through the magic of his words and through the permanence of myths and perennial symbols, seeks to bring to life. It is Gérard de Nerval, whose disequilibrated genius could not resist, in the end, the pressure of mystery which it could apprehend, who heralds the true changes in sensibility which Baudelaire in his best moments was going to exteriorize when, as Rimbaud said, he became *voyant* and had access to "le monde du rêve."

"Baudelaire," says T. S. Eliot,[1] "is indeed the greatest exemplar in modern poetry in any language, for his verse and language is the nearest thing to a complete renovation that we have experienced." This opinion, which Valéry later echoed with the words "Baudelaire est au comble de la gloire," is widely accepted, and

[1] T. S. Eliot, *Selected Essays* (Faber and Faber, 1932), p. 388.

it recognizes in Baudelaire a great poet and the most important poetic landmark of the last hundred years. But if Baudelaire can rightly be considered the best representative of the new sensibility, it does not mean that he created it. The famous sonnet, *Correspondances*, has too often been described as one of the twelve slabs which the new Moses of art brought back from Mount Sinaï and gave as law to his fellow artists. It is nothing of the kind. The belief in the correspondence between the world of the senses and the mysterious reality which could be the ideal world of Plato is barely hinted at, though of course there is plenty of evidence in Baudelaire's work in favour of such a belief. We have seen that through English poetry and German idealism both the relationship between reality and the ideal world and the oneness of the universe had already been part of human consciousness for the last sixty years at least; these beliefs had already found full expression in the poetry and critical writings of Coleridge, Shelley and Hölderlin. In France they had acquired some currency through De Maistre, the illuminists, and through the works of Balzac and Nerval. As for synaesthesia or interpenetration of the senses—

> Comme de longs échos qui de loin se confondent
> ...Les parfums, les couleurs et les sons se répondent.

—it is no more new in literature and in human thought than the correspondence between the real and the unreal; when people talked of seeing red or having a weight on their minds, when Shakespeare describes jealousy as a green-eyed monster, or when Musset talks of " l'étoile qui pleure, la fleur qui vole et l'oiseau qui embaume," they show that the interpenetration of sensations was part of the process of artistic experience, although not an overt part of artistic consciousness. For that we have to wait for the end of the nineteenth century, which saw with psychology the awakening and the increase of self-consciousness and a more subjective form of knowledge. But there is another aspect of Baudelaire's life and poetry which has either been affixed upon him by a widening circle of admirers—the aesthetes in search of a Byronic archetype—or has caused him to be dismissed by impatient critics as an exhibitionist displaying satanism and morbidity merely as means of singularization and publicity. Baudelaire's awareness of evil or of Satan is not a pose; as Flaubert said, " il chante la chair sans l'aimer, d'une façon triste et détachée." His profound awareness of sin and of the fallibility of the flesh, and his loathing of his weak will are Augustinian and link him with Villon, Pascal and Racine, and that in more than one way. For Baudelaire, Racine or any believer in original sin, the past is irredeemable and irretrievably contaminated; therefore habitual and actual grace are both necessary to save the sinner. The awareness of sin and the harrowing possibility of damnation which we witness in Baudelaire or in any Christian violently torn between the calls of the flesh and sensuousness, and disgust and hatred for them, is no put-up attitude, no artistic black mass to relieve sadistic strains, but something real and truly terrifying. It is the foundation of the agony of anyone who has vision but no will and therefore no hope of divine grace in order to effect salvation; the need for the hair-shirt and flagellation is part of the hatred of the source of sin, which is the body and woman, yet the awareness of evil undeniably implies possibilities of, and is perhaps the only hope of, salvation. Baudelaire, torn between God and Satan, between the horror and the ecstasy of life, seeks in vain to forget, through " les paradis artificiels " of a woman's love, through drink or drugs, the gaping abyss in the depths of which lurk death and eternal hell. While the artificially induced ecstasy lasts, the past recedes or dissolves into the magic of dreams and into a partial recovery of innocence before the beginning of time, but with the awakening the return to time grows more and more terrifying; the gruesomeness of reality and the awareness that this temporary stupor has only been obtained through matter bring back the past with its stigma and its weight of guilt which nothing can abolish.

> O Seigneur, donnez-moi la force et le courage
> De contempler mon cœur et mon corps sans dégoût.

Face to face with this disgust, time's movement stops, and the minutes, the hours, the years stretch into an infinite nightmare. The visions of Cithera or the *Charogne* are sights which should shake any would-be epicurean and shatter the illusion that love or material pleasures can alleviate the burden and the misery of being born with the power to see and to suffer. Oh, for the dullness of the animal, says the poet; oh, to feel nothing, to know nothing, to sleep, for ever! But that cannot be, and there are no means of escaping one's fate; the heart cannot sink into a brutish sleep and oblivion; everywhere, in this world or in the world of death where Phèdre walks, our guilt is inexorably with us. All Baudelaire's dreams of voyages are vain; he knows that he cannot escape the obsessing gaze of his conscience; he is like Cain, he may call upon death, the old captain, to set off:

> Plonger au fond du gouffre, Enfer ou Ciel, qu'importe?
> Au fond de l'Inconnu pour trouver du *nouveau*!

He knows that there is no possibility of escape in the world or out of the world; yet the poet—like Coleridge's ancient mariner—when touched by grace, realizes that " mes humiliations ont été des grâces de Dieu," that they are a sign of divine attention like the sores and sorrows of Job, and, like him, bending his head, he murmurs:

> Soyez béni, mon Dieu, qui donnez la souffrance
> Comme un divin remède à nos impuretés.

for he is aware that he is part of:

> Cet ardent sanglot qui roule d'âge en âge
> Et vient mourir au bord de votre éternité!

Baudelaire's life, as T. S. Eliot has said, has " grandeur, exhibits its heroism, and it is an example to his time and to ours," and he goes on to quote Baudelaire's famous saying: " La vraie civilisation n'est pas dans le gaz, ni dans la vapeur, ni dans les tables tournantes, elle est dans la diminution des traces du péché originel," which is echoed by Péguy's words: " Le pécheur est au cœur même de la chrétienté; nul n'est aussi compétent que le pécheur en matière de chrétienté; nul si ce n'est le saint." If there are any French poets who deserve the title of great, Baudelaire ought to be numbered among them. In his slim volume of *Les Fleurs du*

Mal, barely bigger than the *Poésies Complètes* of Villon, he has packed enough poetic gold to win him such a title. He himself has discarded most of the lead and stones; we have only to choose according to our taste, but it is difficult to exclude him from the heights whence Villon beckons him to forget about the source of their self-disgust, whether she is called " la grosse Margot " or Jeanne Duval, and to join the chorus of his songs about Paris, that " Fourmillante cité... où le spectre en plein jour raccroche le passant," and to describe it in ironical and pungent sketches which introduce urban life into modern literature.

Rimbaud is the most extraordinary case in literature, and his originality has already been made to support an inverted pyramidal superstructure of aesthetic comments and exegeses which at the present rate of progress should soon render his poems as unapproachable as the mummy of some Pharaoh hidden in the innermost centre of his tomb. He has been called *Shakespeare enfant*, and an extraordinary genius he certainly was; yet he lived to the age of thirty-seven, and at that age the man from Stratford-on-Avon had already written some of his greatest masterpieces. It is true that no literary genius has ever shown Rimbaud's precocity, and that what he wrote is in parts astonishingly beautiful, whether one looks at it as the work of a young man of seventeen or as the work of a man of forty. It is pure genius, the miraculous, the unexplainable, the incarnation of mystery. Genius is beyond the control of the human will, and any attempt at explaining or denying genius through will, only means that there is no genius left and that there is only will axled on character. If the young Rimbaud burnt himself out in a meteoric blaze in the course of his demiurgic Promethean attempt to snatch fire from Heaven, or if, after his Orphic journey through Hell, once he had seen the bourne whence no traveller returns, he found that he could bear no more and he chose to lay down his lyre and to bid goodbye to the wild, dishevelled maenads who led him through such awesome realms, his decision is, I think, not beyond understanding. He may have felt that he had reached the limits of the human; after all, the Son of Man Himself seemed to have reached such a point at a certain moment in the night of Gethsemane. This does mean, in the case of Rimbaud, that his race had been run, and whether the body lived or died was of no importance; he had used up,i n a few years, his meed of divine essence for a flight which generally takes other artists decades to perform and which took him to heights where his essence returned to and merged into the ambient empyrean to which it belonged, leaving behind the empty shape—the body—which for fifteen years or so trampled across the hot sands of Abyssinia and Syria selling donkeys, and finally stumped its way towards the sad bed of the hospital of La Conception in Marseilles; this was a shape which was called Rimbaud, but which was no more Rimbaud than a photograph is a real person. If we see a plane which is climbing up steeply towards a great height suddenly fade out of sight, we cannot conclude that it has reached the sun or the moon; we can only judge its performance on what we have seen or on what has been recorded by instruments, though no doubt we love to indulge in imaginative suppositions as to what such a flight might have been. Rimbaud's performance, a wonderful one by any standards, has been, I feel, magnified by an imaginary graph hypothetically constructed from what we know, and this, however extraordinary the genius behind it may be, does not warrant the hyperbolic language in which it has been described. That Rimbaud is on a high level is undeniable; that his Nietzschean desire to transcend good and evil and to recapture, through words used as magic signs, the mysteries of creation took him, by human standards, very far in his attempt to do what had only been done once by the Creator Himself, must be granted; that his insistence on *voyance*, on the cultivation of the *raisonné dérèglement de tous les sens* so as to reach a world beyond the senses, or the core of subjectivity, the point at which " *je* est un autre," has been a source of admiration and emulation to poets like Claudel and the whole of the Surrealist movement which found in him its true father, is also a widely accepted fact of literary history. The vision which led him to realize that " la vraie vie est absente, nous ne sommes pas au monde," and that the problem for the poet is not to dream of far-away voyages, but to plunge inward through the darkness, be it that of hell, towards the core of the words, in order to rediscover the lost Eden and the primitive state of " fils du soleil," is clearly the vision of genius.

The imagination at work in the poems, in the best at least, is the imagination of a great poet in the making; but although one sees greatness looming up just round the corner, I do not think that it has been reached. Part of his poetic properties—I mean his stock of imagery—is by no means time-proof; they already bear the imprint of their age, they are dated, they seem to us far-fetched and precious. This point of view may not be that of generations to come, but it seems to me to be present at this moment. His poetic prose, so rightly praised by Claudel, is nevertheless not poetry, for it lacks the organic structure of a sustained and recognizable rhythmical pattern. Yet all in all, the poet who saw mosques in the sky, who became "un opéra fabuleux," who could hear through his trances the whispers of silence, or see beyond shadow the true reality of things, is certainly a major landmark in French literature.

The symbolism of Verlaine, for a time very sadly involved in the life of "l'époux infernal" that was Rimbaud, is, in spite of his joining in the Mallarmé–Poe–Valéry chorus of "de la musique avant toute chose," something of his own. Verlaine's poetry is the nearest approach to the current English notion of poetry as song warbled in woodnotes or lisped in numbers untrammelled by rhetoric; it is what we have in the immortal songs of Burns or of Blake. Verlaine is the poet of fleeting suggestions and changing emotional states, and he conveys these imprecise states in precise rhythms and sensuous images in movement bearing the mark of tensions which give each instant its timeless duration. The poetic process was something natural to Verlaine, who transmuted most experiences of life into poetry. His endeavours to reach fleetingness in art are part of the Bergsonian notion of the stream of consciousness and of the awareness that the mystery of things can only be suggested but not defined. His concern for imprecision and vagueness, analogous to music, rests on the Wagnerian creed that music must take over when the words fail to express turmoil or subtleties of thought and feelings which can only be hinted at. That was not the point of view of Mallarmé, who would never accept the supremacy of music over words. "La poésie proche l'idée, est Musique, par excellence — ne consent pas l'infériorité." For Mallarmé also, poetry was suggestiveness, but of a kind different from the imprecision of Verlaine, and with aims different from those of any of his contemporaries. His aims were neither those of Baudelaire nor those of Rimbaud, nor did they posit a Platonic ideal world which could be revealed through poetry or through the cabalistic use of language; for Mallarmé *le hasard*—the real—existed only as material for art and to be transmuted, through the abstracting processes of the poet's mind, into *l'idée*—the non-real: "Je dis: une fleur, et hors de l'oubli où ma voix relègue aucun contour, en tant que quelque chose d'autre que les calices sus, musicalement se lève, idée même et suave, l'absente de tous bouquets." We therefore start from annihilated creation in an attempt to reach an ideal which can be made by the poet's creative act, but whose existence is not posited. The poet denies the real, and in that act of denial wishes to give himself the illusion of a world which he knows to exist only as part of his denial. There is no transcendence, except the fleeting transcendence of the creative act, which each time involves the poet in the risk of falling into eternity and of ending in some *nuit obscure*. If the poetic process implied in the substitution of *le hasard* by *l'idée* is analogous to music, it is not the indefinite imprecision of Verlaine or of Poe, but on the contrary the mathematical precision of musical compositions in which notes and harmonies fit with exactitude within a consciously evolved pattern. The words are used as musical signs, not in order to reveal, but " à l'égard de créer: la notion d'un objet, échappant, qui fait défaut," or " une idée de l'objet "; they are therefore used not as static images or plastic jewels, as with the Parnassians, but as images in motion or ideograms emerging and melting away while igniting the next one as part of a duration which only lives and dies with the poet and with the reader of poetry. The aims of Mallarmé were singular, the means employed unique, the metaphysics which they implied—transcendence existing in the fleeting act of creation based on negation and aiming at *le néant* —inhuman and inhibiting to the point of paralysis; Mallarmé himself went so far, then stopped and was compelled to confess that his art was " une impasse."

Two of the most important poets of the Symbolist flowering of the 1880's, the time when the movement became conscious of itself and published manifestoes and revues, are Laforgue and Corbière. Both died very young, and both developed certain elements which still have a strong vitality in our time. Laforgue said that Corbière was " strident comme le cri des mouettes et comme elles jamais las." " Nous sommes tous poétiques," he went on to say, " ...lui n'est pas de chez nous, c'est un insaisissable et boucané corsaire hardi à la course." [1] Corbière is a remarkable and very lovable poet who deserves a much better place than he has in French literature. There is no one else so close to Villon in toughness, irony, intellectual vigour in the face of emotional upheavals. Poor, ill and half-deformed as he was, he looked upon his plight without sentimentality or pose of disillusionment; on the contrary, he masters his emotions, and under his power of self-analysis and sardonic wit he fuses them into a sinewy style, at times rhetorical, but always brimming over with meaning and irony. He jeers and mocks at what he feels or says, in a Villonesque manner, and he has some of the sombre power of Hopkins in the terrible sonnets. His capacity to feel and to dominate himself, usually expressed in dramatic style, wins assent, and there is no doubt that he has produced a handful of poems which will defy time and give him a greater reputation than that of many other poets who are now in fashion. Laforgue also laughs at himself before being laughed at by others. Although more sophisticated than Corbière, he is less adult, less resilient to suffering, he has less control over his materials and is altogether less gifted; nevertheless, his achievements are considerable and occupy quite an important place in the growth of modern poetry, in which his influence is still felt. Baudelaire's dandyism and implacable stare at the decaying flesh or at rotten civilization combine with the irony of Laforgue and Corbière into an attitude which withers the sentimental outpourings of the Romantics and continues, with Eliot and Pound, to shake us out of complacency and to expose mercilessly the hollowness of our pretences. For all these poets love may be a necessity, a hopeless attempt to escape the illusions, the horror and the boredom of life, but it is condemned to a succession of failures which go on repeating themselves like the circles of hell; Jeanne Duval,

[1] J. Laforgue, *Mélanges posthumes* (Mercure de France), pp. 119–127.

Madame Sabatier, Laforgue's loved ones are all part of a " waste-land " which can bear no fruit; woman is for Baudelaire:

> Machine aveugle et sourde, en cruautés féconde,
> Salutaire instrument, buveur du sang du monde.

Romantic disappointment with love's dreams prompted *Olympio*, *Le Lac*, *Les Nuits* and *La Colère de Samson*, but Corbière, Laforgue, Baudelaire and Rimbaud, chastened of sentimentality, mock their sorrows and temper seriousness by puncturing it with out-bursts of flippancy and humour. Irony, which has become so much a part of modern poetry, enables the poet to express per-sonal emotions and to satirize a society which becomes more and more urban, vulgar and bereft of spirituality, and he does so in a poetry of suggestiveness and through images related by affective associations, and also through symbols which have complex meanings and form part of the whole which is the poem.

Mallarmé, paraphrasing Descartes, could have said: " I write, therefore I am." Paul Valéry retains the Cartesian worship of will and the belief in a kind of God-like " I," or the *je* of Monsieur Teste or of Leonardo, as a continuous capacity for being anything and for having an awareness of being. For Valéry poetry is, above all, composition and an exhaustion of all the phenomenal possi-bilities suggested by *une donnée*, whether it comes from inspira-tion or from a wilfully chosen theme; poetry is making, and the making process is more important than the finished product which is only a stage in an operation which logically can have no end. The central theme of Valéry's poetry is the poetic process. Each poem is the recording of an interplay of states of consciousness seized in their musical fluidity and in the evanescence of their dramatic movement. No story, and no poetic ego watching its growth; only the most unobtrusive presence of an observing and recording Bergsonian "I" which, like the distant sun over the sea, watches and contributes to the endless movement of the tides and the waves creating a duration which is the structural music of the poem and repeating organic forms bearing the imprint of a pur-pose or a consciousness aiming at the most perfect combination of inner force or form with existential shape. Valéry's major poems, *La Jeune Parque* and *Le Cimetière Marin*, are above all the records of numerous, fleeting psychological states and of a most versatile intellect intent on living and on noting the transition from chaos and non-being to consciousness and order, along graphs which should be analogous or at least imitative of creation itself. *La Jeune Parque* and *Le Cimetière Marin* are certainly great poetry, and their author is, with Yeats, Eliot and Claudel, one of the major poets of our time.

For Valéry, a perfect sceptic, all beliefs, all philosophies are equal; they are all, including poetry, products of the human mind. For Claudel, all sceptics are *mécréants*, and his faith in the existence of God and in His Church—the Catholic Church—fills his heart and his poetic imagination with certitudes which make his task clear-cut on earth. The poet's task is to reveal through words the true meaning of things and their true relationship, as part of the vast design which informs the universe. Thus Claudel, restoring to words, images and metaphors their primeval creative force, sees the poet as a prophet, God-inspired, moving through a world of symbols, descrying and describing the hidden relationship between visible and invisible things, and singing, for all to hear, the praises of creation and of its Maker. Nature is God's book, and the poet reads it aloud for the enchantment and the enlightenment of his hearers. Such an exalted conception of the poet's rôle is not without dangers which Claudel has not altogether avoided, chiefly in his strictly lyrical poetry. But, in spite of the flaws and the lapses, Claudel's verbal brilliance and cosmic imagination have resulted in works which make him the greatest French poet-dramatist since Racine, and they have left upon his works the imprint of genius, possibly the most original of the twentieth century. Claudel had the greatest admiration for Rimbaud, " le voyant " trying to discover through " le dérèglement des sens "—that is to say, beyond organized perceptions—the primitive purity of sensations, the true reality contained in words —the key to the mystery of creation. For Claudel creation was God-made and subject to laws which men could, up to a point, discover. But for all those who awoke from the Nietzschean night of the death of God, or from the shattered dreams of the lost millennium and the bankruptcy of reason after the end of the nineteenth century and particularly after the first World War truth and reality lay beyond reason and social veneer, in the sub-conscious which Freud had scientifically charted and which artists tried to explore. Rimbaud became the Messiah of a creed —Surrealism—which had quite a few adherents and certainly some influence, even although one finds no achievements which could be ascribed to it.

The most vocal theoreticians and leaders of the group, Breton and Tzara, have produced no poetry worth mentioning, and those whose names are associated with that group wrote their best poetry not according to manifestoes but, as every poet had done before them, only when their hearts and minds had been involved in their experiences. Guillaume Apollinaire's insistence on novelty, use of surprise and freedom for the artist to explore any domain and to use forms necessary to him, is a claim that has been made by practically every generation of poets; so is his plea for tolerance towards experimenters:

> Soyez indulgents quand vous nous comparez
> A ceux qui furent la perfection de l'ordre
> Nous qui quêtons partout l'aventure.

His sincerity, his love of confessions and his bohemianism fit within a tradition which goes from Villon to Verlaine. His humour, his love of the incongruous and unexpected detail which explodes any sentimental situation by laughter, link him up with Laforgue and Corbière, while his love of surprise and acrobatics has been seized upon and systematically exploited by Cocteau. Together with Apollinaire the best poet connected with Sur-realism is Eluard; his love songs and meditations are the products of one of the purest and most original lyrical gifts of our times. There are many other names generally connected with Surreal-ism, in spite of the fact that they have nothing to do with André Breton or Tzara's manifestoes; it is indeed obvious that the Freudian explorations of the unconscious by Jouve, and the Kafkaesque, absurd, topsy-turvy, dehumanized world of Michaux have no more to do with Surrealism than has Supervielle's pan-theistic world of fantasy. With the latter everything lives, is involved in a vast concert of sympathy and love which unites the living and the dead, the stars, the stones, the birds, the trees and all, including God Himself who participates in the wonder-

[72]

ment of His creation. Patrice de la Tour du Pin and Pierre
Emmanuel, poets with deeply religious temperaments, continue
the Claudelian tradition of representing the poet as the revealer of
the mystery of the universe, illuminating through his conscious-
ness and singularity the universal plight and tragedy of man. The
poetry of St-John Perse, ranging in structure from the Claudelian
or Whitmanesque *verset* to poetic prose, shows a poetic imagina-
tion moving from the concrete to the visionary aspects of human
life, both being parts of the poet's consciousness. The core of St-
John Perse's poetry, with its sharp, colourful images and peculiar
rhythms appropriate to the emotions involved, contains an element
of wisdom which however loses its potency when the circle widens
in attempts to embrace the universe and to regard the poet, like
Hugo, as being placed "au centre de tout, comme un écho sonore."

This final point has considerable relevancy to French poetry
now; it is evident that the more far-flung and wide-ranging the
poet's gaze, the more concrete and clear-cut must be the images
or symbols which he uses. Dante blends vastness of vision with
precision of details; ideas and dreams are given reality in living
forms. Those who attempt such cosmic poetry with lesser gifts
give us all too often idea-emotions embodied in sonorous yet
unconvincing rhetoric, for rhetoric, which is essentially declama-
tory and an excellent medium for drama, tends to become sheer
high-flown speech when it is used as a form of address by the poet
to an anonymous public which may have no intellectual or affec-
tive affinities with him. The long poem, religious or epic, can
only be carried off by an outstanding genius of Dante's or Milton's
order; a poet should know his limitations; great subjects or great
themes do not make great poetry, unless handled by genius.
Poetry must be a source and not a mere outpouring of emotions.
In order to be so, it must have the concreteness and the diamond-
like purity of texture which will make it possible for every
human being to look through it and to detect in it some aspects
of himself, whether he be black or white, ancient or modern.
The greater the poet, the nearer he is to the centre and source of
all things, and therefore the wider the segment of human life
which he illuminates; but only the Creator who is at the centre
can illuminate the whole.

[73]

ANONYMOUS
(eleventh or early twelfth century)

Ço sent Roḍlanz de son tems...

Ço sent Roḍlanz de son tems n'i aṭ plus;
Devers Espaigne gist en un pui aguṭ;[1]
A l'une main si aṭ son piz [2] batuṭ:
« Dieus, meie colpe, par la toe vertuṭ,[3]
De mes pechiez, des granz et des menuz,
Que jo ai faiz dès l'ore que nez fui
Tresque a cest jorn que ci sui conseüz! »[4]
Son destre guant en aṭ vers Dieu tenduṭ:
Angele del ciel en descendent a lui.

Li coms Roḍlanz se jut [5] dessoz un pin,
Envers Espaigne en aṭ tornéṭ son vis.[6]
De plusors choses a remembrer li prist:
De tantes terres come li ber conquist,
De dolce France, des omes de son ling,[7]
De Charlemagne, son seignor, quil noḍriṭ,[8]
E des Franceis dont il est si cheriz.

Ne puet muḍer ne plort e ne sospirt;[9]
Mais sei meḍesme [10] ne vuelt metre en obliṭ:
Claimeṭ [11] sa colpe, si prieṭ Dieu merciṭ:
« Veire paterne,[12] qui onques ne mentis,
Saint Lazaron de mort ressurrexis
E Daniël des lions guaresis,[13]
Guaris [14] de mei l'aneme de toz perilz
Por les pechiez que en ma vide [15] fis! »
Son destre guant a Dieu en porofriṭ,[16]
E de sa main sainz Gabriëls l'aṭ pris.

[75]

Dessour son braz teneit lo chief [17] enclin;
Jointes ses mains est alez a sa fin.
Dieus li tramist [18] son angele cherubin
E saint Michiel de la mer del peril;
Ensemble od els sainz Gabriëls i vint; [19]
L'aneme del comte portent en paredis.

Chanson de Roland

[1] *pui aguṭ = pic escarpé*   [2] *piz = poitrine*
[3] *par la toe vertuṭ = par ta puissance*
[4] *dès l'ore...conseüz! = depuis l'heure de ma naissance jusqu'à ce jour où me voici atteint!*   [5] *se jut = est gisant*   [6] *vis = visage*
[7] *ling = lignage*   [8] *quil noḍriṭ = qui l'a élevé*
[9] *ne puet muḍer... sospirt = il ne peut s'empêcher d'en pleurer et d'en soupirer*
[10] *sei meḍesme = lui-même*   [11] *claimeṭ = il dit sa coulpe*
[12] *veire paterne = vrai père*   [13] *guaresis = sauvas*
[14] *guaris = sauve*   [15] *vide = vie*   [16] *porofriṭ = offrit*
[17] *lo chief = la tête*   [18] *li tramist = lui envoya*
[19] *ensemble... vint = avec eux y vint saint Gabriel*

ANONYMOUS

(c. 1200)

Nicolete o le vis cler...

Nicolete o le vis cler [1]
Fu montee le fossé,
Si se prent a dementer [2]
Et Jesu a reclamer:
« Pere, rois de maiesté,
Or ne sai quel part aler.
Se je vois el gaut ramé, [3]
Ja me mangeront li lé,
Li lion et li sengler,
Dont il i a a plenté. [4]
Et se j'atent le jor cler,
Que on me puist ci trover,
Li feus sera alumez

[76]

Dont mes cors iert embrasez.[5]
Mais, par Dieu de maiesté,
Encor aim je mieuz assez
Que me manjuënt li lé,[6]
Li lion et li sengler,
Que je voise en la cité.[7]
     Je n'irai mie. »[8]

Aucassin et Nicolette

[1] *cler = blanc*   [2] *dementer = se désoler*
[3] *se je vois el gaut ramé = si je vais dans le bois touffu*
[4] *dont il i a a plenté = qui y sont nombreux*
[5] *dont mes cors iert embrasez = avec lequel mon corps sera brûlé*
[6] *li lé = les loups*   [7] *que je voise en la cité = qu'aller en ville*
[8] *mie = pas*

« *Estoilete, je te voi...* »

« Estoilete, je te voi,
Que la lune trait[1] a soi.
Nicolete est avuec toi,
M'amiëte o le blont poil.[2]
Je cuit Dieus la vout avoir[3]
Por la lumiere de soir,
Que par li[4] plus bele soit.
E ! amie, entent a moi.
Pleüst ore al sovrain roi,
Que que fust del recheoir,[5]
Que fusse la sus o toi !
Je te baiseroie estroit.[6]
Se j'estoie fiz a roi,
S'aferriez vos bien a moi,[7]
    Suer,[8] douce amie. »

Aucassin et Nicolette

[1] *trait = attire*   [2] *o le blont poil = aux cheveux blonds*
[3] *je cuit Dieus la vout avoir = je pense que Dieu a voulu l'avoir*
[4] *li = elle*
[5] *que que fust del recheoir = de quelque façon que je dusse retomber*
[6] *je te baiseroie estroit = je t'embrasserais étroitement*
[7] *s'aferriez vos bien à moi = vous seriez digne de moi*   [8] *suer = sœur*

[77]

Aucassins li beaus, li blonz...

Aucassins li beaus, li blonz,
Li gentiz, li amoros,
Est oissuz del gaut parfont,[1]
Entre ses braz ses amors,
Devant lui sour son arçon.
Les ieuz li baise et le front
Et la boche et le menton.
Ele l'a mis a raison :
« Aucassins, beaus amis douz,
En quel terre en irons nos?
— Douce amie, que sai jo?
Moi ne chaut [2] ou nos alons,
En forest o en destor,[3]
Mais que je soie avuec vos. »
Passent les vaus et les monz
Et les viles et les bors.[4]
A la mer vindrent al jor,[5]
Si descendent el sablon,
     Lez le rivage.

Aucassin et Nicolette

---

[1] *est oissuz del gaut parfont = est sorti du bois profond*
[2] *moi ne chaut = il ne m'importe*　　[3] *destor = chemins détournés*
[4] *bors = bourgs*　　[5] *al jor = avec l'aube*

RICHARD CŒUR DE LION

(1157–99)

Rotrouenge

Ja nus on pris [1] ne dira sa raison
Adroitement, s'ensi con dolenz non; [2]
Mais par confort [3] puet il faire chançon.

Mout ai d'amis, mais povre sont li don;
Honte en avront se por ma reançon
       Sui ça dous iverz pris.[4]

Ce sevent bien mi ome et mi baron,
Englois, Norment, Poitevin et Gascon
Que je n'avoie si povre compaignon
Cui je laissasse, por avoir,[5] en prison.
Je nel di pas por nule retraçon;[6]
       Mais encor sui je pris.[7]

Or sai je bien de voir certainement
Que morz ne pris n'a ami ne parent,
Quant on me lait por or ne por argent.[8]
Mout m'est de moi,[9] mais plus m'est de ma gent,
Qu'après ma mort avront reprovier grant,
       Se longuement sui pris.

N'est pas merveille se j'ai le cuer dolent,[10]
Quant li miens sire met ma terre en torment,
S'or li membrast de nostre sairement[11]
Que nos feïmes andoi communaument,[12]
Bien sai de voir que ça enz longement
       Ne seroie pas pris.

Ce sevent bien Angevin et Torain,
Cil bacheler[13] qui or sont riche et sain,
Qu'encombrez[14] sui loinz d'euz en autrui main.
Forment m'amoient,[15] mais or ne m'aiment grain.[16]
De beles armes sont ore[17] vuit[18] cil plain
       Por tant[19] que je sui pris.

Mes compaignons cui j'amoie et cui j'ain,
Ceus de Caheu et ceus de Percherain,
Me di,[20] chançon, qu'il ne sont pas certain:
Qu'onques vers eus nen oi cuer faus ne vain.

S'ils me guerroient,[21] il font mout que vilain,[22]
Tant con je serai pris.

[1] on pris = homme prisonnier
[2] s'ensi con dolenz non = s'il ne parle comme un afflige
[3] par confort = pour se consoler
[4] sui ça dous iverz pris = je reste ici deux hivers
[5] por avoir = faute d'argent   [6] retraçon = reproche
[7] mais encor sui je pris = mais je suis encore prisonnier
[8] quant on me lait por or ne por argent = puisqu'on me laisse ici pour une question d'or et d'argent
[9] mout m'est de moi = j'en suis très peiné pour moi
[10] dolent = attristé
[11] s'or li membrast de nostre sairement = s'il lui souvenait de notre serment
[12] andoi communaument = l'un et l'autre d'accord
[13] cil bacheler = ces jeunes gens   [14] qu'encombrez = retenu
[15] forment m'amoient = ils m'aimaient beaucoup   [16] grain = plus
[17] ore = maintenant   [18] vuit = vides   [19] por tant = parce que (tant que)   [20] me di = va dire   [21] s'ils me guerroient = s'ils me font la guerre
[22] il font mout que vilain = ils agissent en vilain

LE CHÂTELAIN DE COUCY
(end of twelfth century)

Quant li rousignols jolis...

Quant li rousignols jolis
Chante sur la flor d'esté,
Que nait la rose et le lys,
Et la rousée el vert pré,
Plein de bonne volonté
Chanterai com fins amis;
Mes de tant suis esbahi
Que j'ai si tres haut pensé,
Qu'a paines iert accompliz
Li servirs dont j'atends gré.

Chanson d'Amour

Ausi conme unicorne sui
Qui s'esbahist en regardant,
Quant la pucelle va mirant.
Tant est liee [1] de son ennui,
Pasmee chiet [2] en son giron;
Lors l'ocit on en traïson.
Et moi ont mort d'autel senblant [3]
Amors et ma dame, por voir:
Mon cuer ont, n'en puis point ravoir.

Dame, quant je devant vous fui
Et je vous vi premierement,
Mes cuers aloit si tressaillant
Qu'il vous remest, [4] quant je m'en mui. [5]
Lors fu menez sans raençon
En la douce chartre en prison
Dont li piler sont de talent
Et li huis sont de biau veoir
Et li anel de bon espoir...

Dame, je ne dout més rien plus [6]
Que tant que faille [7] à vous amer.
Tant ai apris a endurer
Que je sui vostres tout par us; [8]
Et se il vous en pesoit bien,
Ne m'en puis je partir pour rien
Que je n'aie le remenbrer [9]
Et que mes cuers ne soit adés [10]
En la prison et de moi prés.

[1] tant est liee = elle est si contente   [2] pasmee chiet = elle tombe pâmée
[3] et moi ont mort d'autel senblant = et moi j'ai été tué de telle manière
[4] remest = resta   [5] je m'en mui = je partis
[6] je ne dout més rien plus = je ne redoute rien plus
[7] que tant que faille = que je cesse   [8] us = habitude
[9] le remenbrer = le souvenir   [10] adés = toujours

COLIN MUSET
(thirteenth century)

En mai, quant li rossignolet...

En mai, quant li rossignolet
Chantent cler ou vert boissonet,[1]
Lors m'estuet faire [2] un flajolet,
Si le ferai d'un saucelet,[3]
Qu'il m'estuet d'amors flajoler [4]
Et chapelet de flor [5] porter
Por moi deduire [6] et deporter,[7]
Qu'adés ne doit on pas muser [8]...

La damoisele au chief blondet
Me tient tot gai et cointelet; [9]
En tel joie le cuer me met
Qu'il ne me sovient de mon det; [10]
Honiz soit qui por endeter
Laira [11] bone vie a mener!
Adés les voit on eschaper,
A quel chief qu'il doie torner.[12]

L'en m'apele Colin Muset,
S'ai mangié maint bon chaponet,
Mainte haste,[13] maint gastelet [14]
En vergier et en praelet,[15]
Et quant je puis l'oste trover
Qui veut acroire [16] et bien prester,
Adonc me preng a sejorner
Sèlon [17] la blondete au vis cler.

---

[1] ou vert boissonet = dans le vert buisson
[2] m'estuet faire = il me faut faire   [3] saucelet = branche de saule
[4] qu'il m'estuet d'amors flajoler = car je dois y chanter l'amour
[5] chapelet de flor = couronne de fleurs   [6] deduire = distraire
[7] deporter = amuser   [8] muser = perdre son temps
[9] cointelet = satisfait   [10] det = dette   [11] laira = renonce
[12] a quel chief qu'il doie torner = en dépit des conséquences
[13] haste = filet de viande   [14] gastelet = gâteau   [15] praelet = prés
[16] qui veut acroire = qui veuille me faire crédit   [17] selon = près de

GUILLAUME DE MACHAULT
(1295–1377)

Adieu, doux Ami

Ohcques mes cuers ne senti
    Se dure dolour,
Com quant je me departi
    De ma douce amour.
Mais ce me rendi vigour
    Qu'elle vis à vis
Me dist par très grant douçour:
    Adieu, dous amis.

De ce mot, quant je l'oÿ,
    La douce savour
Fut empreinte et fit en mi
    Mon cuer son séjour.
Lors ma dame au cointe [1] atour
    Escript, ce m'est vis,
De sa belle bouche entour:
    Adieu, dous amis.

Si ne quier autre mercy
    De mon douz labour:
Car j'ay cent joies en my
    Pour une tristour.
Quand la souveraine flour
    Dou monde et le pris,
Vuet que je porte en s'onnour:
    Adieu, dous amis.

Le Voir dit

[1] *cointe = élégante, coquette*

Dolans cuer las...

Dolans cuer las,
Di moy que feras,
Que diras,
Où iras
Ne que devenras,
Quant tu verras
Qu'on ne te vuet pas?
Plus n'aras
De soulas
Que de dire: helas!

Bien mis seras
De si haut si bas!
Là plourras
Les maus qu'as,
Dolereus et mas;
Là creveras
Où tu partiras,
S'en morras
Sans repas
En l'amoureus las.

Le Voir dit

RUTEBEUF
(thirteenth century)

Que sont devenus mes Amis?

Dieus m'a fet compaignon a Job,
Il m'a tolu [1] a un seul cop
Quanque [2] j'avoie.
De l'ueil destre, [3] dont mieux veoie
Ne voi je pas aler la voie
Ne moi conduire.

A ci dolor dolente et dure [4]
Qu'a miedi [5] m'est nuiz obscure
    De celui œil.
Or n'ai je pas quanque je vueil;
Ainz sui dolenz, et si me dueil
    Parfondement,
C'or sui en grant afondement, [6]
Se par cels n'ai relevement
    Qui jusqu'a ci
M'ont secoru la lor merci.
Le cuer en ai tristre et noirci
    De cest mehaing, [7]
Quar je n'i voi pas mon gaaing...
Or a d'enfant geü [8] ma fame;
Mes chevaus a brisié la jame
    A une lice; [9]
Or veut de l'argent ma norrice,
Qui m'en destraint et me pelice [10]
    Por l'enfant pestre,
Ou il revendra brere [11] en l'estre. [12]
Cil damedieus, qui le fist nestre,
    Li doinst chevance [13]
Et li envoist sa soustenance,
Et me doinst encore alejance
    Qu'aidier li puisse,
Que la povretez ne li nuisse
Et que mieus son vivre li truisce [14]
    Que je ne fais.

[1] tolu = enlevé   [2] quanque = tout ce que   [3] destre = droit
[4] a ci dolor dolente et dure = c'est là une douleur cruelle
[5] miedi = midi   [6] afondement = abîme   [7] mehaing = infirmité
[8] geü = accouché   [9] lice = barrière   [10] me pelice = m'écorche
[11] brere = crier   [12] estre = logis   [13] chevance = subsistance
[14] truisce = gagne

C'est de la Povreté Rutebeuf

Je ne sai par ou je comance,
Tant ai de matiere abondance
Por parler de ma povreté,
Por Dieu vos pri, frans rois de France.
Que me donez quelque chevance,[1]
Si ferez trop grant charité.
J'ai vescu de l'autrui chaté [2]
Que l'en m'a creü et presté;
Or me faut chascuns de creance,[3]
Qu'on me set povre et endeté:
Vos r'avez [4] hors du regne esté
Ou tote avoie m'atendance.[5]

Entre chier tenz et ma mesnie [6]
Qui n'est malade ne fenie,[7]
Ne m'ont lessié deniers ne gages;
Gent truis [8] d'escondire aramie [9]
Et de doner mal enseignie;
Du sien garder est chascuns sages.
Mors me r'a fet [10] de granz damages,
Et vos, bons rois, en deus voiages
M'avez bone gent esloignie,
Et li lontainz pelerinages
De Tunes qui est leus sauvages
Et la male gent renoïe.[11]

Granz rois, s'il avient qu'à vos faille [12]
(A toz ai je failli sanz faille [13])
Vivres me faut et est failliz.[14]
Nus ne me tent, nus ne me baille;
Je touz de froit, de faim baaille,
Dont je sui mors et maubailliz.[15]
Je sui sanz cotes [16] et sanz liz,
N'a si povre jusqu'à Senliz.
Sire, si ne sai quel part aille;
Mes costez conoit le pailliz,[17]

Et liz de paille n'est pas liz,
Et en mon lit n'a fors la paille.

Sire, je vos faz a savoir :
Je n'ai de quoi du pain avoir ;
A Paris sui entre toz biens,
Et n'i a nul qui i soit miens.
Pou i voi et si i preng pou ;
Il m'i sovient plus de saint Pou [18]
Qu'il ne fet de nul autre apostre.
Bien sai Pater, ne sai qu'est nostre,
Que li chiers tenz [19] m'a tot osté,
Qu'il m'a si vuidié mon osté [20]
Que li Credo m'est deveez [21]
Et je n'ai plus que vos veez. [22]

1 chevance = ressources   2 chaté = bien
3 or me faut chascuns de creance = maintenant j'ai perdu tout crédit
4 vos r'avez = vous, de votre côté, avez   5 m'atendance = mon espoir
6 mesnie = famille   7 ne fenie = ni affaiblie
8 gent truis = je trouve des gens
9 aramie = entêtés à   10 mors me r'a fet = la mort m'a encore causé
11 la male gent renoïe = la méchante race infidèle
12 s'il avient qu'à vos faille = s'il arrive que je vous prie en vain
13 sanz faille = sans erreur   14 est failliz = me manquent
15 et maubailliz = et en mauvais point   16 cotes = vêtements
17 pailliz = paille   18 saint Pou = Saint Paul (pun on peu)
19 li chiers tenz = la cherté du temps   20 osté = maison
21 deveez = interdit   22 que vos veez = que ce que vous voyez

EUSTACHE DESCHAMPS
(1340–1410)

Ballade des Signes de la Mort

Je deviens courbes et bossus,
J'oy tresdur, ma vie decline,
Je pers mes cheveulx par dessus,
Je flue en chascune narine,

J'ay grant doleur en la poitrine,
Mes membres sens ja tous trembler,
Je suis treshastis [1] a parler,
Impaciens, Desdaing me mord,
Sanz conduit ne sçay mès aler :
Ce sont les signes de la mort.

Convoiteus suis, blans et chanus,
Eschars, courroceux ; j'adevine [2]
Ce qui n'est pas, et loe plus
Le temps passé que la doctrine
Du temps présent ; mon corps se mine ;
Je vois envis [3] rire et jouer,
J'ay grant plaisir a grumeler,
Car le temps passé me remort ;
Tousjours vueil jeunesce blasmer :
Ce sont les signes de la mort.

Mes dens sont longs, foibles, agus,
Jaunes, flairans comme santine ;
Tous mes corps est frois devenus,
Maigres et secs ; par medicine
Vivre me fault ; char ne cuisine
Ne puis qu'a grant paine avaler ;
Des jëusnes me fault baler, [4]
Mes corps toudis sommeille ou dort,
Et ne vueil que boire et humer :
Ce sont les signes de la mort.

Prince, encor vueil cy adjouster
Soixante ans, pour mieulx confermer
Ma viellesce qui me nuit fort,
Quant ceuls qui me doivent amer
Me souhaident ja oultre mer :
Ce sont les signes de la mort.

---

[1] treshastis = emporté   [2] adevine = soupçonne
[3] envis = avec peine   [4] me... baler = me réjouir

Le Chat et les Souris

Je treuve qu'entre les souris
Ot un merveilleus parlement
Contre les chas leurs ennemis
A veoir maniere comment
Elles vesquissent seurement
Sanz demourer en tel debat;
L'une dist lors en arguant:
« Qui pendra la sonnette au chat? »

Ciz consaus fu conclus et pris;
Lors se partent communement.
Une souris du plat païs
Les encontre et va demandant
Qu'on a fait. Lors vont respondant
Que leur ennemi seront mat.[1]
Sonnette avront au cou pendant:
« Qui pendra la sonnette au chat? »

« C'est le plus fort », dit un rat gris.
Elle demande saigement
Par qui sera cis fais fournis.
Lors s'en va chascun excusant:
Il n'i ot point d'executant,
S'en va leur besoigne de plat.
Bien fut dit, mais, au demourant,
« Qui pendra la sonnette au chat? »

L'ENVOY

Prince, on conseille bien souvent
Mais on peut dire, com le rat,
Du conseil qui sa fin ne prent:
« Qui pendra la sonnette au chat? »

[1] *mat = tué*

CHRISTINE DE PISAN
(c. 1364–c. 1430)

Quand je voy ces amoreux...

Quand je voy ces amoreux
Tant de si doulz semblans faire
L'un a l'autre et savoreux
Et doulz regars entretraire,[1]
Liement rire et eulx traire
A part, et les tours qu'ils font,
A pou que [2] mon cuer ne font!

Car lors me souvient, pour eulx,
De cil dont ne puis retraire [3]
Mon cuer qui est desireux
Qu'ainsi le peüsse attraire;
Mais le doulz et debonnaire
Est loings, dont en dueil parfont
A pou que mon cuer ne font!

Ainsi sera langoreux
Mon cuer en ce grief contraire
Plein de souspirs doulereux
Jusques par deça [4] repaire [5]
Cil qu'Amours me fait tant plaire;
Mais du mal qui me confont
A pou que mon cuer ne font!

Princes, je ne me puis taire
Quant je voy gent paire a paire
Qui en joye se reffont,[6]
A pou que mon cuer ne font.

---

[1] *entretraire = échanger*   [2] *a pou que = peu s'en faut que*
[3] *retraire = retirer*   [4] *par deça = de ce côté-ci vers moi*
[5] *repaire = revienne*   [6] *se reffont = se réconfortent*

CHARLES D'ORLÉANS
(1394–1465)

Chanson

Dieu, qu'il la fait bon regarder
La gracieuse, bonne et belle !
Pour les grans biens qui sont en elle
Chascun est prest de la louer.

Qui se pourroit d'elle lasser ?
Tousjours sa beauté renouvelle.
Dieu, qu'il la fait bon regarder
La gracieuse, bonne et belle !

Par deça ne dela la mer
Ne sçay dame ne demoiselle
Qui soit en tous biens parfais telle.
C'est un songe que d'y penser.
Dieu, qu'il la fait bon regarder !

La vraie Histoire de Douleur

Dedens mon Livre de Pensee
J'ay trouvé escripvant mon cueur
La vraye histoire de douleur,
De larmes toute enluminee,
En deffassant [1] la tresamee
Ymage de plaisant doulceur,
Dedens mon Livre de Pensee.

Helas ! ou l'a mon cueur trouvee ?
Lez grossez gouttez de sueur
Lui saillent, de peinne et labeur
Qu'il y prent, et nuit et journee,
Dedens mon Livre de Pensee.

---

[1] *deffassant = effaçant*

Ballade de la Vanité du Monde

Quant Souvenir me ramentoit
La grant beauté dont estoit plaine,
Celle que mon cueur appelloit
Sa seule Dame souveraine,
De tous biens la vraye fontaine,
Qui est morte nouvellement,
Je dy, en pleurant tendrement :
Ce monde n'est que chose vaine.

Ou vieil temps grant renom couroit
De Creseïde, Yseud, Elaine,
Et maintes autres qu'on nommoit
Parfaittes en beauté haultaine.
Mais, au derrain,[1] en son demaine
La Mort les prist piteusement;
Par quoy puis vĕoir clerement
Ce monde n'est que chose vaine.

La Mort a voulu et vouldroit,
Bien le congnois, mettre sa paine
De destruire, s'elle povoit,
Liesse et Plaisance Mondaine,
Quant tant de belles dames maine
Hors du monde; car vrayement,
Sans elles, à mon jugement,
Ce monde n'est que chose vaine.

Amours, pour verité certaine,
Mort vous guerrie fellement; [2]
Se n'y trouvez amendement,[3]
Ce monde n'est que chose vaine.

---

[1] *au derrain = à la fin*   [2] *fellement = cruellement*
[3] *amendement = compensation*

Rondel du Printemps

Le temps a laissié son manteau
De vent, de froidure et de pluye,
Et s'est vestu de brouderie,
De soleil luyant, cler et beau.

Il n'y a beste ne oiseau
Qu'en son jargon ne chante ou crie :
Le temps a laissié son manteau
De vent, de froidure et de pluye.

Rivière, fontaine et ruisseau
Portent en livrée jolie
Gouttes d'argent d'orfaverie ;
Chascun s'abille de nouveau.
Le temps a laissié son manteau
De vent, de froidure et de pluye.

Rondel de l'Été

Les fourriers d'Esté sont venus
Pour appareiller son logis,
Et ont fait tendre ses tappis
De fleurs et verdure tissus.

En estandant tappis velus
De vert herbe par le païs,
Les fourriers d'Esté sont venus
Pour appareiller son logis.

Cueurs d'ennuy piéça morfondus,
Dieu mercy, sont sains et jolis ;
Alez-vous ent, prenez païs,
Yver, vous ne demourrés plus :
Les fourriers d'Esté sont venus.

FRANÇOIS VILLON
(*c.* 1431–*c.* 1465)

Le Testament

En l'an de mon trentiesme aage,
Que toutes mes hontes j'eus beues...

Je plaings le temps de ma jeunesse,
Ouquel j'ay plus qu'autre gallé,[1]
Jusqu'a l'entree de viellesse,
Qui son partement [2] m'a celé.
Il ne s'en est a pié allé,
N'a cheval; helas! comment don?
Soudainement s'en est vollé,
Et ne m'a laissié quelque don.

Allé s'en est, et je demeure,
Povre de sens et de savoir,
Triste, failly, plus noir que meure,[3]
Qui n'ay ne cens, rente, n'avoir:
Des miens le mendre,[4] je di voir,
De me desavouer s'avance,
Oubliant naturel devoir
Par faulte d'ung peu de chevance...

Hé! Dieu, se j'eusse estudié
Ou temps de ma jeunesse folle
Et a bonnes meurs dedié,
J'eusse maison et couche molle.
Mais quoi? je fuyoie l'escolle,
Comme fait le mauvais enfant.
En escripvant ceste parolle,
A peu que le cuer ne me fent.

Le dit du Saige trop lui feiz
Favorable (bien en puis mais!)
Qui dit: « Esjoÿs toy, mon filz,
En ton adolescence »; mais

Ailleurs sert bien d'ung autre mes,
Car « Jeunesse et adolescence »,
C'est son parler, ne moins ne mais,
« Ne sont qu'abus et ignorance ».

Mes jours s'en sont allez errant
Comme, dit Job, d'une touaille
Font les filetz, quant tisserant
En son poing tient ardente paille :
Lors, s'il y a nul bout qui saille,
Soudainement il le ravit.
Si ne crains plus que rien m'assaille,
Car a la mort tout s'assouvit.

Ou sont les gracieux gallans
Que je suivoye ou temps jadis,
Si bien chantans, si bien parlans,
Si plaisans en faiz et en dis ?
Les aucuns sont morts et roidis,
D'eulx n'est il plus riens maintenant :
Repos aient en paradis,
Et Dieu saulve le demourant !

Et les aucuns sont devenus
Dieu mercy, grans seigneurs et maistres ;
Les autres mendient tous nus,
Et pain ne voient qu'aux fenestres ;
Les autres sont entrez en cloistres
De Celestins et de Chartreux,
Botez, housez com pescheurs d'oistres :
Voyez l'estat divers d'entre eux.

Aux grans maistres Dieu doint bien faire,
Vivans en paix et en requoy :
En eulx il n'y a que refaire ;
Si s'en fait bon taire tout quoy.
Mais aux povres qui n'ont de quoy,
Comme moy, Dieu doint patience !

Aux autres ne fault qui ne quoy,
Car assez ont pain et pitance...

Laissons le moustier [5] ou il est;
Parlons de chose plus plaisante:
Ceste matiere a tous ne plaist,
Ennuyeuse est et desplaisante.
Povreté, chagrine, dolente,
Tousjours despiteuse et rebelle,
Dit quelque parolle cuisante;
S'elle n'ose, si la pense elle.

Povre je suis de ma jeunesse,
De povre et de petite extrace;
Mon pere n'ot oncq grant richesse,
Ne son ayeul, nommé Orace;
Povreté tous nous suit et trace.
Sur les tombeaulx de mes ancestres,
Les ames desquelz Dieu embrasse,
On n'y voit couronnes ne ceptres.

De povreté me garmentant, [6]
Souventesfois me dit le cuer:
« Homme, ne te doulouse [7] tant
Et ne demaine tel douleur,
Se tu n'as tant que Jaques Cuer:
Mieulx vault vivre soubz gros bureau
Povre, qu'avoir esté seigneur
Et pourrir soubz riche tombeau! »

Qu'avoir esté seigneur!... Que dis?
Seigneur, las! et ne l'est il mais?
Selon les davitiques dis
Son lieu ne congnoistras jamais.
Quant du surplus, je m'en desmetz:
Il n'appartient a moy, pecheur;
Aux theologiens le remetz,
Car c'est office de prescheur.

Si ne suis, bien le considere,
Filz d'ange portant dyademe
D'estoille ne d'autre sidere.[8]
Mon pere est mort, Dieu en ait l'ame!
Quant est du corps, il gist soubz lame.
J'entens que ma mere mourra,
El le scet bien la povre femme,
Et le filz pas ne demourra.

Je congnois que povres et riches,
Sages et folz, prestres et laiz,
Nobles, villains, larges et chiches,
Petiz et grans, et beaulx et laiz,
Dames a rebrassez colletz,
De quelconque condicion,
Portans atours et bourreletz,
Mort saisit sans excepcion.

Et meure Paris et Helaine,
Quiconques meurt, meurt a douleur
Telle qu'il pert vent et alaine;
Son fiel se creve sur son cuer,
Puis sue, Dieu scet quelle sueur!
Et n'est qui de ses maux l'alege:
Car enfant n'a, frere ne seur,
Qui lors voulsist estre son plege.

La mort le fait fremir, pallir,
Le nez courber, les vaines tendre,
Le col enfler, la chair mollir,
Joinctes et nerfs croistre et estendre.
Corps femenin, qui tant es tendre,
Poly, souef, si precieux,
Te fauldra il ces maux attendre?
Oy, ou tout vif aller es cieulx.

[1] j'ay... gallé = je me suis amusé   [2] partement = départ
[3] meure = mûre   [4] le mendre = le moindre   [5] moustier = église
[6] garmentant = lamentant   [7] te doulouse = te plains   [8] sidere = étoile

[97]

Ballade des Dames du Temps jadis

Dictes moy ou, n'en quel pays,
Est Flora la belle Rommaine,
Archipiades, ne Thaïs,
Qui fut sa cousine germaine,
Echo, parlant quand bruyt on maine
Dessus riviere ou sus estan,
Qui beaulté ot trop plus qu'humaine.
Mais ou sont les neiges d'antan?

Ou est la tres sage Helloïs,
Pour qui fut chastré, et puis moyne,
Pierre Esbaillart a Saint Denis?
Pour son amour ot cest essoyne.[1]
Semblablement ou est la royne
Qui commanda que Buridan
Fust geté en ung sac en Saine?
Mais ou sont les neiges d'antan?

La royne Blanche comme lis
Qui chantoit a voix de seraine,
Berte au grant pié, Bietris, Alis,
Haremburgis qui tint le Maine,
Et Jehanne la bonne Lorraine
Qu'Englois brulerent a Rouan;
Ou sont ilz, ou, Vierge souvraine?
Mais ou sont les neiges d'antan?

Prince, n'enquerez de sepmaine
Ou elles sont, ne de cest an,
Qu'a ce reffrain ne vous remaine:
Mais ou sont les neiges d'antan?

[1] *essoyne = épreuve*

Les Regrets de la Belle Heaulmière

Advis m'est que j'oy regreter
La belle qui fut hëaulmiere,
Soy jeune fille soushaitter
Et parler en telle maniere :
« Ha ! viellesse felonne et fiere,
Pourquoy m'as si tost abatue ?
Qui me tient, qui, que ne me fiere,
Et qu'a ce coup je ne me tue ?

« Tollu m'as la haulte franchise
Que beaulté m'avait ordonné
Sur clers, marchans et gens d'Eglise :
Car lors il n'estoit homme né
Qui tout le sien ne m'eust donné,
Quoy qu'il en fust des repentailles,
Mais que luy eusse habandonné
Ce que reffusent truandailles.

« A maint homme l'ay reffusé,
Qui n'estoit a moy grant sagesse,
Pour l'amour d'ung garson rusé,
Auquel j'en feiz grande largesse.
A qui que je feisse finesse,
Par m'ame, je l'amoye bien !
Or ne me faisoit que rudesse,
Et ne m'amoit que pour le mien.

« Si ne me sceut tant detrayner,[1]
Fouler aux piez, que ne l'amasse,
Et m'eust il fait les rains trayner,
S'il m'eust dit que je le baisasse,
Que tous mes maulx je n'oubliasse.
Le glouton, de mal entechié,[2]
M'embrassoit... J'en suis bien plus grasse !
Que m'en reste il ? Honte et pechié.

« Or est il mort, passé trente ans,
Et je remains vielle, chenue.
Quant je pense, lasse ! au bon temps,
Quelle fus, quelle devenue ;
Quant me regarde toute nue,
Et je me voy si tres changiée,
Povre, seiche, megre, menue,
Je suis presque toute enragiée.

« Qu'est devenu ce front poly,
Cheveulx blons, ces sourcils voultiz,
Grant entrœil, ce regart joly,
Dont prenoie les plus soubtilz ;
Ce beau nez droit grant ne petiz,
Ces petites joinctes oreilles,
Menton fourchu, cler vis traictiz,
Et ces belles levres vermeilles ?

« Ces gentes espaulles menues,
Ces bras longs et ces mains traictisses,[3]
Petiz tetins, hanches charnues,
Eslevées, propres, faictisses [4]
A tenir amoureuses lisses ;
Ces larges rains, ce sadinet
Assis sur grosses fermes cuisses,
Dedens son petit jardinet ?

« Le front ridé, les cheveux gris,
Les sourcilz cheus, les yeulx estains,
Qui faisoient regars et ris
Dont mains marchans furent attains ;
Nez courbes de beaulté loingtains,
Oreilles pendantes, moussues,
Le vis pally, mort et destains,
Menton froncé, levres peaussues :

« C'est d'umaine beaulté l'issues !
Les bras cours et les mains contraites,

Les espaulles toutes bossues;
Mamelles, quoy? toutes retraites;
Telles les hanches que les tetes;
Du sadinet, fy! Quant des cuisses
Cuisses ne sont plus, mais cuissetes
Grivelees comme saulcisses.

« Ainsi le bon temps regretons
Entre nous, povres vielles sotes
Assises bas, a crouppetons,
Tout en ung tas comme pelotes,
A petit feu de chenevotes
Tost allumees, tost estaintes;
Et jadis fusmes si mignotes!...
Ainsi en prent a mains et maintes. »

---

[1] *detrayner = maltraiter*   [2] *entechié = entiché*   [3] *traictisses = délicates*
[4] *faictisses = bien faites*

Ballade de la Grosse Margot

Se j'ayme et sers la belle, de bon hait,
M'en devez-vous tenir ne vil ne sot?
Elle a en soy des biens à fin souhait.
Pour son amour, ceings bouclier et passot.
Quand viennent gens, je cours, et happe un pot:
Au vin m'en voys, sans demener grant bruyt.
Je leur tens eaue, frommage, pain et fruit.
S'ilz paient bien, je leur dis: « *Bene stat*;
Retournez cy, quant vous serez en ruit,
En ce bordeau ou tenons nostre estat! »

Mais adoncques il y a grant deshait,
Quant sans argent s'en vient couchier Margot;
Veoir ne la puis, mon cuer a mort la hait.
Sa robe prens, demy saint et surcot,
Si luy jure qu'il tendra pour l'escot.

Par les costés se prent, « c'est Antecrist »
Crie, et jure par la mort Jhesucrist
Que non fera. Lors j'empoingne ung esclat;
Dessus son nez luy en fais ung escript,
En ce bordeau ou tenons nostre estat...

Vente, gresle, gelle, j'ay mon pain cuit.
Ie suis paillart, la paillarde me suit.
Lequel vault mieulx? Chascun bien s'entresuit.
L'ung vault l'autre; c'est a mau rat mau chat.
Ordure amons, ordure nous assuit;
Nous deffuyons onneur, il nous deffuit,
En ce bordeau ou tenons nostre estat.

Ballade du Concours de Blois

Je meurs de seuf auprès de la fontaine,
Chault comme feu, et tremble dent a dent;
En mon païs suis en terre loingtaine;
Lez ung brasier frissonne tout ardent;
Nu comme ung ver, vestu en president,
Je ris en pleurs et attens sans espoir;
Confort reprens en triste desespoir;
Je m'esjouÿs et n'ay plaisir aucun;
Puissant je suis sans force et sans povoir,
Bien recueully, debouté de chascun.

Rien ne m'est seur que la chose incertaine;
Obscur, fors ce qui est tout evident;
Doubte ne fais, fors en chose certaine;
Science tiens a soudain accident;
Je gaigne tout et demeure perdent;
Au point du jour dis: «Dieu vous doint bon soir!»
Gisant envers, j'ay grant paour de cheoir;
J'ay bien de quoy et si n'en ay pas ung;
Eschoitte attens et d'omme ne suis hoir,
Bien recueully, debouté de chascun.

De riens n'ay soing, si mectz toute ma paine
D'acquerir biens et n'y suis pretendent;
Qui mieulx me dit, c'est cil qui plus m'attaine,
Et qui plus vray, lors plus me va bourdent;
Mon amy est, qui me fait entendent
D'ung cigne blanc que c'est ung corbeau noir;
Et qui me nuyst, croy qu'il m'ayde a povoir;
Bourde, verté, au jour d'uy m'est tout un;
Je retiens tout, rien ne sçay concepvoir,
Bien recueully, debouté de chascun.

Prince clement, or vous plaise sçavoir
Que j'entens moult et n'ay sens ne sçavoir:
Parcial suis, a toutes loys commun.
Que sais je plus? Quoy? Les gaiges ravoir,
Bien recueully, debouté de chascun.

Quatrain

Je suis Françoys, dont il me poise,
Né de Paris emprès Pontoise,
Et de la corde d'une toise
Sçaura mon col que mon cul poise.

L'Épitaphe Villon

Freres humains qui après nous vivez,
N'ayez les cuers contre nous endurcis,
Car, se pitié de nous povres avez,
Dieu en aura plus tost de vous mercis.
Vous nous voiez cy attachez cinq, six:
Quant de la chair, que trop avons nourrie,
Elle est pieça devorée et pourrie,
Et nous, les os, devenons cendre et pouldre.
De nostre mal personne ne s'en rie;
Mais priez Dieu que tous nous vueille absouldre!

Se freres vous clamons, pas n'en devez
Avoir desdaing, quoy que fusmes occis
Par justice. Toutesfois, vous sçavez
Que tous hommes n'ont pas bon sens rassis;
Excusez nous, puis que sommes transsis,
Envers le fils de la Vierge Marie,
Que sa grace ne soit pour nous tarie,
Nous preservant de l'infernale fouldre.
Nous sommes mors, ame ne nous harie;
Mais priez Dieu que tous nous vueille absouldre!

La pluye nous a debuez et lavez,
Et le soleil dessechiez et noircis;
Pies, corbeaulx, nous ont les yeux cavez,
Et arrachié la barbe et les sourcis.
Jamais nul temps nous ne sommes assis;
Puis ça, puis la, comme le vent varie,
A son plaisir sans cesser nous charie,
Plus becquetez d'oiseaulx que dez a couldre.
Ne soiez donc de nostre confrairie;
Mais priez Dieu que tous nous vueille absouldre!

ENVOI

Prince Jhesus, qui sur tous a maistrie,
Garde qu'Enfer n'ait de nous seigneurie:
A luy n'ayons que faire ne que souldre.
Hommes, icy n'a point de mocquerie;
Mais priez Dieu que tous nous vueille absouldre!

Épitaphe

CY GIST ET DORT, EN CE SOLLIER,
QU'AMOUR OCCIST DE SON RAILLON,
UNG POVRE PETIT ESCOLLIER
QUI FUT NOMMÉ FRANÇOIS VILLON.

ONCQUES DE TERRE N'OT SILLON.
IL DONNA TOUT, CHASCUN LE SCET:
TABLE, TRETTEAUX, PAIN, CORBILLON.
POUR DIEU, DICTES-EN CE VERSET...

Le Grand Testament

CLÉMENT MAROT
(1496–1544)

Epitre au Roy
(pour avoir esté desrobé)

On dit bien vray, la maulvaise fortune
Ne vient jamais, qu'elle n'en apporte une,
Ou deux ou trois avecques elle, Syre.
Vostre cueur noble en sçauroit bien que dire:
Et moy chetif, qui ne suis Roy, ne rien,
L'ay esprouvé, et vous compteray bien,
Si vous voulez, comment vint la besongne.
    J'avois un jour un valet de Gascongne,
Gourmand, yvrongne, et asseuré menteur,
Pipeur,[1] larron, jureur, blasphémateur,
Sentant la hart [2] de cent pas à la ronde,
Au demeurant le meilleur filz du monde...
    Ce venerable hillot [3] fut adverty
De quelque argent que m'aviez departy,
Et que ma bourse avoit grosse apostume: [4]
Si se leva plus tost que de coustume,
Et me va prendre en tapinoys icelle:
Puis la vous meit très bien soubz son esselle,
Argent et tout (cela se doit entendre)
Et ne croy point que ce fust pour la rendre,
Car onques puis n'en ay ouy parler.
    Bref, le villain ne s'en voulut aller
Pour si petit, mais encore il me happe
Saye,[5] et bonnet, chausses, pourpoint et cappe:

[105]

De mes habits, en effect, il pilla
Tous les plus beaulx : et puis s'en habilla
Si justement, qu'à le veoir ainsi estre,
Vous l'eussiez prins, en plein jour, pour son maistre.
   Finablement, de ma chambre il s'en va
Droit à l'estable, où deux chevaulx trouva :
Laisse le pire, et sur le meilleur monte,
Pique et s'en va. Pour abréger le compte,
Soyez certain qu'au partir dudit lieu
N'oublia rien, fors à me dire adieu...
   Bien tost après ceste fortune-là,
Une autre pire encores se mesla
De m'assaillir, et chascun jour m'assault,
Me menaçant de me donner le sault,
Et de ce sault m'envoyer à l'envers,
Rithmer sous terre, et y faire des vers.
   C'est une lourde et longue maladie
De trois bons moys, qui m'a toute eslourdie
La povre teste, et ne veut terminer...
   Que diray plus? au misérable corps
Dont je vous parle il n'est demouré fors
Le povre esprit, qui lamente et souspire,
Et en pleurant tasche à vous faire rire.
Et pour autant, Syre, que suis à vous,
De troys jours l'un viennent taster mon poulx
Messieurs Braillon, Le Coq, Akaquia,[6]
Pour me garder d'aller jusque à quia.
   Tout consulté ont remis au printemps
Ma guérison : mais à ce que j'entens,
Si je ne puis au printemps arriver,
Je suis taillé de mourir en yver,
Et en danger si en yver je meurs,
De ne veoir pas les premiers raisins meurs.
   Voilà comment depuis neuf mois en ça
Je suis traicté. Or ce que me laissa
Mon larronneau, longtemps a, l'ay vendu,
Et en sirops et julez despendu :
Ce neantmoins ce que je vous en mande,

N'est pour vous faire ou requeste, ou demande:
Je ne veulx point tant de gens ressembler,
Qui n'ont soucy autre, que d'assembler.
Tant qu'ils vivront, ilz demanderont, eulx.
Mais je commence à devenir honteux,
Et ne veulx plus à voz dons m'arrester.
   Je ne dy pas, si voulez rien prester,
Que ne le prenne. Il n'est point de presteur,
S'il veut prester, qui ne face un debteur;
Et sçavez vous, Syre, comment je paye?
Nul ne le sçait, si premier ne l'essaye.
Vous me devrez, si je puis, de retour:
Et vous feray encores un bon tour,
A celle fin, qu'il n'y ait faute nulle,
Je vous feray une belle cedulle [7]
A vous payer (sans usure il s'entend)
Quand on verra tout le monde content:
Ou si voulez, à payer ce sera,
Quand vostre loz et renom cessera...

[1] *pipeur = trompeur*   [2] *hart = corde (pour pendre)*
[3] *hillot = mot gascon pour fillet ou fils*
[4] *apostume = tumeur ou rondeur*   [5] *saye = casaque*
[6] *Braillon, Le Coq, Akaquia = médecins illustres de l'époque*
[7] *cedulle = engagement par écrit*

Epigramme de Soi-Mesme

Plus ne suis ce que j'ay esté,
Et ne le sçaurois jamais estre;
Mon beau printemps et mon esté
Ont faict le sault par la fenestre.
Amour, tu as esté mon maistre:
Je t'ai servi sur tous les dieux.
O si je pouvois deux foys naistre,
Comme je te servirois mieulx!

Voulentiers en ce moys icy
La terre mue et renouvelle.
Maintz amoureux en font ainsi,
Subjectz a faire amour nouvelle
Par legiereté de cervelle,
Ou pour estre ailleurs plus contens;
Ma façon d'aymer n'est pas telle,
Mes amours durent en tout temps.

N'y a si belle dame aussi
De qui la beauté ne chancelle;
Par temps, maladie ou soucy,
Laydeur les tire en sa nasselle;
Mais rien ne peult enlaydir celle
Que servir sans fin je pretens;
Et pource qu'elle est tousjours belle,
Mes amours durent en tout temps.

Celle dont je dy tout cecy,
C'est Vertu, la nymphe eternelle,
Qui au mont d'honneur esclercy
Tous les vrays amoureux appelle:
« Venez, amans, venez (dit elle),
Venez à moi, je vous attens;
Venez (ce dit la jouvencelle),
Mes amours durent en tout temps. »

ENVOI

Prince, fais amye immortelle,
Et à la bien aymer entens;
Lors pourras dire sans cautelle:
« Mes amours durent en tout temps. »

Rondeau

Dedans Paris ville jolie,
Un jour, passant mélancolie,
Je prins alliance nouvelle
A la plus gaye damoyselle
Qui soit d'icy en Italie.

D'honnesteté elle est saisie,
Et croy, selon ma fantaisie,
Qu'il n'en est guères de plus belle
        Dedans Paris.

Je ne la vous nommeray mye,
Si non, que c'est ma grand amye;
Car l'alliance se feit telle
Par un doux baiser que j'eus d'elle,
Sans penser aucune infamie,
        Dedans Paris.

MAURICE SCÈVE
(c. 1500–c. 1560)

Dizains

Plus tost seront Rhosne et Saone desjoinctz,
Que d'avec toy mon cœur se desassemble:
Plus tost seront l'un, & l'aultre Mont joinctz,
Qu'avecques nous aulcun discord s'assemble:
Plus tost verrons & toy, & moy ensemble
Le Rhosne aller contremont lentement,
Saone monter tresviolentement,
Que ce mien feu, tant soit peu, diminue,
Ny que ma foy descroisse aulcunement.
Car ferme amour sans eulx est plus, que nue.

Délie

Comme Hecate tu me feras errer
Et vif, & mort cent ans parmy les Umbres:
Comme Diane au Ciel me resserrer,
D'où descendis en ces mortels encombres:
Comme regnante aux infernalles umbres
Amoindriras, ou accroistras mes peines.
Mais comme Lune infuse dans mes veines
Celle tu fus, es, & seras DELIE,
Qu'Amour a joinct à mes pensées vaines
Si fort, que Mort jamais ne l'en deslie.

Délie

Si le desir, image de la chose
Que plus on ayme, est du cœur le miroir,
Qui tousjours fait par memoire apparoir
Celle, où l'esprit de ma vie repose,
A quelle fin mon vain vouloir propose
De m'esloingner de ce, qui plus me suyt?
   Plus fuit le Cerf, & plus on le poursuyt,
Pour mieulx le rendre, aux rhetz de servitude:
Plus je m'absente, & plus le mal s'ensuyt
De ce doulx bien, Dieu de l'amaritude.

Délie

Tant je l'aymay, qu'en elle encor je vis:
Et tant la vy, que, maulgre moy, je l'ayme.
Le sens, & l'ame y furent tant ravis,
Que par l'œil fault, que le cœur la desayme.
   Est il possible en ce degré supreme
Que fermeté son oultrepas revoque?
   Tant fut la flamme en nous deux reciproque,
Que mon feu luict, quand le sien clair m'appert.
Mourant le sien, le mien tost se suffoque.
Et ainsi elle, en se perdant, me pert.

Délie

L'Aulbe estaingnoit Estoilles a foison,
Tirant le jour des regions infimes,
Quand Apollo montant sur l'Orison
Des montz cornuz doroit les haultes cymes.
Lors du profond des tenebreux Abysmes,
Ou mon penser par ses fascheux ennuyz
Me fait souvent percer les longues nuictz,
Je revoquay a moy l'ame ravie :
Qui, dessechant mes larmoyantz conduictz,
Me feit cler veoir le Soleil de ma vie.

Délie

L'oysiveté des delicates plumes,
Lict coustumier, non point de mon repos,
Mais du travail, où mon feu tu allumes,
   Souventesfois, oultre heure, & sans propos
Entre ses drapz me detient indispos,
Tant elle m'a pour son foible ennemy.
   Là mon esprit son corps laisse endormy
Tout transformé en image de Mort,
Pour te monstrer, que lors homme a demy,
Vers toy suis vif, & vers moy je suis mort.

Délie

Tu celle fus, qui m'obligeas premiere
En un seul corps a mille Creanciers :
Tu celle fus, qui causas la lumiere,
Dont mes souspirs furent les Encenciers.
   Mais vous, Souciz, prodigues despenciers
De paix tranquille, & vie accoustumée,
Meites la flambe en mon ame allumée,
Par qui le Cœur souffre si grandz discordz
Qu'apres le feu estaincte la fumée
Vivra le mal, avoir perdu le Corps.

Délie

Le jour passé de ta doulce presence
Fust un serain en hyver tenebreux,
Qui fait prouver la nuict de ton absence
A l'œil de l'ame estre un temps plus umbreux
Que n'est au Corps ce mien vivre encombreux,
Qui maintenant me fait de soy refus.
    Car dès le poinct, que partie tu fus,
Comme le Lievre accroppy en son giste,
Je tendz l'oreille, oyant un bruyt confus,
Tout esperdu aux tenebres d'Egypte.

Délie

Comme des raiz du Soleil gracieux
Se paissent fleurs durant la Primevere,
Je me recrée aux rayons de ses yeulx,
Et loing, & près autour d'eulx persevere.
Si que le Cœur, qui en moy la revere,
La me fait veoir en celle mesme essence,
Que feroit l'Œil par sa belle presence,
Que tant je honnore, & que tant je poursuys:
    Parquoy de rien ne me nuyt son absence,
Veu qu'en tous lieux, maulgré moy, je la suys.

Délie

En toy je vis, ou que tu sois absente:
En moy je meurs, ou que soye present.
Tant loing sois tu, tousjours tu es presente:
Pour pres que soye, encores suis je absent.
    Et si nature oultragée se sent
De me veoir vivre en toy trop plus, qu'en moy:
Le hault povoir, qui ouvrant sans esmoy,
Infuse l'ame en ce mien corps passible,
La prevoyant sans son essence en soy,
En toy l'estend, comme en son plus possible.

Délie

Je m'en absente & tant, & tant de foys,
Qu'en la voyant je la me cuyde absente :
Et si ne puis bonnement toutesfoys,
Que, moy absent, elle ne soit presente.
Soit que desdaing quelquesfoys se presente
Plein de juste ire, & vienne supplier,
Que, pour ma paix, je me vueille allier
A bien, qui soit loing de maulx tant extremes.
     Mais quand alors je la veulx oblier,
M'en souvenant, je m'oblie moymesmes.

                                        Délie

Tout le repos, ô nuict, que tu me doibs,
Avec le temps mon penser le devore :
Et l'Horologe est compter sur mes doigtz
Depuis le soir jusqu'a la blanche Aurore.
     Et sans du jour m'appercevoir encore,
Je me pers tout en si doulce pensée,
Que du veiller l'Ame non offensée,
Ne souffre au Corps sentir celle douleur
De vain espoir tousjours recompensée
Tant que ce Monde aura forme, & couleur.

                                        Délie

Delie aux champs troussée, & accoustrée,
Comme un Veneur, s'en alloit esbatant.
Sur le chemin d'Amour fut rencontrée,
Qui par tout va jeunes Amantz guettant :
Et luy a dit, près d'elle volletant :
Comment? vas tu sans armes a la chasse?
     N'ay je mes yeulx dit elle, dont je chasse,
Et par lesquelz j'ay maint gibbier surpris?
     Que sert ton arc, qui rien ne te pourchasse,
Veu mesmement que par eulx je t'ay pris?

                                        Délie

Quand quelquesfoys d'elle a elle me plaings,
Et que son tort je luy fais recongnoistre,
De ses yeulx clers d'honneste courroux plains
Sortant rosée en pluye vient a croistre.
  Mais, comme on voit le Soleil apparoistre
Sur le Printemps parmy l'air pluvieux,
Le Rossignol a chanter curieux,
S'esgaye lors, ses plumes arousant.
  Ainsi Amour aux larmes de ses yeulx
Ses aeles baigne, a gré se reposant.

Délie

L'Aulbe venant pour nous rendre apparent
Ce que l'obscur des tenebres nous cele,
Le feu de nuict, en mon corps transparent,
Rentre en mon cœur couvrant mainte estincelle,
  Et quand Vesper sur terre universelle
Estendre vient son voile tenebreux,
Ma flamme sort de son creux funebreux,
Ou est l'abysme a mon cler jour nuisant,
Et derechef reluit le soir umbreux,
Accompaignant le Vermisseau luisant.

Délie

Tu es le Corps, Dame, & je suis ton umbre,
Qui en ce mien continuel silence
Me fais mouvoir, non comme Hecate l'Umbre,
Par ennuieuse, & grande violence,
Mais par povoir de ta haulte excellence,
En me movant au doulx contournement
De tous tes faictz, & plus soubdainement,
Que l'on ne veoit l'umbre suyvre le corps,
Fors que je sens trop inhumainement
Noz sainctz vouloirs estre ensemble discords.

Délie

La blanche Aurore a peine finyssoit
D'orner son chef d'or luisant, & de roses,
Quand mon Esprit, qui du tout perissoit
Au fons confus de tant diverses choses,
Revint a moy soubz les Custodes closes
Pour plus me rendre envers Mort invincible.
    Mais toy, qui as (toy seule) le possible
De donner heur a ma fatalité,
Tu me seras la Myrrhe incorruptible
Contre les vers de ma mortalité.

Délie

Tant plus je veulx d'elle me souvenir,
Plus a mon mal, maulgré moy, je consens.
Que j'aurois cher (s'il debvoit advenir)
Que la douleur m'osta plus tost le sens
Que la memoire, ou reposer je sens
Le nom de celle, Amour, ou tu regnois
Lors qu'au besoing tu me circonvenois,
Tant qu'a la perdre a present je souhaicte.
    Car si en rien je ne m'en souvenois,
Je ne pourrois sentir douleur parfaicte.

Délie

En moy saisons, & aages finissantz
De jour en jour descouvrent leur fallace.
Tournant les Jours, & Moys, & ans glissantz,
Rides arantz defformeront ta face.
    Mais ta vertu, qui par temps ne s'esface,
Comme la Bise en allant acquiert force,
Incessamment de plus en plus s'esforce
A illustrer tes yeulx par mort terniz.
    Parquoy, vivant soubz verdoyante escorce,
S'esgallera aux Siecles infiniz.

Délie

Quand Mort aura, apres long endurer,
De ma triste ame estendu le corps vuyde,
Je ne veulz point pour en Siecles durer,
Un Mausolée ou une piramide.
Mais bien me soit, Dame, pour tumbe humide
(Si digne en suis) ton sein délicieux.
Car si vivant sur Terre, et soubz les Cieulx,
Tu m'as tousjours esté guerre implacable,
Après la mort en ce lieu precieux
Tu me seras, du moins, paix amyable.

Délie

Si tu t'enquiers pourquoy sur mon tombeau
Lon auroit mys deux elementz contraires,
Comme tu voys estre le feu, & l'eau
Entre elementz les deux plus adversaires :
Je t'advertis, qu'ilz sont tresnecessaires
Pour te monstrer par signes evidentz,
Que si en moy ont esté residentz
Larmes & feu, bataille asprement rude :
Qu'apres ma mort encores cy dedens
Je pleure, & ars pour ton ingratitude.

Délie

PERNETTE DU GUILLET
(*c.* 1520–45)

Chanson

Qui dira ma robe fourree
De la belle pluye doree,
Qui Daphnes enclose esbranla :
Je ne sçay rien moins que cela.

Qui dira qu'à plusieurs je tens
Pour en avoir mon passetemps,
Prenant mon plaisir çà et là :
Je ne sçay rien moins que cela.

Qui dira que j'ai revelé
Le feu longtemps en moy celé
Pour en toy veoir si force il a :
Je ne sçay rien moins que cela.

Qui dira que d'ardeur commune
Qui les jeunes gentz importune
De toy je veulz, et puis holà :
Je ne sçay rien moins que cela.

Mais qui dira que la Vertu
Dont tu es richement vestu
En ton amour m'estincella :
Je ne sçay rien mieulx que cela.

Mais qui dira que d'amour saincte
Chastement au cueur suis attaincte
Qui mon honneur onc ne foula :
Je ne sçay rien mieulx que cela.

Huitains

Ja n'est besoin que plus je me soucye
Si le jour fault, ou que vienne la nuict,
Nuict hivernale, et sans Lune obscurcye :
Car tout cela certes rien ne me nuict,
Puisque mon jour par clarté adoucye
M'éclaire toute, et tant, qu'à la minuict
En mon esprit me faict apercevoir
Ce que mes yeux ne sceurent oncques voir.

L'heur de mon mal, enflammant le désir
Fit distiller deux cœurs, en un devoir;
Dont l'un est vif pour le doux déplaisir,
Qui faict que Mort tient l'autre en son pouvoir,
Dieu aveuglé, tu nous as faict avoir
Du bien le mal en effet honorable;
Fais donc aussi que nous puissions avoir
En nos esprits contentement durable.

PONTUS DE TYARD
(1522–1605)

Sonnets

Quelqu'un voyant la belle pourtraiture
De ton visage en un tableau depeinte,
S'esmerveilloit de chose si bien feinte,
Et qui suivoit de si pres la nature.

Helas, (pensoy-je), Amour par sa pointure,
Ha mieux en moy cette beauté emprainte,
Cette beauté tant cruellement sainte,
Que, l'adorant, elle me devient dure.

Car ce tableau par main d'homme tracé
Au fil des ans pourroit estre effacé
Ou obscurci perdant sa couleur vive;

Mais ta mémoire emprainte en ma pensée
De sa beauté ne peut estre effacée
Au laps du temps, au moins tant que je vive.

Erreurs amoureuses

Pere du doux repos, Sommeil, pere du Songe,
Maintenant que la nuict, d'une grande ombre obscure,

Faict à cet air serain humide couverture,
Viens, Sommeil desiré, et dans mes yeux te plonge.

Ton absence, Sommeil, languissamment alonge
Et me faict plus sentir la peine que j'endure,
Viens, Sommeil, l'assoupir et la rendre moins dure,
Viens abuser mon mal de quelque doux mensonge.

Jà le muet Silence un esquadron conduict
De fantosmes ballans dessous l'aveugle nuict;
Tu me dedaignes seul, qui te suis tant devot!

Viens, Sommeil desiré, m'environner la teste,
Car, d'un vœu non menteur un boucquet je t'appreste
De ta chere morelle [1] et de ton cher pavot.

Recueil de nouvelles œuvres

[1] *morelle = plante, type de la famille des solanacées*

JOACHIM DU BELLAY
(1522–60)

Sonnets

France, mere des arts, des armes & des loix,
Tu m'as nourry long temps du laict de ta mamelle:
Ores, comme un aigneau qui sa nourrisse appelle,
Je remplis de ton nom les antres & les bois.

Si tu m'as pour enfant advoué quelquefois,
Que ne me respons-tu maintenant, ô cruelle?
France, France, respons à ma triste querelle.
Mais nul, sinon Echo, ne respond à ma voix.

Entre les loups cruels j'erre parmy la plaine,
Je sens venir l'hyver, de qui la froide haleine
D'une tremblante horreur fait herisser ma peau.

Las, tes autres aigneaux n'ont faute de pasture,
Ils ne craignent le loup, le vent ny la froidure :
Si ne suis-je pourtant le pire du troppeau.

Les Regrets

Heureux qui, comme Ulysse, a fait un beau voyage,
Ou comme cestuy là qui conquit la toison,
Et puis est retourné, plein d'usage & raison,
Vivre entre ses parents le reste de son aage !

Quand revoiray-je, helas, de mon petit village
Fumer la cheminee, & en quelle saison
Revoiray-je le clos de ma pauvre maison,
Qui m'est une province, & beaucoup d'advantage ?

Plus me plaist le sejour qu'ont basty mes ayeux,
Que des palais Romains le front audacieux :
Plus que le marbre dur me plaist l'ardoise fine,

Plus mon Loyre Gaulois que le Tybre Latin,
Plus mon petit Lyré que le mont Palatin,
Et plus que l'air marin la doulceur Angevine.

Les Regrets

Marcher d'un grave pas & d'un grave sourci,
Et d'un grave soubriz à chascun faire feste,
Balancer tous ses mots, respondre de la teste,
Avec un Messer non, ou bien un Messer si :

Entremesler souvent un petit Et cosi,
Et d'un son Servitor' contrefaire l'honneste,
Et, comme si lon eust sa part en la conqueste,
Discourir sur Florence, & sur Naples aussi :

Seigneuriser chascun d'un baisement de main,
Et suivant la façon du courtisan Romain,
Cacher sa pauvreté d'une brave apparence :

Voila de ceste Court la plus grande vertu,
Dont souvent mal monté, mal sain, & mal vestu,
Sans barbe & sans argent on s'en retourne en France.

Les Regrets

Telle que dans son char la Berecynthienne [1]
Couronnee de tours, & joyeuse d'avoir
Enfanté tant de Dieux, telle se faisoit voir
En ses jours plus heureux ceste ville ancienne :

Ceste ville, qui fut plus que la Phrygienne
Foisonnante en enfans, & de qui le pouvoir
Fut le pouvoir du monde, & ne se peult revoir
Pareille à sa grandeur, grandeur sinon la sienne.

Rome seule pouvoit à Rome ressembler,
Rome seule pouvoit Rome faire trembler :
Aussi n'avoit permis l'ordonnance fatale

Qu'autre pouvoir humain, tant fust audacieux,
Se vantast d'égaler celle qui fit égale
Sa puissance à la terre & son courage aux cieux.

Antiquités de Rome

[1] The goddess Cybele, originally worshipped in Phrygia, and also known as *la Phrygienne*.

Palles Esprits, & vous Umbres poudreuses,
Qui jouissant de la clarté du jour
Fistes sortir cest orgueilleux sejour,
Dont nous voyons les reliques cendreuses :

Dictes, Esprits (ainsi les tenebreuses
Rives de Styx non passable au retour,
Vous enlaçant d'un trois fois triple tour,
N'enferment point voz images umbreuses),

Dictes moy donc (car quelqu'une de vous
Possible encor se cache icy dessous)
Ne sentez vous augmenter vostre peine,

Quand quelquefois de ces costaux Romains
Vous contemplez l'ouvrage de voz mains
N'estre plus rien qu'une poudreuse plaine?

Antiquités de Rome

Toy qui de Rome emerveillé contemples
L'antique orgueil, qui menassoit les cieux,
Ces vieux palais, ces monts audacieux,
Ces murs, ces arcz, ces thermes & ces temples,

Juge, en voyant ces ruines si amples,
Ce qu'a rongé le temps injurieux,
Puis qu'aux ouvriers les plus industrieux
Ces vieux fragmens encor servent d'exemples.

Regarde apres, comme de jour en jour
Rome fouillant son antique sejour,
Se rebastist de tant d'œuvres divines:

Tu jugeras que le daemon Romain
S'efforce encor d'une fatale main
Ressusciter ces poudreuses ruines.

Antiquités de Rome

Sacrez costaux, & vous sainctes ruines,
Qui le seul nom de Rome retenez,

Vieux monuments, qui encor soustenez
L'honneur poudreux de tant d'ames divines:

Arcz triomphaux, pointes du ciel voisines,
Qui de vous voir le ciel mesme estonnez,
Las, peu à peu cendre vous devenez,
Fable du peuple & publiques rapines!

Et bien qu'au temps pour un temps facent guerre
Les bastimens, si est-ce que le temps
Œuvres & noms finablement atterre.

Tristes desirs, vivez donques contents:
Car si le temps finist chose si dure,
Il finira la peine que j'endure.

Antiquités de Rome

Quand ce brave sejour, honneur du nom Latin,
Qui borna sa grandeur d'Afrique & de la Bize,
De ce peuple qui tient les bords de la Tamize,
Et de celuy qui void esclorre le matin,

Anima contre soy d'un courage mutin
Ses propres nourrissons, sa despouille conquise,
Qu'il avoit par tant d'ans sur tout le monde acquise,
Devint soudainement du monde le butin:

Ainsi quand du grand Tout la fuite retournee,
Ou trentesix mil' ans ont sa course bornee,
Rompra des elemens le naturel accord,

Les semences qui sont meres de toutes choses,
Retourneront encor' à leur premier discord,
Au ventre du Chaos eternellement closes.

Antiquités de Rome

[123]

Si nostre vie est moins qu'une journée
En l'eternel, si l'an qui faict le tour
Chasse noz jours sans espoir de retour,
Si perissable est toute chose née,

Que songes-tu, mon ame emprisonnée?
Pourquoy te plaist l'obscur de nostre jour,
Si pour voler en un plus cler sejour,
Tu as au dos l'aele bien empanée?

La, est le bien que tout esprit desire,
La, le repos ou tout le monde aspire,
La, est l'amour, la, le plaisir encore.

La, ô mon ame au plus hault ciel guidée!
Tu y pouras recongnoistre l'Idée
De la beauté, qu'en ce monde j'adore.

Olive

Quand la fureur, qui bat les grandz coupeaux,
Hors de mon cœur l'Olive arachera,
Avec le chien le loup se couchera,
Fidele garde aux timides troupeaux.

Le ciel, qui void avec tant de flambeaux,
Le violent de son cours cessera,
Le feu sans chault & sans clerté sera,
Obscur le ront des deux astres plus beaux.

Tous animaulx changeront de sejour
L'un avec' l'autre, & au plus cler du jour
Ressemblera la nuit humide & sombre,

Des prez seront semblables les couleurs,
La mer sans eau, & les forestz sans ombre,
Et sans odeur les roses & les fleurs.

Olive

Deja la nuit en son parc amassoit
Un grand troupeau d'etoiles vagabondes,
Et pour entrer aux cavernes profondes
Fuyant le jour, ses noirs chevaulx chassoit :

Deja le ciel aux Indes rougissoit,
Et l'Aulbe encor' de ses tresses tant blondes
Faisant gresler mile perlettes rondes,
De ses thesors les prez enrichissoit :

Quand d'occident, comme une etoile vive,
Je vy sortir dessus ta verde rive,
O fleuve mien ! une Nymphe en rient.

Alors voyant cete nouvelle Aurore,
Le jour honteux d'un double teint colore
Et l'Angevin & l'Indique orient.

Olive

S'il a dict vray, seiche pour moy l'ombrage
De l'arbre sainct, ornement de mes vers,
Mon nom sans bruit erre par l'univers,
Pleuve sur moy du ciel toute la rage.

S'il a dict vray, de mes soupirs l'orage,
De cruauté les durs rochers couvers,
De desespoir les abismes ouvers,
Et tout peril conspire en mon naufrage.

S'il a menti, la blanche main d'yvoire
Ceigne mon front des fueilles que j'honnore :
Les astres soient les bornes de ma gloire :

Le ciel bening me decouvre sa trace :
Voz deux beaux yeux, deux flambeaux que j'adore,
Guident ma nef au port de vostre grace.

Olive

Des ventz emeuz la raige impetueuse
Un voyle noir etendoit par les cieux,
Qui l'orizon jusq'aux extremes lieux
Rendoit obscur, & la mer fluctueuse.

De mon soleil la clarté radieuse
Ne daignoit plus aparoitre à mes yeulx,
Ains m'annonçoient les flotz audacieux
De tous costez une mort odieuse.

Une peur froide avoit saisi mon ame
Voyant ma nef en ce mortel danger,
Quand de la mer la fille je reclame,

Lors tout soudain je voy le ciel changer,
Et sortir hors de leurs nubileux voyles
Ces feux jumeaux, mes fatales etoiles.

Olive

La nuit m'est courte, & le jour trop me dure,
Je fuy l'amour, & le suy' à la trace,
Cruel me suis, & requier' vostre grace,
Je pren' plaisir au torment que j'endure.

Je voy mon bien, & mon mal je procure,
Desir m'enflamme, & crainte me rend glace,
Je veux courir, & jamais ne deplace,
L'obscur m'est cler, & la lumiere obscure.

Votre je suis, & ne puis estre mien,
Mon corps est libre, & d'un etroit lien
Je sen' mon cœur en prison retenu.

Obtenir veux, & ne puis requerir,
Ainsi me blesse, & ne me veult guerir
Ce vieil enfant, aveugle archer, & nu.

Olive

O foible esprit, chargé de tant de peines,
Que ne veulx-tu soubz la terre descendre?
O cœur ardent, que n'es-tu mis en cendre?
O tristes yeulx, que n'estes-vous fonteines?

O bien douteux ! ô peines trop certaines !
O doulx sçavoir, trop amer à comprendre !
O Dieu qui fais que tant j'ose entreprendre,
Pourquoy rends-tu mes entreprises vaines?

O jeune archer, archer qui n'as point d'yeulx,
Pourquoy si droict as-tu pris ta visée?
O vif flambeau, qui embrases les Dieux,

Pourquoy as-tu ma froideur attisée?
O face d'ange ! ô cœur de pierre dure !
Regarde au moins le torment que j'endure.

Olive

A Salmon Macrin
Sur la Mort de sa Gelonis

Tout ce qui prent naissance
Est perissable aussi.
L'indomtable puissance
Du sort le veult ainsi...

La beauté composée
Pour fletrir quelque fois,
Ressemble à la rosée,
Qui tumbe au plus doux mois.

La grace, & la faconde,
Et la force du corps,
De Nature feconde
Sont les riches thesors.

Mais il fault que lon meure,
Et l'homme ne peult pas
Tarder de demyheure
Le jour de son trepas...

Il fault que chacun passe
En l'eternelle nuit :
La Mort, qui nous menasse,
Comme l'ombre, nous suit.

Le Temps qui tousjours vire,
Riant de noz ennuiz,
Bande son arc qui tire
Et noz jours & noz nuiz.

Ses fleches empennées
De siecles revoluz
Emportent noz années,
Qui ne retournent plus.

N'avance donc le terme
De tes jours limitez.
La vertu qui est ferme
Fuit les extremitez...

D'un Vanneur de Ble aux Vents

A vous, troppe legere
Qui d'aele passagere
Par le monde volez
Et d'un sifflant murmure
L'ombrageuse verdure
Doulcement esbranlez,

J'offre ces violettes,
Ces lis & ces fleurettes,
Et ces roses icy,

Ces vermeillettes roses
Tout freschement ecloses
Et ces œilletz aussi.

De vostre doulce halaine
Eventez ceste plaine,
Eventez ce sejour,
Ce pendant que j'ahanne
A mon ble, que je vanne
A la chaleur du jour.

Jeux rustiques

LOUISE LABÉ
(c. 1524–66)

Sonnets

Je vis, je meurs : je me brule et me noye.
J'ay chaut estreme en endurant froidure :
La vie m'est et trop molle et trop dure.
J'ay grans ennuis entremeslez de joye :

Tout à un coup je ris et je larmoye,
Et en plaisir maint grief tourment j'endure :
Mon bien s'en va, et à jamais il dure :
Tout en un coup je seiche et je verdoye.

Ainsi Amour inconstamment me meine :
Et quand je pense avoir plus de douleur,
Sans y penser je me treuve hors de peine.

Puis quand je croy ma joye estre certeine,
Et estre au haut de mon desiré heur,
Il me remet en mon premier malheur.

Tout aussi tôt que je commence à prendre
Dans le mol lit le repos desiré,
Mon triste esprit hors de moy retiré
S'en va vers toi incontinent se rendre.

Lors m'est avis que dedens mon sein tendre
Je tiens le bien, où j'ay tant aspiré,
Et pour lequel j'ay si haut souspiré,
Que de sanglots ay souvent cuidé fendre.

O dous sommeil, ô nuit à moy heureuse!
Plaisant repos, plein de tranquilité,
Continuez toutes les nuiz mon songe:

Et si jamais ma povre ame amoureuse
Ne doit avoir de bien en verité,
Faites au moins qu'elle en ait en mensonge.

*

Tant que mes yeus pourront larmes espandre,
A l'heur passé avec toy regretter:
Et qu'aus sanglots et soupirs resister
Pourra ma voix, et un peu faire entendre:

Tant que ma main pourra les cordes tendre
Du mignart Lut, pour tes graces chanter:
Tant que l'esprit se voudra contenter
De ne vouloir rien fors que toy comprendre:

Je ne souhaitte encore point mourir.
Mais quand mes yeus je sentiray tarir,
Ma voix cassee, et ma main impuissante,

Et mon esprit en ce mortel sejour
Ne pouvant plus montrer signe d'amante:
Priray la Mort noircir mon plus cler jour.

Oh si j'estois en ce beau sein ravie
De celui-là pour lequel vois mourant:
Si avec lui vivre le demeurant
De mes cours jours ne m'empeschoit envie:

Si m'acollant me disoit: chere Amie,
Contentons-nous l'un l'autre, s'asseurant
Que ja tempeste, Euripe, ne Courant
Ne nous pourra desjoindre en notre vie:

Si de mes bras le tenant acollé,
Comme du Lierre est l'arbre encercelé,
La mort venoit, de mon aise envieuse:

Lors que souef plus il me baiseroit,
Et mon esprit sur ses lèvres fuiroit,
Bien je mourrois, plus que vivante, heureuse.

*

Ne reprenez, Dames, si j'ay aymé:
Si j'ay senti mile torches ardantes,
Mile travaus, mile douleurs mordantes:
Si en pleurant, j'ay mon tems consumé,

Las que mon nom n'en soit par vous blamé.
Si j'ay failli, les peines sont presentes,
N'aigrissez point leurs pointes violentes:
Mais estimez qu'Amour, à point nommé,

Sans votre ardeur d'un Vulcan excuser,
Sans la beauté d'Adonis acuser,
Pourra, s'il veut, plus vous rendre amoureuses:

En ayant moins que moy d'occasion,
Et plus d'estrange et forte passion,
Et gardez-vous d'estre plus malheureuses.

[131]

Elegie

Quand vous lirez, ô Dames Lionnoises,
Ces miens escrits pleins d'amoureuses noises,
Quand mes regrets, ennuis, despits et larmes
M'orrez chanter en pitoyables carmes,
Ne veuillez pas condamner ma simplesse,
Et jeune erreur de ma folle jeunesse,
Si c'est erreur : mais qui dessous les Cieus
Se peut vanter de n'estre vicieus?
L'un n'est content de sa sorte de vie,
Et tousjours porte à ses voisins envie :
L'un, forcenant de voir la paix en terre,
Par tous moyens tache y mettre la guerre :
L'autre, croyant povreté estre vice,
A autre Dieu qu'or ne fait sacrifice :
L'autre sa foy parjure il emploira
A decevoir quelcun qui le croira :
L'un en mentant de sa langue lezarde,
Mile brocars sur l'un et l'autre darde :
Je ne suis point sous ces planettes née,
Qui m'ussent pù tant faire infortunée.
Onques ne fut mon œil marri, de voir
Chez mon voisin mieus que chez moy pleuvoir.
Onq ne mis noise ou discord entre amis :
A faire gain jamais ne me soumis.
Mentir, tromper, et abuser autrui,
Tant m'a desplu, que mesdire de lui.
Mais si en moy rien y ha d'imparfait,
Qu'on blame Amour : c'est lui seul qui l'a fait.
Sur mon verd aage en ses laqs il me prit,
Lors qu'exerçois mon corps et mon esprit
En mile et mile euvres ingenieuses,
Qu'en peu de tems me rendit ennuieuses.
Pour bien savoir avec l'esguille peindre
J'eusse entrepris la renommée esteindre
De celle là, qui, plus docte que sage,
Avec Pallas comparoit son ouvrage.

Qui m'ust vù lors en armes fiere aller,
Porter la lance et bois faire voler,
Le devoir faire en l'estour furieus,
Piquer, volter le cheval glorieus,
Pour Bradamante, ou la haute Marphise,
Seur de Roger, il m'ust, possible, prise.
Mais quoy? Amour ne peut longuement voir
Mon cœur n'aymant que Mars et le savoir:
Et me voulant donner autre souci,
En souriant, il me disoit ainsi:
« Tu penses donq, ô Lionnoise Dame,
Pouvoir fuir par ce moyen ma flamme:
Mais non feras; j'ay subjugué les Dieus
Es bas Enfers, en la Mer et es Cieus,
Et penses tu que n'aye tel pouvoir
Sur les humeins, de leur faire savoir
Qu'il n'y ha rien qui de ma main eschape?
Plus fort se pense et plus tot je le frape.
De me blamer quelque fois tu n'as honte,
En te fiant en Mars, dont tu fais conte:
Mais meintenant, voy si pour persister
En le suivant me pourras resister. »
Ainsi parloit, et tout eschaufé d'ire
Hors de sa trousse une sagette il tire,
Et decochant de son extreme force,
Droit la tira contre ma tendre escorce:
Foible harnois, pour bien couvrir le cœur
Contre l'Archer qui tousjours est vainqueur.
La bresche faite, entre Amour en la place,
Dont le repos premierement il chasse:
Et de travail qui me donne sans cesse,
Boire, manger, et dormir ne me laisse.
Il ne me chaut de soleil ne d'ombrage:
Je n'ay qu'Amour et feu en mon courage,
Qui me desguise, et fait autre paroitre,
Tant que ne peu moymesme me connoitre.
Je n'avois vu encore seize hivers,
Lors que j'entray en ces ennuis divers;

Et jà voici le treizième esté
Que mon cœur fut par Amour arresté.
Le tems met fin aus hautes Pyramides,
Le tems met fin aus fonteines humides;
Il ne pardonne aus braves Colisées,
Il met à fin les viles plus prisées,
Finir aussi il ha acoutumé
Le feu d'Amour tant soit-il allumé:
Mais, las! en moy il semble qu'il augmente
Avec le tems, et que plus me tourmente.
Paris ayma Œnone ardamment,
Mais son amour ne dura longuement,
Medée fut aymée de Jason,
Qui tot apres la mit hors sa maison.
Si meritoient-elles estre estimées,
Et pour aymer leurs amis, estre aymées.
S'estant aymé on peut Amour laisser,
N'est-il raison, ne l'estant, se lasser?
N'est-il raison te prier de permettre,
Amour, que puisse à mes tourmens fin mettre?
Ne permets point que de Mort face espreuve,
Et plus que toy pitoyable la treuve:
Mais si tu veus que j'ayme jusqu'au bout,
Fay que celui que j'estime mon tout,
Qui seul me peut faire plorer et rire,
Et pour lequel si souvent je soupire,
Sente en ses os, en son sang, en son ame,
Ou plus ardente, ou bien egale flame.
Alors ton faix plus aisé me sera,
Quand avec moy quelcun le portera.

PIERRE DE RONSARD
(1524–85)

Une beauté de quinze ans...

Une beauté de quinze ans enfantine,
Un or frisé de meint crespe anelet,
Un front de rose, un teint damoiselet,
Un ris qui l'ame aux Astres achemine;

Une vertu de telle beauté digne,
Un col de neige, une gorge de lait,
Un cœur ja meur en un sein verdelet,
En Dame humaine une beauté divine;

Un œil puissant de faire jours les nuis,
Une main douce à forcer les ennuis,
Qui tient ma vie en ses dois enfermée;

Avec un chant decoupé doucement,
Or' d'un souris, or' d'un gemissement,
De tels sorciers ma raison fut charmée.

Premier Livre des Amours

Je meurs, Paschal...

Je meurs, Paschal, quand je la voy si belle,
Le front si beau, et la bouche et les yeux,
Yeux le logis d'Amour victorieux,
Qui m'a blessé d'une fleche nouvelle.

Je n'ay ny sang, ny veine, ny moüelle,
Qui ne se change, et me semble qu'aux cieux
Je suis ravy, assis entre les Dieux,
Quand le bon-heur me conduit aupres d'elle.

Ha! que ne suis-je en ce monde un grand Roy?
Elle seroit ma Royne aupres de moy.
Mais n'estant rien, il faut que je m'absente

De sa beauté dont je n'ose approcher,
Que d'un regard transformer je ne sente
Mes yeux en fleuve, et mon cœur en rocher.

Premier Livre des Amours

Comme on voit sur la branche...

Comme on voit sur la branche au mois de may la rose
En sa belle jeunesse, en sa premiere fleur,
Rendre le ciel jaloux de sa vive couleur,
Quand l'aube de ses pleurs au poinct du jour l'arrose,

La Grace dans sa fueille et l'Amour se repose,
Embasmant les jardins et les arbres d'odeur;
Mais, batue ou de pluye ou d'excessive ardeur,
Languissante, elle meurt, fueille à fueille déclose.

Ainsi, en ta premiere et jeune nouveauté,
Quand la terre et le ciel honoroient ta beauté,
La Parque t'a tuée, et cendre tu reposes.

Pour obseques reçoy mes larmes et mes pleurs,
Ce vase plein de laict, ce panier plein de fleurs,
A fin que, vif et mort, ton corps ne soit que roses.

Second Livre des Amours

Je vous envoye un bouquet...

Je vous envoye un bouquet que ma main
Vient de trier de ces fleurs epanies:

Qui ne les eust à ce vespre cueillies,
Cheutes à terre elles fussent demain.

Cela vous soit un exemple certain
Que vos beautez, bien qu'elles soient fleuries,
En peu de tems cherront toutes fletries,
Et comme fleurs periront tout soudain.

Le tems s'en va, le tems s'en va, ma Dame ;
Las ! le tems non, mais nous nous en allons,
Et tost serons estendus sous la lame :

Et des amours desquelles nous parlons,
Quand serons morts, ne sera plus nouvelle :
Pour ce aimez-moy cependant qu'estes belle.

Pièces retranchées

A la Royne d'Escosse
Pour Lors Royne de France

O belle et plus que belle et agreable Aurore,
Qui avez delaissé vostre terre Escossoise
Pour venir habiter la region Françoise,
Qui de vostre clarté maintenant se decore,
   Si j'ay eu cest honneur d'avoir quitté la France
Voguant dessus la mer pour suivre vostre pere,
Si, loin de mon pays, de freres et de mere,
J'ay dans le vostre usé trois ans de mon enfance,
   Prenez ces vers en gré, Royne, que je vous donne
Pour fuyr d'un ingrat le miserable vice,
D'autant que je suis nay pour faire humble service
A vous, à vostre race, et à vostre couronne.

Pièces retranchées

Discours à elle-mesme

Tu dois avoir, Escosse, une gloire eternelle,
Pour estre le berceau d'une Royne si belle;
Car, soit que le Soleil en bas face sejour,
Soit qu'il le face en haut, son œil te sert de jour.
Aussi toute beauté qui n'a ny fin ny terme,
Aux isles prend naissance, et non en terre ferme.
Diane qui reluit par l'obscur de la nuit,
Et qui par les forests ses molosses conduit,
En Delos prist naissance, et la gentille mere
Des Amours emplumez nasquit dedans Cythere;
Escosse la belle isle a receu ce bon-heur
De vous produire aussi, des Dames tout l'honneur...

Premier Livre des Poèmes

Élégie

Comme un beau pré despouillé de ses fleurs,
Comme un tableau privé de ses couleurs,
Comme le ciel s'il perdoit ses estoiles,
La mer ses eaux, la navire ses voiles,
Un bois sa fueille, un antre son effroy,
Un grand Palais la pompe de son Roy,
Et un anneau sa perle precieuse,
Ainsi perdra la France soucieuse
Ses ornemens, perdant la Royauté
Qui fut sa fleur, sa couleur, sa beauté.
Dure Fortune, indontable et felonne,
Tu es vrayment fille d'une lyonne,
Tu vas passant les tygres en rigueur,
Tu n'eus jamais en l'estomac de cœur,
D'ainsi traiter une Royne si belle!
Premierement tu l'as dés la mammelle
Assujettie à porter le malheur,
Lors que sa mere, atteinte de douleur,

Dans son giron, craignant l'armée Angloise,
L'alloit cachant par la terre Escossoise.
A peine estoit sortie hors du berceau,
Que tu la mis en mer sus un vaisseau,
Abandonnant le lieu de sa naissance,
Sceptre, et parens, pour demeurer en France...

Premier Livre des Poèmes

Encores que la mer de bien loin...

Encores que la mer de bien loin nous separe,
Si est-ce que l'esclair de vostre beau Soleil,
De Vostre œil qui n'a point au monde de pareil,
Jamais loin de mon cœur par le temps ne s'egare.

Royne, qui enfermez une Royne si rare,
Adoucissez vostre ire, et changez de conseil;
Le Soleil se levant et allant au sommeil
Ne voit point en la terre un acte si barbare.

Peuple, vous forlignez,[1] aux armes nonchalant,
De vos ayeux Regnault, Lancelot et Rolant,
Qui prenoyent d'un grand cœur pour les Dames querelle,

Les gardoyent, les sauvoyent; où vous n'avez, François,
Ny osé regarder ny toucher le harnois
Pour oster de servage une Royne si belle.

Premier Livre des Poèmes

[1] *forlignez = trahissez*

Pour la Fin d'une Comédie

Icy la Comedie apparoist un exemple
Où chacun de son fait les actions contemple:
Le monde est le theatre, et les hommes acteurs,
La Fortune, qui est maistresse de la sceine,
Appreste les habits, et de la vie humaine
Les Cieux et les Destins en sont les spectateurs.

En gestes differens, en differens langages,
Rois, Princes et Bergers joüent leurs personnages
Devant les yeux de tous, sur l'eschaufaut commun ;
Et quoy que l'homme essaye à vouloir contrefaire
Sa nature et sa vie, il ne sçauroit tant faire
Qu'il ne soit, ce qu'il est, remarqué d'un chacun...

Second Livre des Poèmes

Madrigal

Si c'est aimer, Madame, et de jour et de nuict
Resver, songer, penser le moyen de vous plaire,
Oublier toute chose, et ne vouloir rien faire
Qu'adorer et servir la beauté qui me nuit ;
Si c'est aimer de suivre un bon-heur qui me fuit,
De me perdre moy-mesme et d'estre solitaire,
Souffrir beaucoup de mal, beaucoup craindre et me taire,
Pleurer, crier merci, et m'en voir esconduit ;
Si c'est aimer de vivre en vous plus qu'en moy-mesme,
Cacher d'un front joyeux une langueur extresme,
Sentir au fond de l'ame un combat inegal,
Chaud, froid, comme la fiévre amoureuse me traitte,
Honteux, parlant à vous, de confesser mon mal ;
Si cela c'est aimer, furieux je vous aime.
Je vous aime, et sçay bien que mon mal est fatal.
Le cœur le dit assez, mais la langue est muette.

Sonnets pour Hélène, I

Sonnets

Ma douce Helene, non mais bien ma douce haleine,
Qui froide rafraischis la chaleur de mon cœur,
Je prens de ta vertu cognoissance et vigueur,
Et ton œil comme il veut à son plaisir me meine.

Heureux celuy qui souffre une amoureuse peine
Pour un nom si fatal, heureuse la douleur,
Bien-heureux le torment, qui vient pour la valeur
Des yeux, non pas des yeux, mais de l'astre d'Helene!

Nom, malheur des Troyens, sujet de mon souci,
Ma sage Penelope et mon Helene aussi,
Qui d'un soin amoureux tout le cœur m'envelope;

Nom, qui m'a jusqu'au ciel de la terre enlevé,
Qui eust jamais pensé que j'eusse retrouvé
En une mesme Helene une autre Penelope?

Sonnets pour Hélène,

Je chantois ces Sonnets, amoureux d'une Helene,
En ce funeste mois que mon Prince mourut:
Son sceptre, tant fust grand, Charles ne secourut,
Qu'il ne payast la debte à la Nature humaine.

La Mort fut d'un costé, et l'Amour, qui me meine,
Estoit de l'autre part, dont le traict me ferut,
Et si bien la poison par les veines courut,
Que j'oubliay mon maistre, attaint d'une autre peine.

Je senty dans le cœur deux diverses douleurs:
La rigueur de ma Dame, et la tristesse enclose
Du Roy, que j'adorois pour ses rares valeurs.

La vivante et le mort tout malheur me propose:
L'une aime les regrets, et l'autre aime les pleurs,
Car l'Amour et la Mort n'est qu'une mesme chose.

Sonnets pour Hélène, II

Adieu, belle Cassandre, et vous, belle Marie,
Pour qui je fu trois ans en servage à Bourgueil:

L'une vit, l'autre est morte, et ores de son œil
Le Ciel se resjouïst dont la terre est marrie.

Sur mon premier avril, d'une amoureuse envie
J'adoray vos beautez; mais vostre fier orgueil
Ne s'amollit jamais pour larmes ny pour dueil,
Tant d'une gauche main la Parque ourdit ma vie.

Maintenant en Automne encores malheureux,
Je vy comme au Printemps de nature amoureux,
A fin que tout mon âge aille au gré de la peine.

Ores que je deusse estre affranchi du harnois,
Mon maistre Amour m'envoye à grands coups de carquois
R'assieger Ilion pour conquerir Heleine.

Sonnets pour Hélène, II

A fin qu'à tout jamais de siecle en siecle vive
La parfaite amitié que Ronsard vous portoit,
Comme vostre beauté la raison luy ostoit,
Comme vous enchaisnez sa liberté captive:

A fin que d'âge en âge à nos neveux arrive
Que toute dans mon sang vostre figure estoit,
Et que rien sinon vous mon cœur ne souhaitoit,
Je vous fais un present de ceste Sempervive.

Elle vit longuement en sa jeune verdeur:
Long temps apres la mort je vous feray revivre,
Tant peut le docte soin d'un gentil serviteur,

Qui veut en vous servant toutes vertus ensuivre.
Vous vivrez, croyez-moi, comme Laure en grandeur,
Au moins tant que vivront les plumes et le livre.

Sonnets pour Hélène, II

Je ne veux comparer tes beautez à la Lune :
La Lune est inconstante, et ton vouloir n'est qu'un.
Encor moins au Soleil : le Soleil est commun,
Commune est sa lumiere, et tu n'es pas commune.

Tu forces par vertu l'envie et la rancune.
Je ne suis, te louant, un flateur importun.
Tu sembles à toy-mesme, et n'as portrait aucun :
Tu es toute ton Dieu, ton Astre et ta Fortune.

Ceux qui font de leur Dame à toy comparaison,
Sont ou presomptueux, ou perclus de raison :
D'esprit et de sçavoir de bien loin tu les passes.

Ou bien quelque Demon de ton corps s'est vestu,
Ou bien tu es portrait de la mesme Vertu,
Ou bien tu es Pallas, ou bien l'une des Graces.

Sonnets pour Hélène, II

Vous estes le bouquet de vostre bouquet mesme,
Et la fleur de sa fleur, sa grace et sa verdeur,
De vostre douce haleine il a pris son odeur,
Il est comme je suis de vostre amour tout blesme.

Ma Dame, voyez donc : puisqu'un bouquet vous aime,
Indigne de juger que peut vostre valeur,
Combien doy-je sentir en l'ame de douleur,
Qui sers par jugement vostre excellence extréme ?

Mais ainsi qu'un bouquet se flestrist en un jour,
J'ay peur qu'un mesme jour flestrisse vostre amour.
Toute amitié de femme est soudain effacee.

Advienne le destin comme il pourra venir,
Il ne peut de vos yeux m'oster le souvenir :
Il faudroit m'arracher le cœur et la pensee.

Sonnets pour Hélène, II

Adieu, cruelle, adieu, je te suis ennuyeux;
C'est trop chanté d'Amour sans nulle recompense.
Te serve qui voudra, je m'en vais, et je pense
Qu'un autre serviteur ne te servira mieux.

Amour en quinze jours m'a fait ingenieux,
Me jettant au cerveau de ces vers la semence;
La Raison maintenant me r'appelle, et me tanse:
Je ne veux si long temps devenir furieux.

Il ne faut plus nourrir cest Enfant qui me ronge,
Qui les credules prend comme un poisson à l'hain,[1]
Une plaisante farce, une belle mensonge,

Un plaisir pour cent maux, qui s'en-vole soudain;
Mais il se faut resoudre, et tenir pour certain
Que l'homme est malheureux qui se repaist d'un songe.

Sonnets pour Hélène, II

[1] *hain = hameçon*

Quand vous serez bien vieille, au soir à la chandelle,
Assise aupres du feu, devidant et filant,
Direz chantant mes vers, en vous esmerveillant:
« Ronsard me celebroit du temps que j'estois belle. »

Lors vous n'aurez servante oyant telle nouvelle,
Desja sous le labeur à demy sommeillant,
Qui au bruit de mon nom ne s'aille resveillant,
Benissant vostre nom de louange immortelle.

Je seray sous la terre, et fantôme sans os
Par les ombres myrteux je prendray mon repos;
Vous serez au fouyer une vieille accroupie,

Regrettant mon amour et vostre fier desdain.
Vivez, si m'en croyez, n'attendez à demain:
Cueillez dés aujourdhuy les roses de la vie.

Sonnets pour Hélène, II

A Cassandre

Mignonne, allons voir si la rose
Qui ce matin avoit desclose
Sa robe de pourpre au soleil
A point perdu ceste vesprée
Les plis de sa robe pourprée,
Et son teint au vostre pareil.

Las! voyez comme en peu d'espace,
Mignonne, elle a dessus la place
Las! las! ses beautez laissé cheoir!
O vrayment marastre Nature,
Puis qu'une telle fleur ne dure
Que du matin jusques au soir!

Donc, si vous me croyez, mignonne,
Tandis que vostre âge fleuronne
En sa plus verte nouveauté,
Cueillez, cueillez vostre jeunesse:
Comme à ceste fleur, la vieillesse
Fera ternir vostre beauté.

Odes, I

A sa Maistresse

Jeune beauté, mais trop outrecuidée
    Des presens de Venus,
Quand tu verras ta peau toute ridée
    Et tes cheveux chenus,

Contre le temps et contre toy rebelle
    Diras en te tançant:
« Que ne pensoy-je alors que j'estoy belle
    Ce que je vay pensant?

[145]

Ou bien, pourquoy à mon desir pareille
        Ne suis-je maintenant?
La beauté semble à la rose vermeille
        Qui meurt incontinent. »

Voila les vers tragiques et la plainte
        Qu'au ciel tu envoyras,
Incontinent que ta face dépainte
        Par le temps tu voirras.

Tu sçais combien ardemment je t'adore,
        Indocile à pitié,
Et tu me fuis, et tu ne veux encore
        Te joindre à ta moitié.

O de Paphos et de Cypre regente,
        Deesse aux noirs sourcis !
Plustost encor que le temps, sois vengente
        Mes desdaignez soucis,

Et du brandon dont les cœurs tu enflames
        Des jumens tout autour,
Brusle-la moy, à fin que de ses flames
        Je me rie à mon tour.

                                        Odes, III

A Cupidon

Le jour pousse la nuit,
        Et la nuit sombre
Pousse le jour qui luit
        D'une obscure ombre.

L'Autonne suit l'Esté,
        Et l'aspre rage
Des vents n'a point esté
        Apres l'orage.

[146]

Mais la fiévre d'amours
   Qui me tourmente,
Demeure en moy tousjours,
   Et ne s'alente.

Ce n'estoit pas moy, Dieu,
   Qu'il falloit poindre,
Ta fleche en autre lieu
   Se devoit joindre.

Poursuy les paresseux
   Et les amuse,
Mais non pas moy, ne ceux
   Qu'aime la Muse.

Helas! delivre moy
   De ceste dure,
Qui plus rit, quand d'esmoy
   Voit que j'endure.

Redonne la clairté
   A mes tenebres,
Remets en liberté
   Mes jours funebres.

Amour, sois le support
   De ma pensée,
Et guide à meilleur port
   Ma nef cassée.

Tant plus je suis criant,
   Plus me reboute,
Plus je la suis priant
   Et moins m'escoute.

Ne ma palle couleur
   D'amour blesmie

N'a esmeu à douleur
  Mon ennemie,

Ne sonner à son huis
  De ma guiterre,
Ny pour elle les nuis
  Dormir à terre.

Plus cruel n'est l'effort
  De l'eau mutine,
Qu'elle, lors que plus fort
  Le vent s'obstine.

Ell' s'arme en sa beauté,
  Et si ne pense
Voir de sa cruauté
  La recompense.

Monstre toy le veinqueur,
  Et d'elle enflame
Pour exemple le cœur
  De telle flame

Qui la sœur alluma
  Trop indiscrete,
Et d'ardeur consuma
  La Royne en Crete.

Odes, III

Bel aubepin...

Bel aubepin, fleurissant,
    Verdissant
Le long de ce beau rivage,
Tu es vestu jusqu'au bas
    Des longs bras
D'une lambrunche sauvage.

Deux camps de rouges fourmis
Se sont mis
En garnison sous ta souche;
Dans les pertuis de ton tronc
Tout du long
Les avettes ont leur couche.

Le chantre rossignolet
Nouvelet,
Courtisant sa bien-aimée,
Pour ses amours alleger
Vient loger
Tous les ans en ta ramée.

Sur ta cime il fait son ny
Tout uny
De mousse et de fine soye,
Où ses petits esclorront,
Qui seront
De mes mains la douce proye.

Or vy, gentil aubepin,
Vy sans fin,
Vy sans que jamais tonnerre,
Ou la coignée, ou les vents,
Ou les temps
Te puissent ruer par terre.

Odes, IV

De l'Élection de son Sépulcre

Antres, et vous, fontaines,
De ces roches hautaines
Qui tombez contre-bas
D'un glissant pas;

Et vous forests, et ondes
Par ces prez vagabondes,
Et vous rives et bois,
    Oyez ma vois.

Quand le ciel et mon heure
Jugeront que je meure,
Ravy du beau séjour
    Du commun jour;

Je defens qu'on ne rompe
Le marbre pour la pompe
De vouloir mon tombeau
    Bastir plus beau,

Mais bien je veux qu'un arbre
M'ombrage en lieu d'un marbre:
Arbre qui soit couvert
    Tousjours de verd.

De moy puisse la terre
Engendrer un lierre,
M'embrassant en maint tour
    Tout alentour;

Et la vigne tortisse [1]
Mon sepulcre embellisse,
Faisant de toutes pars
    Un ombre espars...

                        Odes, IV

[1] *tortisse = tordue*

De Mercure

A Claude Binet, Beauvaisin

Encore il me restoit, entre tant de malheurs
Que la vieillesse apporte, entre tant de douleurs

Dont la goute m'assault pieds, jambes et joincture,
De chanter, jà vieillard, les mestiers de Mercure;
Je les diray pourtant, encor que mon poil blanc
Esteigne autour du cœur la chaleur de mon sang,
Car il ne veult souffrir que ma lente vieillesse
M'engourdisse en un lict, enervé de paresse,
Afin que mon vieil âge acquiere autant d'honneur
Que mon premier s'acquist de bruit et de bon-heur.
Je diray ses serpens, je diray sa houssine,
Ses ailerons entez dessus sa capeline,
Ses talonniers dorez qui le portent devant
Les plus roides courriers des foudres et du vent,
Quand viste entre deux airs, affublé d'un nuage,
De Jupiter apporte aux hommes le message,
Çà-bas volant à fleur sur l'humide et le sec;
Dieu à qui l'âge antique a doré tout le bec,
Pour monstrer qu'aisément l'eloquente parole
Persuadant l'esprit dedans le cœur s'en-vole,
Et que rien n'est si fort qu'il ne soit combatu
Par la voix dont le charme est d'estreme vertu,
Et que par le cousteau de la langue emplumée
On fait plus en un jour qu'en cent ans une armée...

Second Livre des Hynnes

Hynne de la Mort

...Que ta puissance, ô Mort, est grande et admirable!
Rien au monde par toy ne se dit perdurable,
Mais, tout ainsi que l'onde aval des ruisseaux fuit
Le pressant coulement de l'autre qui la suit,
Ainsi le temps se coule, et le present fait place
Au futur importun, qui les talons luy trace.
Ce qui fut, se refait; tout coule, comme une eau,
Et rien dessous le Ciel ne se voit de nouveau,
Mais la forme se change en une autre nouvelle,
Et ce changement-là, Vivre, au monde s'appelle,
Et Mourir, quand la forme en une autre s'en-va.

Ainsi, avec Vénus, la Nature trouva
Moyen de r'animer, par longs et divers changes,
La matiere restant, tout cela que tu manges;
Mais nostre ame immortelle est tousjours en un lieu,
Au change non sujette, assise aupres de Dieu,
Citoyenne à jamais de la ville etherée
Qu'elle avoit si long temps en ce corps desirée.
Je te salue, heureuse et profitable Mort,
Des extremes douleurs medecin et confort.
Quand mon heure viendra, Déesse, je te prie,
Ne me laisse longtemps languir en maladie,
Tourmenté dans un lict; mais puis qu'il faut mourir,
Donne-moy que soudain je te puisse encourir,
Ou pour l'honneur de Dieu, ou pour servir mon Prince,
Navré d'une grand' playe au bord de ma province.

Second Livre des Hynnes

Sonnets

Il faut laisser maisons et vergers et jardins,
Vaisselles et vaisseaux que l'artisan burine,
Et chanter son obseque en la façon du Cygne
Qui chante son trespas sur les bors Maeandrins.

C'est fait, j'ay devidé le cours de mes destins,
J'ay vescu, j'ay rendu mon nom assez insigne,
Ma plume vole au Ciel pour estre quelque signe,
Loin des appas mondains qui trompent les plus fins.

Heureux qui ne fut onc, plus heureux qui retourne
En rien comme il estoit, plus heureux qui séjourne,
D'homme fait nouvel ange, aupres de Jesus-Christ,

Laissant pourrir çà-bas sa despouille de boüe,
Dont le Sort, la Fortune, et le Destin se joüe,
Franc des liens du corps pour n'estre qu'un esprit.

Derniers Vers

Je n'ay plus que les os, un squelette je semble,
Decharné, denervé, demusclé, depoulpé,
Que le trait de la Mort sans pardon a frappé :
Je n'ose voir mes bras que de peur je ne tremble.

Apollon et son filz, deux grans maistres ensemble,
Ne me sçauroient guerir, leur mestier m'a trompé.
Adieu, plaisant Soleil ! mon œil est estoupé,
Mon corps s'en va descendre où tout se desassemble.

Quel amy me voyant en ce point despouillé
Ne remporte au logis un œil triste et mouillé,
Me consolant au lict et me baisant la face,

En essuiant mes yeux par la Mort endormis ?
Adieu, chers compaignons, adieu, mes chers amis !
Je m'en vay le premier vous preparer la place.

Derniers Vers

Quoy ! mon ame, dors-tu engourdie en ta masse ?
La trompette a sonné, serre bagage, et va
Le chemin deserté que Jesus-Christ trouva,
Quand tout mouillé de sang racheta nostre race.

C'est un chemin facheux, borné de peu d'espace,
Tracé de peu de gens, que la ronce pava,
Où le chardon poignant ses testes esleva ;
Pren courage pourtant, et ne quitte la place.

N'appose point la main à la mansine,[1] apres,
Pour ficher ta charüe au milieu des guerets,
Retournant coup sur coup en arriere ta vüe.

Il ne faut commencer, ou du tout s'emploier,
Il ne faut point mener, puis laisser la charüe ;
Qui laisse son mestier, n'est digne du loier.

Derniers Vers

[1] *la mansine = le manche*

[153]

A son Ame

Amelette Ronsardelette,
Mignonnelette, doucelette,
Tres-chere hostesse de mon corps,
Tu descens là-bas foiblelette,
Pasle, maigrelette, seulette,
Dans le froid royaume des mors;
Toutesfois simple, sans remors
De meurtre, poison, ou rancune,
Méprisant faveurs et tresors
Tant enviez par la commune.
Passant, j'ay dit: suy ta fortune,
Ne trouble mon repos, je dors.

Derniers Vers

RÉMY BELLEAU
(1528–77)

Avril

Avril, l'honneur et des bois
        Et des mois,
Avril, la douce esperance
Des fruicts qui soubs le coton
        Du bouton
Nourrissent leur jeune enfance.

Avril, l'honneur des prez verds,
        Jaunes, pers,
Qui d'une humeur bigarree
Emaillent de mille fleurs
        De couleurs
Leur parure diapree.

[154]

Avril, l'honneur des souspirs
Des zephyrs,
Qui, soubs le vent de leur aelle
Dressent encore ès forests
Des doux rets
Pour ravir Flore la belle.

Avril, c'est ta douce main
Qui du sein
De la nature desserre
Une moisson de senteurs
Et de fleurs,
Embasmant l'air et la terre.

Avril, l'honneur verdissant,
Florissant
Sur les tresses blondelettes
De ma Dame, et de son sein,
Tousjours plein
De mille et mille fleurettes.

Avril, la grace et le ris
De Cypris,
Le flair et la douce haleine;
Avril, le parfum des dieux
Qui des cieux
Sentent l'odeur de la plaine.

C'est toy courtois et gentil
Qui d'exil
Retires ces passageres,
Ces arondelles qui vont
Et qui sont
Du printemps les messageres.

L'aubespine et l'aiglantin,
Et le thym,
L'œillet, le lis et les roses,

En ceste belle saison,
A foison,
Monstrent leurs robes écloses.

Le gentil rossignolet,
Doucelet,
Découpe dessous l'ombrage
Mille fredons babillards,
Frétillards
Au doux chant de son ramage.

C'est à ton heureux retour
Que l'amour
Souffle à doucettes haleines,
Un feu croupi et couvert,
Que l'hyver
Receloit dedans nos veines.

Tu vois en ce temps nouveau
L'essain beau
De ces pillardes avettes
Volleter de fleur en fleur,
Pour l'odeur
Qu'ils mussent en leurs cuissettes.

May vantera ses fraischeurs,
Ses fruicts meurs,
Et sa féconde rosee,
La manne et le sucre doux,
Le miel roux,
Dont sa grace est arrosee.

Mais moy je donne ma voix
A ce mois,
Qui prend le surnom de celle
Qui de l'escumeuse mer
Veit germer
Sa naissance maternelle.

OLIVIER DE MAGNY
(c. 1530–61)

Sonnets

Comme la fleur qu'on nomme le soucy
Ternit et pend sa teste languissante,
Quand ell' n'est plus du soleil jouyssante,
Et que le ciel a son voile obscurcy,

Qui toutesfois au matin éclercy
Par le vermeil de l'aube estincelante,
Renaist et prend sa couleur excellante,
Tant que Phebus nous aparoist icy.

Tout ainsi, las! l'ame et cueur on m'arrache,
Quand le soleil de ma vie on me cache,
J'entens vostre œil si divinement beau:

Puis je sens bien que je suis renaissant
Incontinent que m'est aparoissant
Ce mien fatal et celeste flambeau.

Amours

Magny, mon frere aisné, on dict en un adage
Que cil boive de l'eau à qui deffault le vin,
Et cel' file le chanvre à qui deffault le lin,
Et qu'en faisant ainsi l'un et l'autre est plus sage.

J'ay ja mis à servir le meilleur de mon age.
J'ay ja plus voyagé que le Grec le plus fin
Sans qu'à ma servitu j'aye peu mettre fin,
N'y gaigner en servant tant soit peu d'avantage.

Mais que veux-tu, mon frere, un chacun aujourd'huy
Soit-il grand ou petit, ne songe que pour luy,
Tenu plus qu'à nul autre à sa propre fortune.

L'amy fauche à l'amy l'herbe dessous le pié,
Et celui dont on croit le mieux estre appuyé
C'est celuy le premier qui dict qu'on importune.

Soupirs

L'arbre est desraciné dont j'attendois le fruict,
Le soustien est rompu dont j'apuyois ma vie,
La divine beauté que j'aymois m'est ravie,
Et pour moy le soleil ores plus ne reluyt.

C'est raison que je pleure et de jour et de nuict,
Et que tous mes pensers à cette heure j'oublie,
Puis que de mon amour l'espérance est saillie,
Et qu'en si pauvre estat ores on m'a reduict.

Lors que mon ame estoit plus fort enamourée
Et que mon esperance estoit plus assurée,
Un depart m'a privé du bien que j'attendoy.

Las ! est ce la mercy que je devois pretendre ?
Las ! est ce le repos que je devois attendre ?
Las ! est ce le guerdon qu'on devoit à ma foy ?

Soupirs

ÉTIENNE JODELLE
(1532–73)

A la triple Hécate

Des Astres, des Forests et d'Acheron l'honneur,
Diane au monde hault, moyen et bas preside,
Et ses chevaulx, ses chiens, ses Eumenides guide,
Pour esclairer, chasser, donner mort et horreur.

Tel est le lustre grand, la chasse et la frayeur
Qu'on sent sous ta beauté claire, promte, homicide,
Que le haut Jupiter, Phebus et Pluton cuide
Son foudre moins pouvoir, son arc et sa terreur.

Ta beauté par ses rais, par son rets, par la craincte
Rend l'ame esprise, prise, et au martyre estreinte :
Luy moy, pren moy, tien moy, mais helas ne me pers.

Des flambeaux forts et griefs, feux, filez et encombres,
Lune, Diane, Hecate, aux cieux, terre et enfers
Ornant, questant, gênant, nos Dieux, nous, et nos ombres.

Amours

Comme un qui s'est perdu...

Comme un qui s'est perdu dans la forest profonde
Loing du chemin, d'oree et d'addresse, et de gens :
Comme un qui en la mer grosse d'horribles vens,
Se voit presque engloutir des grans vagues de l'onde :

Comme un qui erre aux champs, lors que la nuict au monde
Ravit toute clarté, j'avois perdu long temps
Voye, route, et lumière, et presque avec le sens,
Perdu long temps l'object, où plus mon heur se fonde.

Mais quand on voit (ayans ces maux fini leur tour)
Aux bois, en mer, aux champs, le bout, le port, le jour,
Ce bien present plus grand que son mal on vient croire.

Moi donc qui ay tout tel en vostre absence esté,
J'oublie en revoyant vostre heureuse clarté,
Forest, tourmente et nuit, longue, orageuse, et noire.

Amours

JEAN-ANTOINE DE BAÏF
(1532–89)

Du Printems

La froidure paresseuse
De l'yver a fait son tems:
Voicy la saison joyeuse
Du delicieux Printems.

La terre est d'herbes ornee:
L'herbes de fleuretes l'est:
La feuillure retournee
Fait ombre dans la forest.

De grand matin la pucelle
Va devancer la chaleur,
Pour de la rose nouvelle
Cueillir l'odorante fleur.

Pour avoir meilleure grace,
Soit qu'elle en pare son sein,
Soit que present elle en face
A son amy de sa main,

Qui de sa main l'ayant uë
Pour souvenance d'amour,
Ne la perdra point de vuë,
La baisant cent fois le jour.

Mais oyez dans le bocage
Le flageolet du berger,
Qui agace le ramage
Du rossignol bocager.

Voyez l'onde clere et pure
Se cresper dans les ruisseaux:

Dedans voyez la verdure
De ces voisins arbrisseaux.

La mer est calme et bonasse:
Le ciel est serein et cler:
La nef jusque aux Indes passe:
Un bon vent la fait voler.

Les menageres avetes [1]
Font ça et là un doux bruit,
Voletant par les fleuretes
Pour cueillir ce qui leur duit. [2]

En leur ruche elles amassent
Des meilleures fleurs la fleur,
C'est à fin qu'elles en facent
Du miel la douce liqueur.

Tout resonne des voix nettes
De toutes races d'oyseaux,
Par les chams des alouetes,
Des cygnes dessus les eaux.

Aux maisons les arondelles,
Les rossignols dans les boys,
En gayes chansons nouvelles
Exercent leurs belles voix.

Doncques la douleur et l'aise
De l'amour je chanteray,
Comme sa flamme ou mauvaise
Ou bonne je sentiray.

Et si le chanter m'agrée,
N'est-ce pas avec raison,
Puisqu'ainsi tout se récrée
Avec la gaye saison?

Les Passetems, I

[1] *avetes = abeilles*   [2] *ce qui leur duit = ce qui leur convient*

JEAN PASSERAT
(1534–1602)

Villanelle

J'ay perdu ma Tourterelle:
Est-ce point celle que j'oy?
Je veus aller aprés elle.

Tu regretes ta femelle,
Hélas! aussi fai-je moy,
J'ay perdu ma Tourterelle.

Si ton amour est fidelle,
Aussi est ferme ma foy.
Je veus aller aprés elle.

Ta plainte se renouvelle;
Tousjours plaindre je me doy:
J'ay perdu ma Tourterelle.

En ne voyant plus la belle
Plus rien de beau je ne voy:
Je veus aller aprés elle.

Mort, que tant de fois j'appelle,
Pren ce qui se donne à toy:
J'ay perdu ma Tourterelle,
Je veus aller aprés elle.

MARIE STUART
(1542–87)

Sonnets

Que suis-je, hélas! et de quoy sert ma vie?
Je ne suis fors qu'un corps privé de cueur,

Un ombre vayn, un object de malheur,
Qui n'a plus rien que de mourir envie.

Plus ne portez, o enemis, d'envie,
A qui n'a plus l'esprit à la grandeur,
Ja consommé d'exsessive douleur.
Vottre ire en brief se voirra assouvie.

Et vous, amys ! qui m'avez tenue chere,
Souvenez-vous que sans heur, sans santé,
Je ne sçaurois aucun bon œuvre fayre.

Souhaitez donc fin de calamitay,
Et que, sa bas, estant asses punie,
J'aye ma part en la joye infinie.

★

O Seigneur Dieu, recevez ma priere,
Qui est selon ta sainte voulonté,
Car s'il ne playt à ta grand magesté
Je defundray à la demi-carriere.

Elas, Seigneur, je retourne en arriere,
Lasse déjà, si ta grande bonté
Ne renforcit ma fraile volonté
De ta vertu à franchir la barriere.

Tu veulx, Seigneur, estre maitre du cueur,
Viens donc, Seigneur, et y fays ta demeure
Pour en chasser l'amour et la rancueur,

Le bien, le mal, m'ostant tout soing du cueur
Fors seulement de parvenir à toy
Penitamment et constante en ma foy.

★

[163]

Donnes, Seigneur, donnes-moy pasciance
Et renforces ma trop debile foy.
Que ton esprit me conduise en ta loy
Et me gardes de choir par imprudence,

Donce, Seigneur, donne moy la constance
En bien et mal et la perseverance,
Reduis en toy toute mon esperance
Et hors du cueur m'oste tout vayn esmoy,

Ne permets pas qu'en mon cueur je m'abuse
Mays tout plaisir fors en toy je refuse.
Délivres-moy de toutes passions,

D'ire, d'erreur et de tout autre vice,
Et provois-moy de doulceur et justice
D'un cueur devot et saintes actions.

*

Ung seul penser qui me profficte et nuit
Amer et doulx change en mon cueur sans cesse
Entre le doubte et l'espoir il m'oppresse
Tant que la paix et le repos me fuit.

Donc, chere sœur, si ceste carte suit
L'affection de vous veoir qui me presse,
C'est que ie viz en peine et en tristesse
Si promptement l'effect ne s'en ensuit.

J'ay veu la nef relascher par contraincte
En haulte mer, proche d'entrer au port,
Et le serain se convertir en trouble.

Ainsi ie suis en soucy et en craincte
Non pas de vous, mais quantes fois à tort
Fortune rompt voille et cordage double?

SALLUSTE DU BARTAS
(1544–90)

La Création

Toy qui guides le cours du Ciel porte-flambeaux,
Qui, vray Neptune, tiens le moite frein des eaux,
Qui fais trembler la terre, et de qui la parole
Serre et lasche la bride aux Postillons d'Æole,
Esleve à toy mon ame, espure mes esprits,
Et d'un docte artifice enrichy mes escrits.
O Pere donne-moy, que d'une voix faconde
Je chante à nos neveux la naissance du monde,
O Grand Dieu donne-moy que j'estale en mes vers
Les plus rares beautez de ce grand univers :
Donne-moy qu'en son front ta puissance je lise :
Et qu'enseignant autruy moy-mesme je m'instruise...

Le monde est un theatre, où de Dieu la puissance,
La justice, l'amour, le sçavoir, la prudence,
Jouent leur personnage, et comme à qui mieux mieux,
Les esprits plus pesans ravissent sur les cieux.
Le monde est un grand livre, où du souverain maistre
L'admirable artifice on list en grosse lettre.
Chasque œuvre est une page, et chasque sien effect
Est un beau charactere en tous ses traits parfaict...

Mais celuy qui la Foy reçoit pour ses lunettes,
Passe de part en part les cercles des planettes,
Comprend le grand Moteur de tous ces mouvemens,
Et lit bien plus courant dans ces vieux documens.
    Ainsi donc, esclairé par la Foy, je desire
Les textes plus sacrez de ces panchartes lire.
Et depuis son enfance, en ses aages divers,
Pour mieux contempler Dieu, contempler l'univers...

    Un jour de comble-en-fond les rochers crousleront,
Les monts plus sourcilleux de peur se dissoudront,

Le Ciel se crevera, les plus basses campagnes,
Boursoufflees, croistront en superbes montagnes;
Les fleuves tariront, et si dans quelque estang
Reste encor quelque flot, ce ne sera que sang;
La mer deviendra flamme, et les seches balenes,
Horribles, mugleront sur les cuites arenes;
En son midy plus clair le jour s'espaissira,
Le ciel d'un fer rouillé sa face voilera.
Sur les astres plus clairs courra le bleu Neptune,
Phœbus s'emparera du noir char de la lune;
Les estoiles cherront. Le desordre, la nuit,
La frayeur, le trespas, la tempeste, le bruit,
Entreront en quartier, et l'ire vengeresse
Du Juge criminel, qui jà desjà nous presse,
Ne fera de ce Tout qu'un bucher flamboyant,
Comme il n'en fit jadis qu'un marez ondoyant...

C'est alors, c'est alors, o Dieu, que ton Fils cher,
Qui semble estre affublé d'une fragile chair,
Descendra glorieux des voustes estoilees.
A ses flancs voleront mille bandes ailees,
Et son char triomphal d'esclairs environné
Par amour et justice en bas sera trainé.
Ceux qu'un marbre orgueilleux presse dessous sa lame,
Ceux que l'onde engloutit, ceux que la rouge flame
Esparpille par l'air, ceux qui n'ont pour tombeaux
Que les ventres gloutons des loups ou des corbeaux,
Esveillez, reprendront, comme par inventaire,
Et leurs chairs et leurs os, orront devant la chaire
Du Dieu qui, souverain, juge en dernier ressort,
L'arrest diffinitif de salut, ou de mort.
L'un t'esprouvera doux, l'autre armé de justice,
L'un vivra bien-heureux, l'autre en cruel supplice,
L'un bas, et l'autre haut...

Qui ne seroit trompé par l'accorte malice
Du Prince de la nuict, qui maintefois se glisse

Dans les membres gelez des dieux d'or ou de bois
Et leur fait prononcer des veritables voix?
Qui taille du prophete, et d'un feu saint allume
Or' la vierge de Delphe, or' la vierge de Cume?
Or' tire du tombeau le dernier juge hebrieu,
Pour predire à son roy les jugemens de Dieu;
Ore d'une fureur profanement divine
Du pontife d'Amon eschaufe la poictrine,
Si bien que quelque fois d'un gosier non menteur
Aux peuples aveuglez il chante le futur.
Qui ne seroit trompé par cil qui transfigure
En couleuvre un rameau! qui du Nil l'onde pure
Convertit en pur sang? qui sur les licts royaux
Fait plouvoir par milliers grenouilles et crapaux?
Car comme il est esprit, il voit, bien qu'invisible,
Les menees des grands: il sent, bien qu'insensible,
Leurs plus ardents desirs, et comme en pareils faits
Exercé de tout temps, il juge les effects.

Premier jour (Première Semaine)

Je te salue, o Terre...

Je te salue, o Terre, o Terre porte-grains,
Porte-or, porte-santé, porte-habits, porte-humains,
Porte-fruicts, porte-tours, alme, belle, immobile,
Patiente, diverse, odorante, fertile,
Vestue d'un manteau tout damassé de fleurs,
Passementé de flots, bigarré de couleurs...
Je te salue, o sœur, mère, nourrice, hostesse
Du roy des animaux. Tout, o grande princesse,
Vit en faveur de toi. Tant de Cieux tournoyans,
Portent pour t'esclairer leurs astres flamboyans.
Le feu pour t'eschauffer, sur les flottantes nues
Tient ses pures ardeurs en arcade estendues.
L'air pour te rafraichir se plaist d'estre secous,

Or d'un aspre Borée, or d'un Zéphire doux.
L'eau pour te destremper, de mers, fleuves, fontaines
Entrelasse ton corps tout ainsi que des veines…

Troisième jour (Première Semaine)

ROBERT GARNIER
(*c.* 1545–90)

Jusques à quand, Seigneur…

Jusques à quand, Seigneur, épandras-tu ton ire?
Jusqu'à quand voudras-tu ton peuple aimé détruire,
L'infortuné Juda, que tu as tant chéri,
Que tu as quarante ans par les déserts nourri,
Comme un enfant tendret que sa nourrice allaite,
Et ores en rigueur ta dure main le traitte?
O Seigneur nostre Dieu, ramolli ton courroux,
Rassérène ton œil, sois pitoyable et doux.
Nous t'avons offensé de crimes exécrables
Et connoissons combien nous sommes punissables.
Mais, las! pardonne-nous, nous te crions merci.
Si nous avons péché, nous repentons aussi.
Souvienne-toy d'Isac et de Jacob, nos pères,
A qui tu as promis des terres étrangères
Avec posterité, qui s'écroistre devoit
Comme un sable infini qu'aux rivages on voit.
Ne vueille de la terre effacer leur mémoire.
Qui t'invoqueroit plus? qui chanteroit ta gloire?
Qui te sacrifieroit? qui de tous les mortels
Se viendroit plus jetter au pié de tes autels?
Seroit-ce le Médois? seroit-ce l'Ammonite?
Las! seroit-ce celuy qui en Cédar habite?
O Seigneur, ô Seigneur, vueille prendre pitié…

Les Juifves (Acte I)

Nul ne se peut empescher...

...Nul ne se peut empescher
En ce monde de pécher,
Tant est nostre humaine race
Encline à se dévoyer,
Si Dieu ne vient déployer
Sur nous sa divine grâce.

Deslors, qu'au verger d'Éden
Il créa le père Adam
De la terre, sa naissance,
Et que, de son gras limon,
De l'homme fut prins le nom,
Comme avoit esté l'essence,

Le péché, qui dans les os
Du serpent couvoit enclos,
Se glissa par une pomme
Dans le crédule cerveau
D'Ève, épreinte de nouveau
Des costes du premier homme.

Si tost ce poison ne fut
Dedans son oreille chut
Qu'il s'épandit en son âme,
Et qu'Adam, qui le sentit,
Aussi tost se repentit
De la faute de sa femme.

Il estoit en ce beau lieu
Ainsi qu'un terrestre dieu,
Commandant aux créatures
Qui voloyent et qui nageoyent,
Qui dans les plaines logeoyent
Et dans les forests obscures.

Il foisonnoit en tout bien ;
Il n'avoit souci de rien ;
La terre toute bénine,
Sans le dur coutre souffrir,
Venoit tous les jours offrir
Les thrésors de sa poitrine.

Ses prez estoyent tousjours vers,
Ses arbres de fruicts couvers,
Et ses jardins de fleurettes.
Zéphyre éventoit le ciel,
Des chesnes couloit le miel
Sans artifice d'avettes.

L'orgueilleuse ambition,
Ny l'avare passion,
La haine et l'amour encore,
L'espérance ny la peur
Ne luy gesnoyent point le cœur,
Comme elles nous gesnent ore.

Mais si tost qu'il fut taché
De la bourbe de péché,
Dieu le banit de sa veue ;
Ses enfans furent maudits,
Luy chassé de Paradis
Avec sa femme déceue.

Depuis, sa postérité
N'a commis qu'iniquité ;
Le frère meurtrit le frère ;
Si bien que Dieu, se fâchant,
D'un animal si méchant,
Résolut de le défaire...

Les Juifves (Acte I)

Nous te pleurons...

LE CHŒUR

Nous te pleurons, lamentable cité,
Qui eut jadis tant de prospérité,
Et maintenant, pleine d'adversité,
        Gis abatue.
Las ! au besoing tu avois eu tousjours
La main de Dieu levée à ton secours,

Qui maintenant de rempars et de tours
        T'a dévestue.
Il t'a, Sion, le visage obscurci,
Voyant le roc de ton cœur endurci
Estre imployable, et n'avoir plus souci
        De sa loy sainte.
Tu as, ingrate, oublié ton devoir;
Tu as osé d'autres dieux recevoir,
Au lieu, Sion, que tu devois avoir
        Tousjours sa crainte.
Il t'a laissée au milieu du danger,
Pour estre esclave au soudart estranger,
Qui d'Assyrie est venu saccager
        Ta riche terre.
Comme l'on voit les débiles moutons
Sans le pasteur courus des loups gloutons,
Ainsi chacun, quand Dieu nous reboutons,
        Nous fait la guerre.
Mille couteaux nous ont ouvert le flanc;
Des corps meurtris s'est fait un rouge estang;
Dans le saint temple a découlé le sang
        De ses Prophètes.
Le Chaldéan l'a barbare pillé,
Et sans horreur d'ornement dépouillé;
Le tabernacle il a sanglant souillé
        De mains infettes.

AMITAL

O trois fois malheureuse nuit,
Que tu nous as de mal produit!
    Jamais autres ténèbres
    Ne furent si funèbres!
Il me semble encor que je voy
Les hommes tomber devant moy,
    Que j'entens des mourables
    Les regrets lamentables;

[171]

Que j'oy les fifres et tabours,
Les trompettes dessur les tours,
   Dont le son encourage
   Le veinqueur au carnage;
Que le feu de tous costez bruit,
Que sur les toicts la flamme luit;
   Que les enfans on rue
   Des maisons en la rue.

Le Chœur

Pleurons les malheurs de Sion,
Calamiteuse nation,
   Pleurons, tourbe compagne
   Nostre sainte montagne.

Amital

Mais plustost prions nostre Dieu
Qu'il ait pitié du peuple hébrieu,
   Qu'il appaise son ire,
   Et sa verge retire.

Le Chœur

Qu'il vueille sauver nostre roy,
Pour désormais vivre en sa loy,
   Gardant son âme pure
   D'idolâtre souillure.

Amital

Levons nos mains au ciel et nos larmoyans yeux.
Jettons-nous à genoux d'un cœur dévotieux,
Et soupirant ensemble à sa majesté haute,
Le prions qu'il luy plaise effacer nostre faute.
O Seigneur nostre Dieu, qui nous sauvas jadis
Par le milieu des flots qu'en deux parts tu fendis,

Conduisant de ta main ton peuple israélite,
Quand tu l'eus délivré du joug madianite;
Qui l'armée ennemie abysmas sous la mer,
Qui aux profonds déserts nous gardas d'affamer,
Qui sur le mont Oreb apparus à nos pères,
Et leur fis recevoir tes édits salutaires;
Qui leur donnas secours par les Anges du ciel;
Qui leur baillas la terre ondoyante de miel
D'Aphec et de Hébron, brisant les exercites
De Béthel, de Gaser et des forts ammonites;
Qui n'aguères sauvas Manassé, nostre roy,
Des ceps de Babylon, se retournant à toy;
Pardonneur, pitoyable, estens sur nous ta veüë,
Et voy l'affliction dont nostre âme est repeüë.
Pren, Seigneur, pren, Seigneur, de nous compassion.
Aye, Seigneur, pitié de la pauvre Sion;
Ne l'extermine point: nous sommes la semance
D'Isac ton serviteur, tes enfans d'alliance.
Ne nous réprouve point, Père, fay-nous merci.
Délivre Sédécie et ses enfans aussi.
Ainsi puissions tousjours rechanter tes louanges,
Et bannir loing de nous tous autres dieux estranges.

Les Juifves (*Acte I*)

Disons adieu...

Disons adieu, mes compagnes,
A nos chétives campagnes,
Où le Jourdain doux-coulant
Va sur le sable ondelant.
Adieu, terre plantureuse,
N'aguère si populeuse,
Terre promise du ciel,
Toute ondoyante de miel.
Adieu, Siloé, fonteine
Dont la douce eau se pourmeine

Dans le canal de Cédron,
Serpentant à l'environ.
Adieu, coustaux et valées,
Adieu, rives désolées,
Adieu, verdureux Hébron,
Vieil territoire d'Éfron.
Sur toy, montaignette sainte,
Le bon Abram fist sa plainte,
Comme il fist sur toy, Bethel,
Fumer son premier autel.
Adieu, cité renommée
Sur les citez d'Idumée,
Que jadis un roy conquit
Du Jébusan, qu'il veinquit.
Et vous naguière édifice
Le plus rare en artifice
Et en ornemens divers
Qu'il fust temple en l'univers.
Las ! nous vous laissons, pauvrettes,
De ces barbares sugettes,
Qui nous traînent inhumains
En des royaumes lointains,
Où faudra que nostre vie,
A leur vouloir asservie,
Languisse éternellement
En déplorable tourment.

Les Juifves (Acte II)

Le Dieu que nous servons...

Le Dieu que nous servons est le seul Dieu du monde,
Qui de rien a basti le ciel, la terre et l'onde.
C'est luy seul qui commande à la guerre, aux assaus.
Il n'y a Dieu que luy, tous les autres sont faux.
Il déteste le vice et le punist sévère,
Quand il connoist sur tout que l'on y persévère.

Il ne conseille aucun de commettre un mesfait;
Au contraire, c'est luy qui la vengence en fait.
Ses Prophètes il a, que par fois il envoye
Pour radresser son peuple alors qu'il se dévoye.
Par eux de nos malheurs il nous fait advertir,
A fin qu'en l'invoquant les puissions divertir.
Mais, hélas! bien souvent nostre âme est endurcie,
Ne faisant conte d'eux, ny de leur prophétie:
Et c'est quand il nous laisse, et nous donne en butin
Au peuple assyrien, arabe ou philistin;
Autrement soyez seur que toute force humaine
Quand il nous est propice, encontre nous est vaine,
Et qu'encor vos soudars, bien qu'ils soyent indomtez,
Ne nous eussent jamais comme ils ont surmontez,
Sans qu'il a retiré de nous sa bien-vueillance
Pour nous faire tomber dessous vostre puissance.

Les Juifves (*Acte IV*)

O barbare cruel...

O barbare cruel, homme avide de sang,
Qu'une tygre félonne a porté dans son flanc,
Ennemi des mortels et leur commune peste,
Exécrable instrument de la rancœur céleste,
Que tu es impiteux! que tu es sans merci!
Que tu as en rigueur le courage endurci!
Penses-tu qu'il y ait un Dieu dessur ta teste,
De tonnerres armé, d'esclairs et de tempeste,
Vengeur de cruautez? Ou bien estimes-tu
Qu'il soit, comme tes dieux, un bronze sans vertu?
Je t'atteste, Éternel; Éternel, je t'appelle,
Spectateur des forfaits de ce prince infidelle.
Descens dans une nue, et avec tourbillons,
Gresle, tourmente, esclairs, brise ses bataillons,
Comme on te veit briser la blasphémante armée
Du grand Sennachérib, à nos murs assommée,

Et le chef de ce roy foudroye aux yeux de tous,
Qui superbe ne craint ny toy ny ton courroux.
Trouble le ciel de vents ; qu'en orage il noircisse ;
Qu'il s'emplisse d'horreur ; que le soleil pallisse,
Que le feu qui brusla les deux enfans d'Aron,
Qui brillant consomma les fauteurs d'Abiron,
Qui dévora les murs de Sodome et Gomorre,
Descende, pétillant, et ces bourreaux dévore !
Es-tu Dieu de Juda, pour sans fin l'affliger ?
Pour nous donner sans cesse en proye à l'estranger ?
Englouti-nous plustost dans les terrestres gouffres ;
Fay-nous fondre aux enfers, plustost que tu nous souffres
Opprimer des Gentils, lesquels ne font sinon,
Ton peuple bourrelant, que blasphémer ton nom.
Ils se gaussent de toy ; ta force mesprisée
Par nos adversitez leur sert d'une risée.
Et c'est ce qui nous grève en nostre affliction,
C'est de nos passions l'extrême passion.

Les Juifves (Acte V)

Astres, qui sur nos chefs éternels flamboyez...

SÉDÉCIE

Astres, qui sur nos chefs éternels flamboyez,
Regardez mes tourmens, mes angoisses voyez.
Mes yeux ne verront plus vostre lumiere belle.
Et vous verrez tousjours ma passion cruelle.
Vous me verrez un roy privé de liberté,
De royaume, d'amis, d'enfans et de clairté.
Qui vit si misérable ? Autour de ceste masse
Voyez-vous un malheur qui mon malheur surpasse ?

LE PROPHÈTE

Non, il est infini, de semblable il n'a rien.
Il en faut louer Dieu tout ainsi que d'un bien.

[176]

SÉDÉCIE

Tousjours soit-il bénist, et que par trop d'angoisse
Jamais désespéré je ne le déconnoisse.
Je sçay bien que je l'ay mille fois irrité,
Que j'ay trop justement mes peines mérité,
Que j'ay son ire esmeuë, et que par mon seul crime
J'ay incité à mal toute Jérosolyme.
Je suis cause de tout, je le sçay : mais pourquoy
Me fait-il torturer par un pire que moy?
Par ce roy chaldéan qui rien ne le redoute,
Qui sa grâce n'invoque, ainçois qui la reboute?

LE PROPHÈTE

Et ne sçavez-vous pas qu'il le fait tout exprès,
Le souffre en ses horreurs, pour l'en punir après?
Il use de sa dextre à venger son colère,
Comme fait d'une verge une prudente mère
Envers son cher enfant, quand une mauvaitié
Qu'il a fait à quelqu'un veut qu'il soit châtié.
Car après cet usage en la flamme on la rue,
Ou avecques mespris est en pièces rompue.
Ainsi Dieu vengera les massacres commis
Par ce roy carnacier, bien qu'il les ait permis.
Les maux qu'il nous a faits il luy sçaura bien rendre,
Et quelquefois sera Babylon mise en cendre.

SÉDÉCIE

Qu'ainsi puisse avenir, et qu'elle sente, un jour
Qu'elle y pensera moins, nos malheurs à son tour.
Qu'elle entende qu'au monde il n'est rien perdurable,
Qu'il n'y a qu'un seul Dieu qui ne soit périssable,
Qui hait les cruautez, de carnages comblant
La maison de celuy qui ha le cœur sanglant.

Non, non, asseurez-vous qu'une estrangère race
En bref rabaissera son orgueilleuse audace.
Comme foudres je voy les peuples d'Aquilon
Descendre par milliers sur ton chef, Babylon.
Je voy les morions esclatter sur leurs testes,
Les scadrons indomtez bruire comme tempestes,
De piques hérissez, faisant de leurs bouclairs
Comme d'un ciel sortir un orage d'éclairs.
Je les voy jà camper autour de tes murailles,
Briser tours et rempars, remplir de funérailles
Tes temples et maisons, tes vierges captivant,
Et au sang des occis leurs chevaux abreuvant.
Toy, qui le temple saint de nostre Dieu suprême
As cruel profané, vomissant maint blasphème
Contre sa majesté, qui révéré n'as point
Celuy qu'il a pour roy par ses pontifes oint,
Qui ses prestres as mis au trenchant de l'épée,
Qui l'as dans le gosier des innocens trempée,
Te voîtrant sur leurs corps, prendras, homme sanglant,
La figure d'un bœuf pasturant et buglant.
Dieu le veut, Dieu l'ordonne, et par moy, son Prophète,
Prédit sa volonté devant qu'elle soit faite.

Les Juifves (Acte V)

Élégie sur la Mort de Ronsard

...Des Portes, que la Muse honore et favorise
        Entre tous ceux qui ont
Suivy le saint Phébus et sa science aprise
        Dessur le double mont,
Vous voyez ce Ronsard, merveille de nostre âge,
        L'honneur de l'Univers,
Paistre de sa chair morte, inévitable outrage,
        Une source de vers.

De rien vostre Apollon ny les Muses pucelles
     Ne luy ont profité,
Bien qu'ils eussent pour luy les deux croppes jumelles
     De Parnasse quitté,
Et qu'il les eust conduits aux accords de sa lire
     Dans ce françois séjour,
Pour chanter de nos roys et leurs victoires dire,
     Ou sonner de l'amour.
C'est grand cas, que ce dieu, qui dès enfance l'aime,
     Afranchit du trespas
Ses divines chansons, et que le chantre mesme
     N'en affranchisse pas.
Vous en serez ainsi : car bien que vostre gloire,
     Espandue en tous lieux,
Ne descende estoufée en une tombe noire
     Comme un peuple otieux,
Et que vos sacrés vers, qui de honte font taire
     Les plus grands du métier,
Nous facent choir des mains, quand nous en cuidons faire,
     La plume et le papier,
Si verrez-vous le fleuve où tout le monde arrive,
     Et payrez le denier
Que prend pour nous passer jusques à l'autre rive
     L'avare nautonnier.
Que ne ressemblons-nous aux vagueuses rivières
     Qui ne changent de cours ?
Ou au branle éternel des ondes marinières
     Qui reflotent toujours ?
Et n'est-ce pas pitié que ces roches pointues,
     Qui semblent dépiter,
De vents, de flots, d'oraige et de foudres batues,
     L'ire de Jupiter,
Vivent incessamment, incessamment demeurent
     Dans leurs membres pierreux,
Et que des hommes, tels que ce grand Ronsard, meurent
     Par un sort rigoureux ?
O destin lamentable ! un homme qui approche
     De la divinité

Est ravy de ce monde, et le front d'une roche
     Dure en éternité.
Qui pourra désormais d'une alaine assez forte
     Entonner comme il faut
La gloire de mon Roy, puisque la muse est morte
     Qui le chantoit si haut?...
Et comme il appareille avec une âme humaine
     Un magnanime cœur;
Comme il est de l'honneur, du seul honneur avare,
     D'autres biens libéral,
Chérissant un chacun, fors celuy qui s'égare
     Du service royal?
Ne permette Clion et Phébus ne permette
     Que Ronsard abattu
Par l'ennuyeuse mort, ne se treuve poëte
     Qui chante sa vertu.
Adieu, mon cher Ronsard; l'abeille en vosrte tombe
     Face tousjour son miel;
Que le baume arabic à tout jamais y tombe,
     Et la manne du ciel.
Le laurier y verdisse avecque le lierre
     Et le mirthe amoureus,
Riche en mille boutons, de toutes parts l'enserre
     Le rosier odoreus,
Le tin, le baselic, la franche marguerite,
     Et nostre lis françois,
Et ceste rouge fleur, où la pleinte est escrite
     Du malcontent Grégeois.
Les Nymphes de Gâtine et les Nayades sainctes
     Qui habitent le Loir,
Le venant arroser de larmettes épreintes,
     Ne cessent de douloir...

PHILIPPE DESPORTES
(1546–1606)

Villanelle

Rozette, pour un peu d'absence
Vostre cœur vous avez changé,
Et moy, sçachant ceste inconstance,
Le mien autre part j'ay rangé ;
Jamais plus beauté si legere
Sur moy tant de pouvoir n'aura :
Nous verrons, volage bergere,
Qui premier s'en repentira.

Tandis qu'en pleurs je me consume,
Maudissant cest esloignement,
Vous, qui n'aimez que par coustume,
Caressiez un nouvel amant.
Jamais legere girouëtte
Au vent si tost ne se vira ;
Nous verrons, bergere Rozette,
Qui premier s'en repentira.

Où sont tant de promesses sainctes,
Tant de pleurs versez en partant ?
Est-il vray que ces tristes plaintes
Sortissent d'un cœur inconstant ?
Dieux, que vous estes mensongere !
Maudit soit qui plus vous croira !
Nous verrons, volage bergere,
Qui premier s'en repentira.

Celuy qui a gagné ma place,
Ne vous peut aimer tant que moy ;
Et celle que j'aime vous passe
De beauté, d'amour et de foy.
Gardez bien vostre amitié neuve,

La mienne plus ne varira,
Et puis nous verrons à l'espreuve
Qui premier s'en repentira.

Bergeries

Autour des corps...

Autour des corps, qu'une mort avancée
Par violence a privez du beau jour,
Les ombres vont, et font maint et maint tour,
Aimans encor leur despouille laissée.

Au lieu cruel, où j'eu l'ame blessée
Et fu meurtry par les flèches d'Amour,
J'erre, je tourne et retourne à l'entour,
Ombre maudite, errante et déchassée.

Legers Esprits, plus que moy fortunez,
Comme il vous plaist vous allez et venez
Au lieu qui clost vostre despouille aimée.

Vous la voyez, vous la pouvez toucher,
Où las ! je crains seulement d'approcher
L'endroit qui tient ma richesse enfermée.

Les Amours d'Hippolyte, I

Icare

Icare est cheut icy, le jeune audacieux,
Qui pour voler au ciel eut assez de courage ;
Icy tomba son corps dégarni de plumage,
Laissant tous braves cœurs de sa cheute envieux.

O bien-heureux travail d'un esprit glorieux,
Qui tire un si grand gain d'un si petit dommage!
O bien-heureux malheur plein de tant d'avantage,
Qu'il rende le vaincu des ans victorieux!

Un chemin si nouveau n'estonna sa jeunesse,
Le pouvoir luy faillit, et non la hardiesse:
Il eut pour le brusler des astres le plus beau;

Il mourut poursuyvant une haute adventure;
Le ciel fut son desir, la mer sa sepulture:
Est-il plus beau dessein ou plus riche tombeau?

Les Amours d'Hippolyte, I

La vie est une fleur...

La vie est une fleur espineuse et poignante,
Belle au lever du jour, seiche en son occident;
C'est moins que de la neige en l'esté plus ardent;
C'est une nef rompue au fort de la tourmente.

L'heur du monde n'est rien qu'une roue inconstante,
D'un labeur éternel montant et descendant:
Honneur, plaisir, profict, les esprits desbordant,
Tout est vent, songe et nue et folie évidente.

Las! c'est dont je me plains, moy qui voy commencer
Ma teste à se mesler, et mes jours se passer,
Dont j'ay mis les plus beaux en ces vaines fumées;

Et le fruict que je cueille et que je voy sortir
Des heures de ma vie, hélas, si mal semées,
C'est honte, ennuy, regret, dommage et repentir.

Œuvres chrétiennes

JEAN DE LA CEPPÈDE
(c. 1550–1623)

Sonnets

Quand ces prophanes mains du devoir forvoyantes
Eurent sur l'innocent faict leur dernier effort,
Pilate (commandant qu'on l'amenat) r'essort
Vers les Juifs, pour saouler leurs rages abboyantes.

VOICY-L'HOMME (dit-il) vos armes flamboyantes
N'ont point sur luy de prise, il n'est digne de mort.
Veuillez donc (à ces mots le bruit fut si tres-fort
Que sa voix se perdit dans ces troupes bruyantes).

Lors JESUS en manteau fut au peuple monstré,
Couronné de haliers, d'un vieux Roseau sceptré.
Quel prodige, ô grand Dieu, fais-tu voir sur la terre?

L'Eternele Beauté, la Majesté des Cieux,
Qui les Anges mutins d'un seul clin d'œil atterre
Sert ores de joüet, et de proye aux Hebrieux.

Théorèmes, II [1]

[1] The *Théorèmes*, books I and II, are religious poems, which attempt to demonstrate religious truths.

VOICY-L'HOMME, ô mes yeux, quel object deplorable
La honte, le veiller, la faute d'aliment,
Les douleurs, et le sang perdu si largement
L'ont bien tant déformé qu'il n'est plus desirable.

Ces cheveux (l'ornement de son chef venerable)
Sanglantez, herissez, par ce couronnement,
Embroüillez dans ces joncs, servent indignement
A son test ulceré d'une haye execrable.

[184]

Ces yeux (tantost si beaux) rébatus, r'enfoncez,
Ressalis, sont helas! deux Soleils éclipsez,
Le coral de sa bouche est ores jaune-pasle.

Les roses, et les lys de son teint sont flétris :
Le reste de son Corps est de couleur d'Opale,
Tant de la teste aux pieds ses membres sont meurtris.

Théorèmes, II

JEAN BERTAUT
(1552–1611)

Complainte

...Ah! regret qui fais lamenter
Ma vie au cercueil enfermée,
Cesse de plus me tourmenter
Puisque ma vie est consumée ;
Ne trouble point de tes remords
La triste paix des pauvres morts !

Assez lorsque j'estois vivant
J'ay senty tes dures attaintes ;
Assez tes rigueurs éprouvant
J'ai frappé le Ciel de mes plaintes ;
Pourquoy perpétuant mon deuil
Me poursuis-tu dans le cercueil ?...

Vois-tu pas bien qu'en ces malheurs
Qui foulent aux pieds ma constance,
Je sens d'autant plus de douleurs
Que mon âme a de souvenance,
Et, n'estant plus, suis tourmenté
Du souvenir d'avoir esté ?

Hélas, les destins courroucéz
Ayans ruiné mes attentes,

[185]

Tous mes contentemens passéz,
Me font des angoisses présentes :
Et m'est maintenant douloureux
D'avoir veu mes jours bienheureux.

O ma seule gloire et mon bien
Qui n'es plus qu'un petit de poudre,
Et sans qui je ne suis plus rien
Qu'un tronc abattu par la foudre,
De quel point de félicité
Ton trespas m'a précipité !...

Mais que peut craindre désormais,
Quelques maux dont la vie abonde,
Un cœur misérable à jamais
Qui n'a plus rien à perdre au monde,
Et qui vivant désespéré
Vit à tout malheur préparé ?...

Non, non, ton trespas m'a rendu
D'espoir et de crainte délivre ;
En te perdant j'ay tout perdu,
Je ne crains plus rien que de vivre !
Vivre encore est le seul malheur
Qui peut accroistre ma douleur.

Car gémissant dessous le faix
Dont m'accable une peine extrême,
Et survivant comme je fais
A tout mon heur voire à moi-même,
Vivre m'est comme un chastiment
D'avoir vescu trop longuement.

Cantique de la Vierge Marie

Quand au dernier sommeil la Vierge eust clos les yeux,
Les Anges qui veilloyent autour de leur maistresse

Esleverent son corps en la gloire des Cieux,
Et les Cieux furent pleins de nouvelle allegresse.

Les plus hauts Seraphins à son advenement
Sortoient au devant d'elle et luy cedoient la place,
Se sentant tous ravis d'aise et d'estonnement
De pouvoir contempler la splendeur de sa face.

Dessus les Cieux des Cieux elle va paroissant,
Les flambeaux estoillez luy servent de coronne :
La Lune est sous ses pieds en forme de Croissant,
Et comme un vestement le Soleil l'environne.

Elle est là-haut assise auprés du Roy des Rois,
Pour rendre à nos clameurs ses oreilles propices,
Et sans cesse l'adjure au sainct nom de la Croix
De purger en son sang nos erreurs et nos vices...

C'est l'astre lumineux qui jamais ne s'estaint,
Où comme en un miroir tout le ciel se contemple ;
Le luisant tabernacle et le lieu pur et sainct
Où Dieu mesme a voulu se consacrer un temple.

C'est le palais royal tout remply de clarté,
Plus pur et transparent que le ciel qui l'enserre,
C'est le beau Paradis vers l'Orient planté,
Les delices du ciel et l'espoir de la terre.

C'est cette myrrhe et fleur et ce bausme odorant
Qui rend de sa senteur nos ames consolées ;
C'est ce Jardin reclus souëfvement flairant :
C'est la Rose des champs et le Lys des vallées ;

C'est le rameau qui garde en tout temps sa couleur,
La branche de Jessé, la tige pure et saincte,
Qui rapporte son fruict et ne perd point sa fleur,
Qui demeure pucelle et qui se void enceincte.

C'est l'Aube du matin qui produit le Soleil
Tout couvert de rayons et de flammes ardentes,
L'Astre des navigans, le Fare non-pareil
Qui la nuict leur esclaire au milieu des tourmentes,

Estoille de la mer, nostre seul reconfort,
Sauve-nous des rochers, du vent et du naufrage.
Ayde-nous de tes vœux pour nous conduire au port,
Et nous monstre ton Fils sur le bord du rivage.

AGRIPPA D'AUBIGNÉ
(1552–1630)

Ode VIII

Soubs la tremblante courtine
De ses bessons arbrisseaux,
Au murmure qui chemine
Dans ces gasouillans ruisseaux,
Sur un chevet touffu esmaillé des coulleurs
    D'un million de fleurs,

A ces babillars ramages
D'osillons d'amour espris,
Au fler des roses sauvages
Et des aubepins floris,
Portés, Zephirs pillars sur mille fleurs trottans,
    L'haleine du Printemps.

O doux repos de mes pennes,
Bras d'yvoire pottelez,
O beaux yeulx, claires fontaines
Qui de plaisir ruisselez,
O giron, doux suport, beau chevet esmaillé
    A mon chef travaillé!

Vos doulceurs au ciel choisies,
Belle bouche qui parlez,
Sous vos levres cramoysies
Ouvrent deux ris emperlez;
Quel beaulme precieux flatté par les zephirs
  De vos tiedes souspirs!

Si je vis, jamais ravie
Ne soit ceste vie icy,
Mais si c'est mort, que la vie
Jamais n'ait de moy soucy:
Si je vis, si je meurs, o bien heureux ce jour
  Ou paradis d'Amour!

Ode XIII

  …Je ne suis pas de la troupe
  Qui peult faire à plaine coupe
  Carroux du nectar des cieux,
  Mais je contrefais leurs gestes
  Et pour yvrogner leurs restes
  Je porte un livre après eux.

  Je congnois ma petitesse,
  Ce qui fait que je m'abaisse
  Sans trop avoir entreprins
  Si très penault de mes fautes
  Que jamais les choses hautes
  Ne transportent mes escritz.

  Pendant que Ronsard le pere
  Renouvelle nostre mere
  Et que maint cher nourrisson
  Des filles de la memoire
  Sur le temps dresse sa gloire,
  Je barbouille à ma façon,

Et n'ayant rien que te dire,
Je m'esveille pour escrire
Sans autre disposition
Que les premieres pencées
Que la nuit m'a tracassées
En l'imagination.

Il est vrai, comme je pence,
Si j'avois la patience
D'estudier une heure au jour,
Une heure seulement lire,
J'acorderois bien ma lire
A la guerre et à l'amour.

Jà dix ans et daventage,
Dont je ne suis pas plus sage,
Ne m'ont proffité de rien,
Ce sont escoulez à rire,
C'est pourquoy l'on me peut dire
Qu'il y paroist assez bien…

Je mire en adorant…

…Je mire en adorant dans une anathomye
Le portrait de Diane, entre les os, afin
Que voiant sa beauté ma fortune ennemie
L'environne partout de ma cruelle fin :

Dans le cors de la mort j'ay enfermé ma vie
Et ma beauté paroist horrible dans les os.
Voilà commant ma joye est de regret suivie,
Commant de mon travail la mort seulle a repos…

Tout cela qui sent l'homme à mourir me convie,
En ce qui est hideux je cherche mon confort :
Fuiez de moy, plaisirs, heurs, esperance et vie,
Venez, maulz et malheurs et desespoir et mort !

Je cherche les desertz, les roches egairées,
Les forestz sans chemin, les chesnes perissans,
Mais je hay les forestz de leurs feuilles parées,
Les sejours frequentez, les chemins blanchissans.

Quel plaisir c'est de voir les vieilles haridelles
De qui les os mourans percent les vieilles peaux :
Je meurs des oyseaux gais volans à tire d'ailes,
Des cources des poulains et des saulx de chevreaux !

Heureux quant je rencontre une teste sechée,
Un massacre de cerf, quand j'oy les cris des fans ;
Mais mon ame se meurt de despit assechée,
Voians la biche folle aux saulx de ses enfans.

J'ayme à voir de beautez la branche deschargée,
A fouler le feuillage estendu par l'effort
D'autonne, sans espoir leur couleur orangée
Me donne pour plaisir l'ymage de la mort.

Un eternel horreur, une nuit eternelle
M'enpesche de fuir et de sortir dehors :
Que de l'air courroucé une guerre cruelle,
Ainsi comme l'esprit, m'enprisonne le cors !

Jamais le cler soleil ne raionne ma teste,
Que le ciel impiteux me refuse son œil,
S'il pleut, qu'avec la pluie il creve de tempeste,
Avare du beau temps et jaloux du soleil.

Mon estre soit yver et les saisons troublées,
De mes afflictions se sente l'univers,
Et l'oubly oste encor' à mes pennes doublées
L'usage de mon lut et celuy de mes vers.

Ainsi comme le temps frissonnera sans cesse
Un printemps de glaçons et tout l'an orageux,

Ainsi hors de saison une froide vieillesse
Dés l'esté de mes ans neige sur mes cheveux.

Si quelque fois poussé d'une ame impatiente
Je vois precipitant mes fureurs dans les bois,
M'eschauffant sur la mort d'une beste inocente,
Ou effraiant les eaux et les montz de ma voix,

Milles oiseaux de nuit, mille chansons mortelles
M'environnent, vollans par ordre sur mon front :
Que l'air en contrepoix fasché de mes querelles
Soit noircy de hiboux et de corbeaux en ront.

Les herbes secheront soubz mes pas, à la veue
Des miserables yeux dont les tristes regars
Feront tomber les fleurs et cacher dans la nue
La lune et le soleil et les astres espars.

Ma presence fera desecher les fontaines
Et les oiseaux passans tomber mortz à mes pieds,
Estouffez de l'odeur et du vent de mes peines :
Ma peine estouffe moy, comme ilz sont etouffez !

Quant vaincu de travail je finiray par crainte,
Au repos estendu au pied des arbres vers,
La terre autour de moy crevera de sang teinte,
Et les arbres feuilluz seront tost descouvertz.

Desjà mon col lassé de suporter ma teste
Se rend soubz un tel faix et soubz tant de malheurs,
Chaque membre de moy se deseche et s'apreste
De chasser mon esprit, hoste de mes douleurs...

Et lors que mes rigeurs auront finy ma vie
Et que pour le mourir finira mon souffrir,
Quant de me tormenter la fortune assouvie
Vouldra mes maulx, ma vie et son ire finir,

Nimphes qui avez veu la rage qui m'affole,
Satires que je fis contrister à ma voix,
Baptissez en pleurant quelque pauvre mausolle
Aux fondz plus esgairez et plus sombre des bois ;

Plus heureux mort que vif, si mon ame eveillée
Des enfers, pour revoir mon sepulchre une fois,
Trouvoit autour de moy la bande eschevelée
Des Driades compter mes pennes de leurs voix,

Que pour eterniser la sanguynere force
De mes amours ardentz et de mes maulx divers,
Le chesne plus prochain portast en son escorse
Le succez de ma mort et ma vie en ces verz...

Stances, I

O amans, eschappez...

...O amans, eschappez des miseres du monde,
Je feuz le serf d'un œil plus beau que nul autre œil,
Serf d'une tyrannie à nulle autre seconde,
Et mon amour constant jamais n'eut son pareil :
Il n'est amant constant qui en foy me devance,
Diane n'eut jamais pareille en inconstance.

Je verray aux Enfers les peines preparées
A celles là qui ont aymé legerement,
Qui ont foullé au pied les promesses jurées,
Et pour chasque forfait, chasque propre torment :
Dieux frappez l'homicide, ou bien la justice erre
Hors des haultz Cieux bannye ainsi que de la terre !

Aux plus subtilz demons des regions hautaynes,
Je presteray mon cors pour leur faire vestir,
Pasle, deffiguré, vray mirœr de mes peines ;
En songe, en visions, ilz lui feront sentir

Proche son ennemy, dont la face meurtrie
Demande sang pour sang, et vie pour la vie.

Je briseray la nuit les rideaux de sa couche
Assiegeant des trois Seurs infernalles son lit,
Portant le feu, la plainte et le sang en ma bouche :
Le resveil ordinaire est l'effroy de la nuit,
Mon cry contre le Ciel frapera la vengeance
Du meurtre ensanglanté fait par son inconstance.

Aultre punition ne fault à l'inconstante
Que de vivre cent ans à goutter les remortz
De sa legereté inhumaine, sanglante.
Ses mesmes actions luy seront mille mortz,
Ses traitz la fraperont et la plaie mortelle
Qu'elle fit en mon sein reseignera sur elle...

Stances, IV

O jour plain de malheur...

...O jour plain de malheur, si le goust de mon aise
Mouilla tant seulement les fureurs de ma braise
Pour faire rengreger mes flammes peu à peu :
Jour pour jamais heureux, si d'une tendre nue
La premiere rozée à jamais continue
De noier en pitié les rages de mon feu !

Je suis l'Ethna bruslant en ma flamme profonde,
Tu es le Nil heureux qui espanche ton unde
Sur la terre qui meurt de la soif de tes eaux ;
Noie les feuz, mignonne, embrazeurs de mon ame,
Ou me laisse brusler ton Nil dedans ma flamme,
Que je noye en tes pleurs, ou seche en mes flambeaux.

Stances, XVIII

« O France désolée !... »

« ...O France désolée ! ô terre sanguinaire !
Non pas terre, mais cendre : ô mère ! si c'est mère
Que trahir ses enfants aux douceurs de son sein,
Et, quand on les meurtrit, les serrer de sa main.
Tu leur donnes la vie, et dessous ta mammelle
S'esmeut des obstinez la sanglante querelle ;
Sur ton pis blanchissant ta race se débat,
Et le fruict de ton flanc faict le champ du combat. »
 Je veux peindre la France une mère affligée,
Qui est entre ses bras de deux enfants chargée.
Le plus fort, orgueilleux, empoigne les deux bouts
Des tetins nourriciers ; puis, à force de coups
D'ongles, de poings, de pieds, il brise le partage
Dont nature donnait à son besson l'usage :
Ce voleur acharné, cet Esau malheureux,
Faict degast du doux laict qui doibt nourrir les deux,
Si que, pour arracher à son frère la vie,
Il mesprise la sienne et n'en a plus d'envie ;
Lors son Jacob, pressé d'avoir jeusné meshuy,
Ayant dompté longtemps en son cœur son ennuy,
A la fin se defend, et sa juste colère
Rend à l'autre un combat dont le champ est la mere.
Ni les souspirs ardens, les pitoyables cris,
Ni les pleurs rechauffez, ne calment leurs esprits ;
Mais leur rage les guide et leur poison les trouble,
Si bien que leur courroux par leurs coups se redouble.
Leur conflict se rallume et faict si furieux
Que d'un gauche malheur ils se crevent les yeux.
Cette femme esplorée, en sa douleur plus forte,
Succombe à la douleur, mi-vivante, mi-morte ;
Elle voit les mutins tous deschirez, sanglants,
Qui, ainsy que du cœur, des mains se vont cerchants,
Quand, pressant à son sein d'une amour maternelle
Celuy qui a le droict et la juste querelle,
Elle veut le sauver, l'autre, qui n'est pas las,
Viole en poursuivant l'asyle de ses bras.

Adonc se perd le laict, le suc de sa poitrine;
Puis, aux derniers aboys de sa proche ruine,
Elle dit: « Vous avez, felons, ensanglanté
Le sein qui vous nourrit et qui vous a porté;
Or, vivez de venin, sanglante geniture.
Je n'ay plus que du sang pour vostre nourriture! »...

    Les roys, qui sont du peuple et les roys et les pères,
Du troupeau domesticq sont les loups sanguinaires;
Ils sont l'ire allumée et les verges de Dieu,
La crainte des vivants; ils succedent au lieu
Des heritiers des morts; ravisseurs de pucelles,
Adulteres, souillants les couches des plus belles
Des maris assommez, ou bannis pour leur bien,
Ils courent sans repos, et, quand ils n'ont plus rien
Pour souler l'avarice, ils cerchent autre sorte
Qui contente l'esprit d'une ordure plus forte.
Les vieillards enrichis tremblent le long du jour;
Les femmes, les maris, privez de leur amour,
Par l'espais de la nuict se mettent à la fuitte;
Les meurtriers souldoyez s'eschauffent à la suitte.
L'homme est en proye à l'homme: un loup à son pareil.
Le père estrangle au lict le fils, et le cercueil
Preparé par le fils sollicite le père.
Le frère avant le temps herite de son frère.
On trouve des moyens, des crimes tout nouveaux,
Des poisons inconnus, ou les sanglants cousteaux
Travaillent au midy, et le furieux vice
Et le meurtre public ont le nom de justice...

    « Les temples du payen, du Turc, de l'idolatre,
Haussent au ciel l'orgueil du marbre et de l'albastre,
Et Dieu seul, au desert pauvrement hebergé,
A basti tout le monde et n'i est pas logé!
    « Les moineaux ont leurs nids, leurs nids les hyrondelles;
On dresse quelque fuye aux simples colombelles;
Tout est mis à l'abry par le soing des mortels,
Et Dieu, seul immortel, n'a logis ni autels;

« Tu as tout l'univers, où ta gloire on contemple,
Pour marchepied la terre et le ciel pour un temple,
Où te chassera l'homme, ô Dieu victorieux?
Tu possedes le ciel et les cieux des hauts cieux !
    « Nous faisons des rochers les lieux où l'on te presche,
Un temple de l'estable, un autel de la creiche;
Eux, du temple une estable aux asnes arrogants,
De la saincte maison la caverne aux brigands. »

                              Misères (Les Tragiques)

Icy le haut tonnant...

...Icy le haut tonnant sa voix grosse hors met,
Et guerre, et soulphre et feu sur la terre transmet,
Faict la charge sonner par l'airain du tonnerre.
Il a la mort, l'enfer, souldoyez pour sa guerre;
Monté dessus le dos des Cherubins mouvans,
Il vole droict, guindé sur les aisles des vents.
Un temps, de son Eglise il soustint l'innocence,
Ne marchant qu'au secours, et non à la vengeance;
Ores aux derniers temps et aux plus rudes jours,
Il marche à la vengeance, et non plus au secours.

                           Vengeances (Les Tragiques)

FRANÇOIS DE MALHERBE
(1555–1628)

Consolation à M. Du Perier

Ta douleur, Du Perier, sera donc eternelle?
        Et les tristes discours
Que te met en l'esprit l'amitié paternelle
        L'augmenteront tousjours?

Le malheur de ta fille, au tombeau descenduë
    Par un commun trépas,
Est-ce quelque dédale où ta raison perduë
    Ne se retreuve pas?

Je sçay de quels appas son enfance estoit pleine,
    Et n'ay pas entrepris,
Injurieux ami, de soulager ta peine
    Avecque son mépris.

Mais elle estoit du monde où les plus belles choses
    Ont le pire destin;
Et, rose, elle a vécu ce que vivent les roses,
    L'espace d'un matin.

Puis, quand ainsi seroit que, selon ta priere,
    Elle auroit obtenu
D'avoir en cheveux blancs terminé sa carriere,
    Qu'en fust-il advenu?

Penses-tu que, plus vieille, en la maison celeste
    Elle eust eu plus d'accueil?
Ou qu'elle eust moins senti la poussiere funeste
    Et les vers du cercueil?

Non, non, mon Du Perier, aussi-tost que la Parque
    Oste l'ame du corps,
L'âge s'évanouït au deçà de la barque,
    Et ne suit point les morts.

Tithon n'a plus les ans qui le firent cigale;
    Et Pluton aujourd'huy,
Sans égard du passé, les mérites égale
    D'Archemore et de lui.

Ne te lasse donc plus d'inutiles complaintes;
    Mais, sage à l'advenir,

Aime une ombre comme ombre, et de cendres
       éteintes
   Éteins le souvenir.

C'est bien, je le confesse, une juste coustume
      Que le cœur affligé,
Par le canal des yeux vuidant son amertume,
      Cherche d'estre allegé.

Mesme quand il advient que la tombe separe
      Ce que nature a joint,
Celuy qui ne s'émeut a l'ame d'un barbare,
      Ou n'en a du tout point.

Mais d'estre inconsolable et dedans sa memoire
      Enfermer un ennuy,
N'est-ce pas se hayr pour acquerir la gloire
      De bien aimer autruy?

Priam, qui vit ses fils abbatus par Achille,
      Denüé de support
Et hors de tout espoir du salut de sa ville,
      Receut du reconfort.

François, quand la Castille, inégale à ses armes,
      Luy vola son Dauphin,
Sembla d'un si grand coup devoir jetter des larmes
      Qui n'eussent point de fin.

Il les secha pourtant, et, comme un autre Alcide,
      Contre fortune instruit,
Fit qu'à ses ennemis d'un acte si perfide
      La honte fut le fruit.

Leur camp, qui la Durance avoit presque tarie
      De bataillons épais,
Entendant sa constance, eut peur de sa furie,
      Et demanda la paix.

[199]

De moy, deja deux fois d'une pareille foudre
    Je me suis vu perclus,
Et deux fois la raison m'a si bien fait resoudre
    Qu'il ne m'en souvient plus.

Non qu'il ne me soit grief que la tombe possede
    Ce qui me fut si cher;
Mais, en un accident qui n'a point de remede,
    Il n'en faut point chercher.

La mort a des rigueurs à nulle autre pareilles.
    On a beau la prier,
La cruelle qu'elle est se bouche les oreilles,
    Et nous laisse crier.

Le pauvre en sa cabane, où le chaume le couvre,
    Est sujet à ses loix;
Et la garde qui veille aux barrieres du Louvre
    N'en défend point nos rois.

De murmurer contr' elle et perdre patience,
    Il est mal à propos;
Vouloir ce que Dieu veut est la seule science
    Qui nous met en repos.

Imitation du Psaume CXLV « *Lauda anima mea Dominum* »

N'esperons plus, mon ame, aux promesses du monde;
Sa lumiere est un verre, et sa faveur une onde
Que tousjours quelque vent empesche de calmer.
Quittons ces vanitez, lassons-nous de les suivre:
        C'est Dieu qui nous fait vivre,
        C'est Dieu qu'il faut aimer.

En vain, pour satisfaire à nos lasches envies,
Nous passons prés des rois tout le temps de nos vies

A souffrir des mépris et ployer les genoux;
Ce qu'ils peuvent n'est rien: ils sont comme nous sommes,
     Véritablement hommes,
     Et meurent comme nous.

Ont-ils rendu l'esprit, ce n'est plus que poussiere
Que cette majesté si pompeuse et si fiere
Dont l'éclat orgueilleux étonnait l'univers;
Et, dans ces grands tombeaux où leurs ames hautaines
     Font encore les vaines,
     Ils sont mangez des vers.

Là se perdent ces noms de maistres de la terre,
D'arbitres de la paix, de foudres de la guerre;
Comme ils n'ont plus de sceptre, ils n'ont plus de flatteurs,
Et tombent avecque eux d'une cheute commune
     Tous ceux que leur fortune
     Faisoit leurs serviteurs.

JEAN DE SPONDE
(1557–95)

Sonnets

Qui sont, qui sont ceux-là, dont le cœur idolâtre
Se jette aux pieds du Monde et flatte ses honneurs,
Et qui sont ces valets, et qui sont ces Seigneurs,
Et ces ames d'Ebene, et ces faces d'Albastre?

Ces masques desguisez, dont la troupe folastre
S'amuse à caresser je ne sçay quels donneurs
De fumees de Court, et ces entrepreneurs
De vaincre encor le ciel qu'ils ne peuvent combatre?

Qui sont ces louvoyeurs qui s'esloignent du Port?
Hommagers à la vie, et felons à la mort,
Dont l'estoille est leur Bien, le Vent leur fantasie?

Je vogue en mesme mer, et craindrois de perir
Si ce n'est que je sçay que ceste mesme vie
N'est rien que le fanal qui me guide au mourir.

★

Tout s'enfle contre moy, tout m'assaut, tout me tente,
Et le Monde et la chair, et l'Ange revolté,
Dont l'onde, dont l'effort, dont le charme inventé,
Et m'abisme, Seigneur, et m'esbranle et m'enchante.

Quelle nef, quel appuy, quelle oreille dormante,
Sans peril, sans tomber, et sans estre enchanté
Me donras-tu ton Temple où vit ta Sainteté,
Ton invincible main et ta voix si constante?

Et quoy? mon Dieu, je sens combattre maintesfois,
Encore avec ton Temple, et ta main, et ta voix,
Cest Ange revolté, ceste chair et ce Monde.

Mais ton Temple pourtant, ta main, ta voix sera
La nef, l'appuy, l'oreille, où ce charme perdra,
Où mourra cest effort, où se perdra ceste onde.

★

Mortels, qui des mortels avez pris vostre vie,
Vie qui meurt encor dans le tombeau du Corps,
Vous qui r'amoncelez vos tresors, des tresors
De ceux dont par la mort la vie fust ravie:

Vous qui voyant de morts leur mort entresuivie,
N'avez point de maisons que les maisons des morts,
Et ne sentez pourtant de la mort un remors,
D'où vient qu'au souvenir son souvenir s'oublie?

Est-ce que votre vie adorant ses douceurs
Deteste des pensers de la mort les horreurs,
Et ne puisse envier une contraire envie?

[202]

Mortels, chacun accuse, et j'excuse le tort
Qu'on forge en vostre oubli.   Un oubli d'une mort
Vous monstre un souvenir d'une eternelle vie.

*

Et quel bien de la Mort? où la vermine ronge
Tous ces nerfs, tous ces os; où l'Ame se depart
De ceste orde charongne, et se tient à l'escart,
Et laisse un souvenir de nous comme d'un songe?

Ce corps, qui dans la vie en ses grandeurs se plonge,
Si soudain dans la mort estouffera sa part,
Et sera ce beau Nom, qui tant partout s'espard,
Borné de vanité, couronné de mensonge.

A quoy ceste Ame, helas! et ce corps desunis?
Du commerce du monde hors du monde bannis?
A quoy ces nœuds si beaux que le Trespas deslie?

Pour vivre au Ciel il faut mourir plustost icy:
Ce n'en est pas pourtant le sentier racourcy,
Mais quoy? nous n'avons plus ny d'Henoc, ny d'Élie.

Stances de la Mort

…L'Esprit, qui n'est que feu, de ses desirs m'enflamme,
Et la Chair, qui n'est qu'eau, pleut des eaux sur ma flamme,
Mais ces eaux là pourtant n'esteignent point ce feu…

Sans ton aide, mon Dieu, ceste Chair orgueilleuse
Rendra de ce combat l'issuë perilleuse,
Car elle est en son regne, et l'autre est estranger.
La Chair sent le doux fruit des voluptez presentes,
L'Esprit ne semble avoir qu'un espoir des absentes.
Et le fruit pour l'espoir ne se doit point changer…

C'est assez enduré que de ceste vermine
La superbe insolence à ta grandeur domine,
Tu luy dois commander, cependant tu luy sers :
　　Tu dois purger la chair, et ceste chair te souille,
Voire, de te garder un desir te chatouille,
Mais cuidant te garder, mon Esprit, tu te perds...

　　Helas ! que cherches-tu dans ces relans abismes
Que tu noircis sans fin des horreurs de tes crimes ?
He ! que tastonnes-tu dans cette obscurité
　　Où ta clarté, du vent de Dieu mesme allumée,
Ne pousse que les flots d'une espaisse fumée,
Et contraint à la mort son immortalité ?...

　　O la plaisante Mort qui nous pousse à la Vie,
Vie qui ne craint plus d'estre encore ravie !
O le vivre cruel qui craint encor la Mort !
　　Ce vivre est une Mer où le bruyant orage
Nous menace à tous coups d'un asseuré naufrage :
Faisons, faisons naufrage, et jettons nous au Port...

　　Invisibles Beautez, Delices invisibles !
Ravissez-moi du creux de ces manoirs horribles,
Fondez-moy ceste chair et rompez-moy ces os :
　　Il faut passer vers vous à travers mon martyre,
Mon martyre en mourant : car hélas ! je desire
Commencer au travail et finir au repos.

　　Mais dispose, mon Dieu, ma tremblante impuissance
A ces pesans fardeaux de ton obéissance :
Si tu veux que je vive encore, je le veux.
　　Et quoy ? m'envies-tu ton bien que je souhaite ?
Car ce ne m'est que mal que la vie imparfaite,
Qui languit sur la terre, et qui vivroit aux Cieux.

　　Non, ce ne m'est que mal, mais mal plein d'esperance
Qu'apres les durs ennuis de ma longue souffrance,

Tu m'estendras ta main, mon Dieu, pour me guerir.
  Mais tandis que je couve une si belle envie
Puis qu'un bien est le but, et le bout de ma vie,
Apprens moy de bien vivre, afin de bien mourir.

Méditations sur les Psaumes

MATHURIN RÉGNIER
(1573–1613)

Contre les mauvais Poètes

…Lorsque l'on voit un homme par la rue,
Dont le rabat est sale, et la chausse rompue,
Ses gregues aux genoux, au coude son pourpoint,
Qui soit de pauvre mine, et qui soit mal en point ;
Sans demander son nom, on le peut reconnoistre ;
Car si ce n'est un poëte, au moins il le veut estre…
Cependant sans souliers, ceinture, ny cordon,
L'œil farouche et troublé, l'esprit à l'abandon,
Vous viennent accoster comme personnes yvres,
Et disent pour bon-jour, « Monsieur, je fais des livres,
On les vend au Palais, et les doctes du temps
A les lire amusez, n'ont autre passe-temps. »
De là, sans vous laisser, importuns ils vous suivent,
Vous alourdent de vers, d'alegresse vous privent,
Vous parlent de fortune, et qu'il faut acquérir
Du crédit, de l'honneur, avant que de mourir ;
Mais que pour leur respect l'ingrat siècle où nous sommes,
Au prix de la vertu n'estime point les hommes :
Que Ronsard, du Bellay, vivants ont eu du bien,
Et que c'est honte au Roy de ne leur donner rien.
Puis, sans qu'on les convie, ainsi que vénérables,
S'assiessent en Prélats les premiers à vos tables,
Où le caquet leur manque, et des dents discourant,
Semblent avoir des yeux regret au demeurant…

Si quelqu'un, comme moy, leurs ouvrages n'estime,
Il est lourd, ignorant, il n'ayme point la rime;
Difficile, hargneux, de leur vertu jaloux,
Contraire en jugement au commun bruit de tous...
Juste postérité, à tesmoin je t'appelle,
Toy qui, sans passion, maintiens l'œuvre immortelle,
Et qui selon l'esprit, la grace et le sçavoir,
De race en race au peuple un ouvrage fais voir:
Venge ceste querelle, et justement sépare
Du cigne d'Apollon la corneille barbare,
Qui croassant partout d'un orgueil effronté,
Ne couche de rien moins que l'immortalité...

Satyre II

Sonnets

O Dieu, si mes pechez irritent ta fureur,
Contrit, morne et dolent, j'espere en ta clemence,
Si mon duëil ne suffit à purger mon offence,
Que ta grace y supplée, et serve à mon erreur.

Mes esprits éperdus frissonnent de terreur,
Et ne voyant salut que par la penitence,
Mon cœur, comme mes yeux, s'ouvre à la repentance,
Et me hay tellement, que je m'en fais horreur.

Je pleure le present, le passé je regrette,
Je crains à l'avenir la faute que j'ay faite,
Dans mes rebellions je lis ton jugement.

Seigneur, dont la bonté nos injures surpasse,
Comme de Pere à fils uses-en doucement;
Si j'avois moins failly, moindre seroit ta grace.

Quand devot vers le ciel j'ose lever les yeux,
Mon cœur ravy s'emeut, et confus s'emerveille,
Comment, dis-je à part-moy, cette œuvre nompareille
Est-elle perceptible à l'esprit curieux?

Cet Astre ame du monde, œil unique des Cieux,
Qui travaille en repos, et jamais ne sommeille,
Pere immense du jour, dont la clarté vermeille,
Produit, nourrit, recrée, et maintient ces bas lieux.

Comment t'eblouïs-tu d'une flamme mortelle,
Qui du soleil vivant n'est pas une étincelle,
Et qui n'est devant luy sinon qu'obscurité?

Mais si de voir plus outre aux Mortels est loisible,
Croy bien, tu comprendras mesme l'infinité,
Et les yeux de la foi te la rendront visible.

★

Cependant qu'en la Croix plein d'amour infinie,
Dieu pour nostre salut tant de maux supporta,
Que par son juste sang nostre ame il racheta
Des prisons où la mort la tenoit asservie,

Alteré du desir de nous rendre la vie,
J'ay soif, dit-il aux Juifs; quelqu'un lors apporta
Du vinaigre, et du fiel, et le luy presenta;
Ce que voyant sa Mere en la sorte s'écrie:

Quoy! n'est-ce pas assez de donner le trepas
A celuy qui nourrit les hommes icy bas,
Sans frauder son desir, d'un si piteux breuvage?

Venez, tirez mon sang de ces rouges canaux,
Ou bien prenez ces pleurs qui noyent mon visage,
Vous serez moins cruels, et j'auray moins de maux.

Ouy, j'escry rarement, et me plais de le faire ;
Non pas que la paresse en moy soit ordinaire,
Mais si tost que je prends la plume à ce dessein
Je croy prendre en galère une rame en la main ;
Je sen, au second vers que la Muse me dicte,
Que contre sa fureur ma raison se despite.
   Or si par fois j'escry suivant mon ascendant,
Je vous jure, encor est-ce à mon corps deffendant.
L'astre qui de naissance à la Muse me lie
Me fait rompre la teste après ceste folie,
Que je recongnois bien ; mais pourtant, malgré moy,
Il faut que mon humeur fasse joug à sa loy ;
Que je demande en moy ce que je me desnie,
De mon âme et du ciel estrange tyrannie !
Et qui pis est, ce mal, qui m'afflige au mourir,
S'obstine aux recipez et ne se veut guarir ;
Plus on drogue ce mal et tant plus il s'empire ;
Il n'est point d'elebore assez en Anticire ;
Revesche à mes raisons, il se rend plus mutin,
Et ma philosophie y perd tout son latin.
Or pour estre incurable, il n'est pas nécessaire,
Patient en mon mal, que je m'y doive plaire ;
Au contraire, il m'en fasche et m'en desplais si fort
Que durant mon accez je voudrois estre mort :
Car lors qu'on me regarde et qu'on me juge un poëte,
Et qui par conséquent a la teste mal faite,
Confus en mon esprit, je suis plus desolé
Que si j'estois maraut, ou ladre ou verollé...
Dès le jour que Phœbus nous monstre la journée,
Comme un hiboux qui fuit la lumière et le jour,
Je me lève, et m'en vay dans le plus creux séjour
Que Royaumont recelle en ses forests secrettes,
Des renards et des loups les ombreuses retraittes.
Et là, malgré mes dents rongeant et ravassant,
Polissant les nouveaux, les vieux rapetassant,
Je fay des vers, qu'encor qu'Apollon les advouë,

Dedans la Cour, peut-estre, on leur fera la mouë;
Ou s'ils sont, à leur gré, bien faits et bien polis,
J'auray pour recompense: « Ils sont vrayment jolis. »
Mais moy, qui ne me reigle aux jugements des hommes,
Qui dedans et dehors cognoy ce que nous sommes;
Comme, le plus souvent, ceux qui sçavent le moings
Sont temerairement et juges et tesmoings,
Pour blasme ou pour louange ou pour froide parole
Je ne fay de leger banqueroute à l'escolle
Du bon homme Empedocle, où son discours m'apprend
Qu'en ce monde il n'est rien d'admirable et de grand
Que l'esprit desdaignant une chose bien grande,
Et qui, Roy de soy-mesme, à soy-mesme commande...

Satyre XV

FRANÇOIS MAYNARD
(1582–1646)

La Belle Vieille

Cloris, que dans mon cœur j'ay si longtemps servie;
Et que ma passion montre à tout l'Univers,
Ne veux-tu pas changer le destin de ma vie,
Et donner de beaux jours à mes derniers hyvers?

N'oppose plus ton deuil au bon-heur où j'aspire.
Ton visage est-il fait pour demeurer voilé?
Sors de ta nuit funèbre, et permets que j'admire
Les divines clairtez des yeux qui m'ont brûlé.

Où s'enfuit ta Prudence, acquise, et naturelle?
Qu'est-ce que ton Esprit a fait de sa vigueur?
La folle vanité de paroistre fidelle
Aux cendres d'un Jaloux, m'expose à ta rigueur.

Eusses-tu fait le vœu d'un éternel vefvage,
Pour l'honneur du Mary que ton lit a perdu;
Et trouvé des Cesars dans ton haut parentage;
Ton Amour est un bien qui m'est justement dû.

Qu'on a veu revenir de malheurs et de joyes!
Qu'on a veu trebucher de Peuples et de Rois!
Qu'on a pleuré d'Hectors! Qu'on a bruslé de Troyes,
Depuis que mon courage a fleschy sous tes Loix!

Ce n'est pas d'aujourd'huy que je suis ta Conqueste:
Huict Lustres ont suivy le jour où tu me pris;
Et j'ay fidellement aymé ta belle Teste
Sous des cheveux chasteins, et sous des cheveux gris.

C'est de tes jeunes yeux que mon ardeur est née;
C'est de leurs premiers traits que je fus abbatu:
Mais, tant que tu bruslas du flambeau d'Hymenée,
Mon Amour se cacha pour plaire à ta Vertu.

Je sçay de quel respect il faut que je t'honore,
Et mes ressentiments ne l'ont pas violé.
Si quelquefois j'ay dit le soin qui me devore,
C'est à des Confidens qui n'ont jamais parlé.

Pour adoucir l'aigreur des peines que j'endure,
Je me plains aux Rochers et demande conseil
A ces vieilles Forests, dont l'espaisse verdure
Fait de si belles nuits en despit du Soleil.

L'Ame pleine d'Amour et de Melancholie,
Et couché sur des fleurs, et sous des orangers,
J'ay monstré ma blessure aux deux Mers d'Italie,
Et fait dire ton nom aux Échos estrangers.

Ce Fleuve impérieux à qui tout fit hommage,
Et dont Neptune mesme endura le mépris,

A sçeu qu'en mon esprit j'adorois ton Image,
Au lieu de chercher Rome en ces vastes debris.

Cloris, la passion que mon cœur t'a jurée
Ne treuve point d'exemple aux siècles les plus vieux.
Amour et la Nature admirent la durée
Du feu de mes desirs, et du feu de tes Yeux.

La Beauté, qui te suit depuis ton premier âge,
Au déclin de tes jours ne veut pas te laisser;
Et le temps, orgueilleux d'avoir fait ton Visage
En conserve l'éclat, et craint de l'effacer.

Regarde sans frayeur la fin de toutes choses.
Consulte le Miroir avec des yeux contens.
On ne voit point tomber ny tes lys, ny tes roses;
Et l'hyver de ta vie est ton second printemps.

Pour moy, je cede aux ans; et ma teste chenuë
M'apprend qu'il faut quitter les hommes et le jour.
Mon sang se refroidit. Ma force diminuë;
Et je serois sans feu, si j'estois sans Amour.

C'est dans peu de matins que je croistray le nombre
De ceux à qui la Parque a ravy la clairté.
O! qu'on oyra souvent les plaintes de mon Ombre
Accuser tes mespris de m'avoir mal-traité.

Que feras-tu, Cloris, pour honnorer ma cendre?
Pourras-tu sans regret oüyr parler de moy?
Et le Mort, que tu plains, te pourra-t-il deffendre
De blâmer ta rigueur, et de loüer ma foy?

Si je voyais la fin de l'âge qui te reste,
Ma raison tomberoit sous l'excez de mon dueïl:
Je pleurerois sans cesse un mal-heur si funeste
Et ferois, jour et nuit, l'Amour à ton Cercueïl.

Rondeau contre l'Ingratitude du Siècle

O siècle ingrat! ô saison diffamée,
Où la vertu pauvre et mésestimée
Chez les puissants ne trouve que des croix!
Eh quoy! faut-il que mon luth et ma voix
Ne gagnent rien qu'un peu de renommée?

Toute ma force est desjà consumée.
Adieu la cour que j'ai si fort aimée!
Tu me contrains de mourir dans les bois,
      O siècle ingrat!

Mon épigramme innocente et limée,
A des beautés dont la France est charmée!
J'ay ravy Pinde et raffiné ses loix;
J'ay célébré les princes et les rois
Et tu ne m'as payé que de fumée,
      O siècle ingrat!

Margot

Cache ton corps soubs un habit funeste,
Ton lict, Margot, a perdu ses chalans;
Et tu n'es plus qu'un misérable reste
Du premier siècle, et des premiers galans.

Il est certain que tu vins sur la terre
Avant que Rome eût détrôné ses rois,
Et que tes yeux virent naistre la guerre
Qui mit les Grecs dans un cheval de bois.

La Mort hardie, et soubs qui tout succombe
N'ose envoyer ta carcasse à la tombe,
Et n'est pour toy qu'un impuissant Démon.

Veux-tu savoir quel siècle t'a portée?
Je te l'apprends.   Ton corps est du limon
Qui fut pétri des mains de Prométée.

Aux Muses

Je touche de mon pied le bord de l'autre monde :
L'âge m'oste le goust, la force et le sommeil,
Et l'on verra bientost naistre du fond de l'onde
La première clarté de mon dernier soleil.

Muses, je m'en vais dire au fantosme d'Auguste
Que sa rare bonté n'a plus d'imitateurs,
Et que l'esprit des grands fait gloire d'estre injuste
Aux belles passions de vos adorateurs.

Voulez-vous bien traitter ces fameux solitaires
A qui vos Deïtez découvrent leurs mystères?
Ne leur permettez plus des biens ny des emplois.

On met votre science au rang des choses vaines :
Et ceux qui veulent plaire aux favoris des rois
Arrachent vos lauriers et troublent vos fontaines.

HONORAT DE RACAN
(1589–1670)

Stances

Thirsis, il faut penser à faire la retraitte :
La course de nos jours est plus qu'à demy faite.
L'âge insensiblement nous conduit à la mort.
Nous avons assez veu sur la mer de ce monde
Errer au gré des flots nostre nef vagabonde ;
Il est temps de joüir des délices du port.

[213]

Le bien de la fortune est un bien perissable;
Quand on bastit sur elle on bastit sur le sable.
Plus on est eslevé, plus on court de dangers:
Les grands pins sont en bute aux coups de la tempeste,
Et la rage des vents brise plûtost le faiste
Des maisons de nos roys que des toicts des bergers.

O bien-heureux celuy qui peut de sa memoire
Effacer pour jamais ce vain espoir de gloire
Dont l'inutile soin traverse nos plaisirs,
Et qui, loin retiré de la foule importune,
Vivant dans sa maison content de sa fortune,
A selon son pouvoir mesuré ses desirs!

Il laboure le champ que labouroit son pere;
Il ne s'informe point de ce qu'on delibere
Dans ces graves conseils d'affaires accablez;
Il voit sans interest la mer grosse d'orages,
Et n'observe des vents les sinistres presages
Que pour le soin qu'il a du salut de ses bleds.

Roy de ses passions, il a ce qu'il desire,
Son fertile domaine est son petit empire;
Sa cabanne est son Louvre et son Fontainebleau;
Ses champs et ses jardins sont autant de provinces,
Et, sans porter envie à la pompe des princes,
Se contente chez luy de les voir en tableau.

Il voit de toutes parts combler d'heur sa famille,
La javelle à plein poing tomber sous la faucille,
Le vendangeur ployer sous le faix des paniers,
Et semble qu'à l'envi les fertilles montagnes,
Les humides valons et les grasses campagnes
S'efforcent à remplir sa cave et ses greniers.

Tantost il se promène au long de ses fontaines,
De qui les petits flots font luire dans les plaines
L'argent de leurs ruisseaux parmi l'or des moissons,

Tantost il se repose, avecque les bergères,
Sur des lits naturels de mousse et de fougères,
Qui n'ont autres rideaux que l'ombre des buissons.

Il souspire en repos l'ennuy de sa vieillesse,
Dans ce mesme foyer où sa tendre jeunesse
A veu dans le berceau ses bras emmaillottez;
Il tient par les moissons registre des années,
Et voit de temps en temps leurs courses enchaisnées
Vieillir avecque lui les bois qu'il a plantez…

Croy-moy, retirons-nous hors de la multitude,
Et vivons desormais loin de la servitude
De ces palais dorez où tout le monde accourt.
Sous un chesne eslevé les arbrisseaux s'ennuyent,
Et devant le soleil tous les astres s'enfuyent,
De peur d'estre obligez de luy faire la court…

Agreables deserts, sejour de l'innocence,
Où loin des vanitez, de la magnificence,
Commence mon repos et finit mon tourment;
Valons, fleuves, rochers, plaisante solitude,
Si vous fustes tesmoings de mon inquietude,
Soyez-le desormais de mon contentement.

THÉOPHILE DE VIAU
(1590–1626)

La Solitude

Dans ce val solitaire et sombre
Le cerf, qui brame au bruit de l'eau,
Penchant ses yeux dans un ruisseau
S'amuse à regarder son ombre.

De cette source une Naïade
Tous les soirs ouvre le portal

De sa demeure de crystal
Et nous chante une sérénade.

Les Nymphes que la chasse attire
A l'ombrage de ces forêts
Cherchent les cabinets secrets
Loin de l'embûche du satyre...

Un froid et ténébreux silence
Dort à l'ombre de ces ormeaux,
Et les vents battent les rameaux
D'une amoureuse violence...

Corine, je te prie, approche;
Couchons-nous sur ce tapis vert
Et pour être mieux à couvert
Entrons au creux de cette roche...

Prête-moi ton sein pour y boire
Des odeurs qui m'embaumeront;
Ainsi mes sens se pâmeront
Dans les lacs de tes bras d'ivoire.

Je baignerai mes mains folâtres
Dans les ondes de tes cheveux
Et ta beauté prendra les vœux
De mes œillades idolâtres...

Les vents qui ne se peuvent taire
Ne peuvent écouter aussi
Et ce que nous ferons ici
Leur est un inconnu mystère.

Ode

Un corbeau devant moi croasse,
Une ombre offusque mes regards;

Deux belettes et deux renards
Traversent l'endroit où je passe;
Les pieds faillent à mon cheval,
Mon laquais tombe du haut mal;
J'entends craqueter le tonnerre;
Un esprit se présente à moi;
J'ois Charon qui m'appelle à soi,
Je vois le centre de la terre.
Ce ruisseau remonte en sa source;
Un bœuf gravit sur un clocher;
Le sang coule de ce rocher;
Un aspic s'accouple d'une ourse;
Sur le haut d'une vieille tour
Un serpent déchire un vautour;
Le feu brûle dedans la glace;
Le Soleil est devenu noir;
Je vois la Lune qui va choir;
Cet arbre est sorti de sa place.

Le Matin

…La lune fuit devant nos yeux,
La nuit a retiré ses voiles,
Peu à peu le front des étoiles
S'unit à la couleur des cieux…

Déjà la diligente avette
Boit la marjolaine et le thym,
Et revient riche du butin
Qu'elle a pris sur le mont Hymette.

Je vois le genereux lion
Qui sort de sa demeure creuse,
Hérissant sa perruque affreuse,
Qui fait fuir Endimion.

Sa dame, entrant dans les bocages,
Compte les sangliers qu'elle a pris,
Ou devale chez les esprits
Errant aux sombres marécages.

Je vois les agneaux bondissants
Sur ces blés qui ne font que naître ;
Cloris, chantant, les mène paître
Parmi ces coteaux verdissants.

Les oiseaux, d'un joyeux ramage,
En chantant semblent adorer
La lumière qui vient dorer
Leur cabinet et leur plumage.

La charrue écorche la plaine ;
Le bouvier, qui suit les sillons,
Presse de voix et d'aiguillons
Le couple de bœufs qui l'entraine...

Une confuse violence
Trouble le calme de la nuit,
Et la lumière, avec le bruit,
Dissipe l'ombre et le silence.

Alidor cherche à son réveil
L'ombre d'Iris qu'il a baisée,
Et pleure en son âme abusée
La fuite d'un si doux sommeil.

Les bêtes sont dans leur tanière,
Qui tremblent de voir le soleil.
L'homme, remis par le sommeil,
Reprend son œuvre coutumière.

Le forgeron est au fourneau ;
Ois comme le charbon s'allume !

Le fer rouge, dessus l'enclume,
Étincelle sous le marteau.

Cette chandelle semble morte,
Le jour la fait évanouir;
Le soleil vient nous éblouir;
Vois qu'il passe au travers la porte!

Il est jour: levons-nous, Philis;
Allons à notre jardinage,
Voir s'il est, comme ton visage,
Semé de roses et de lys.

MARC-ANTOINE DE SAINT-AMANT
(1594–1661)

La Solitude

Oh que j'aime la solitude!
Que ces lieux sacrés à la nuit,
Éloignés du monde et du bruit,
Plaisent à mon inquiétude!
Mon Dieu, que mes yeux sont contents
De voir ces bois, qui se trouvèrent
A la nativité des temps,
Et que tous les siècles révèrent,
Être encore aussi beaux et verts
Qu'aux premiers jours de l'univers!...

Que je prends de plaisir à voir
Ces monts pendants en précipices,
Qui, pour les coups du désespoir,
Sont aux malheureux si propices,
Quand la cruauté de leur sort
Les force à rechercher la mort.

Que je trouve doux le ravage
De ces fiers torrents vagabonds,
Qui se précipitent par bonds
Dans ce vallon vert et sauvage !
Puis, glissant sous les arbrisseaux,
Ainsi que des serpents sur l'herbe,
Se changent en plaisants ruisseaux,
Où quelque naiade superbe
Règne comme en son lit natal,
Dessus un trône de cristal !...

Que j'aime à voir la décadence
De ces vieux châteaux ruinés,
Contre qui les ans mutinés
Ont déployé leur insolence !
Les sorciers y font leur sabbat ;
Les démons follets s'y retirent,
Qui d'un malicieux ébat
Trompent nos sens et nous martyrent ;
Là se nichent en mille trous
Les couleuvres et les hiboux.

L'orfraie, avec ses cris funèbres,
Mortels augures des destins,
Fait rire et danser les lutins
Dans ces lieux remplis de ténèbres.
Sous un chevron de bois maudit
Y branle le squelette horrible
D'un pauvre amant qui se pendit
Pour une bergère insensible
Qui, d'un seul regard de pitié,
Ne daigna voir son amitié...

Là, se trouvent sur quelques marbres,
Des devises du temps passé ;
Ici l'âge a presque effacé
Des chiffres taillés sur les arbres ;
Le plancher du lieu le plus haut

Est tombé jusque dans la cave,
Que la limace et le crapaud
Souillent de venin et de bave;
Le lierre y croît au foyer
A l'ombrage d'un grand noyer...

Le mauvais Logement

...Au clair de lune, qui luit
D'une lueur morne et blafarde,
Mon œil tout effrayé regarde
Voltiger mille oiseaux de nuit;
Les chauvesouris, les fresaies,[1]
Dont les cris sont autant de plaies
A l'oreille qui les entend,
Découpant l'air humide et sombre,
Percent jusqu'où mon corps s'étend,
Et le muguettent [2] comme une ombre...

Une troupe de farfadets
Différents de taille et de forme,
L'un ridicule, l'autre énorme,
S'y démène en diables-cadets.[3]
Ma visière [4] en est fascinée,
Mon ouïe en est subornée,
Ma cervelle en est hors de soi:
Bref, ces fabriqueurs d'impostures
Étalent tout autour de moi
Leurs grimaces et leurs postures...

Maints faux rayons éparpillés
En fanfreluches lumineuses
Offrent cent chimères hideuses
A mes regards en vain sillés.
Ma trop crédule fantaisie
En est si vivement saisie

Qu'elle-même se fait horreur,
Et, sentant comme elle se pâme,
Je me figure en cette erreur
Qu'on donne le moine ⁵ à mon âme.

Que si je pense m'endormir
Dans les moments de quelque trève,
Un incube aussitôt me crève,
Et rêvant je m'entr'ois gémir :
Enfin mes propres cris m'éveillent.
Enfin ces démons s'émerveillent
D'être quasi surpris du jour.
Ils font gille ⁶ à son arrivée,
Et la diane du tambour
M'avertit que l'aube est levée.

¹ *fresaies = chouettes*   ² *muguettent = font la cour*
³ *diables-cadets = diablotins*   ⁴ *ma visière = ma vue*
⁵ *donne le moine = tourmente*   ⁶ *ils font gille = ils décampent*

La Pipe

Assis sur un fagot, une pipe à la main,
Tristement accoudé contre une cheminée,
Les yeux fixés vers terre, et l'âme mutinée,
Je songe aux cruautés de mon sort inhumain.

L'espoir, qui me remet du jour au lendemain,
Essaye à gagner temps sur ma peine obstinée,
Et, me venant promettre une autre destinée,
Me fait monter plus haut qu'un empereur romain.

Mais à peine cette herbe est-elle mise en cendre,
Qu'en mon premier état il me convient descendre
Et passer mes ennuis à redire souvent :

Non, je ne trouve point beaucoup de différence
De prendre du tabac à vivre d'espérance,
Car l'un n'est que fumée et l'autre n'est que vent.

Les Goinfres

Coucher trois dans un drap, sans feu ni sans chandelle
Au profond de l'hiver, dans la salle aux fagots
Où les chats ruminants le langage des Goths
Nous éclairent sans cesse en rouant la prunelle.

Hausser notre chevet avec une escabelle,
Être deux ans à jeun comme les escargots,
Rêver en grimaçant ainsi que les magots
Qui, bâillant au soleil, se grattent sous l'aisselle.

Mettre au lieu de bonnet la coiffe d'un chapeau,
Prendre pour se couvrir la frise d'un manteau
Dont le dessus servit à nous doubler la panse.

Puis souffrir cent brocarts d'un vieux hôte irrité
Qui peut fournir à peine à la moindre dépense,
C'est ce qu'engendre enfin la prodigalité.

La Nuit

Paisible et solitaire nuit,
Sans lune et sans étoiles,
Renferme le jour qui me nuit
Dans tes plus sombres voiles;
Hâte tes pas, déesse, exauce-moi:
J'aime une brune comme toi.

J'aime une brune dont les yeux
Font dire à tout le monde
Que, quand Phébus quitte les cieux
Pour se cacher sous l'onde,

C'est de regret de se voir surmonté
Du vif éclat de leur beauté...

L'artisan, las de travailler,
Délaisse son ouvrage;
Sa femme, qui le voit bâiller,
En rit en son courage,
Et, l'œilladant, s'apprête à recevoir
Les fruits du nuptial devoir.

Les chats, presque enragés d'amour,
Grondent dans les gouttières;
Les loups-garous, fuyant le jour,
Hurlent aux cimetières
Et les enfants, transis d'être tout seuls,
Couvrent leurs têtes de linceuls.

Le clocheteur des trépassés,
Sonnant de rue en rue,
De frayeur rend leurs cœurs glacés
Bien que leur corps en sue;
Et mille chiens, oyant sa triste voix,
Lui répondent à longs abois...

TRISTAN L'HERMITE
(1601–55)

Le Promenoir des deux Amants

Auprès de cette grotte sombre
Où l'on respire un air si doux,
L'onde lutte avec les cailloux
Et la lumière avecque l'ombre.

Ces flots lassés de l'exercice
Qu'ils ont fait dessus ce gravier

Se reposent dans ce vivier
Où mourut autrefois Narcisse.

C'est un des miroirs où le Faune
Vient voir si son teint cramoisi,
Depuis que l'Amour l'a saisi,
Ne serait pas devenu jaune.

L'ombre de cette fleur vermeille,
Et celle de ces joncs pendants
Paraissent être là-dedans
Les songes de l'eau qui sommeille...

Jamais les vents ni le tonnerre
N'ont troublé la paix de ces lieux;
Et la complaisance des Cieux
Y sourit toujours à la Terre.

Crois mon conseil, chère Climène,
Pour laisser arriver le soir,
Je te prie, allons nous asseoir
Sur le bord de cette fontaine.

N'ois-tu pas soupirer Zéphire,
De merveille et d'amour atteint,
Voyant des roses sur ton teint
Qui ne sont pas de son empire?

Sa bouche d'odeur toute pleine
A soufflé sur notre chemin,
Mêlant un esprit de jasmin
A l'ambre de ta douce haleine.

Penche la tête sur cette onde
Dont le cristal paraît si noir;
Je t'y veux faire apercevoir
L'objet le plus charmant du monde.

Veux-tu par un doux privilège
Me mettre au-dessus des humains?
Fais-mois boire au creux de tes mains
Si l'eau n'en dissout point la neige...

Les Amours

Sonnet

C'est fait de mes Destins, je commence à sentir
Les incommodités que la vieillesse apporte.
Déjà la pâle mort pour me faire partir,
D'un pied sec et tremblant vient frapper à ma porte.

Ainsi que le soleil sur la fin de son cours
Paraît plutôt tomber que descendre dans l'Onde;
Lors que l'homme a passé les plus beaux de ses jours,
D'une course rapide il passe en l'autre Monde.

Il faut éteindre en nous tous frivoles désirs,
Il faut nous détacher des terrestres plaisirs
Où sans discrétion notre appétit nous plonge.

Sortons de ces erreurs par un sage conseil;
Et, cessant d'embrasser les images d'un songe,
Pensons à nous coucher pour le dernier sommeil.

Les Vers héroïques

PIERRE CORNEILLE
(1606–84)

O rage! ô désespoir!...

O rage! ô désespoir! ô vieillesse ennemie!
N'ai-je donc tant vécu que pour cette infamie?

Et ne suis-je blanchi dans les traveaux guerriers
Que pour voir en un jour flétrir tant de lauriers?
Mon bras, qu'avec respect toute l'Espagne admire,
Mon bras, qui tant de fois a sauvé cet empire,
Tant de fois affermi le trône de son roi,
Trahit donc ma querelle, et ne fait rien pour moi?
O cruel souvenir de ma gloire passée!
Œuvre de tant de jours en un jour effacée!
Nouvelle dignité, fatale à mon bonheur!
Précipice élevé d'où tombe mon honneur!
Faut-il de votre éclat voir triompher le comte,
Et mourir sans vengeance, ou vivre dans la honte?
Comte, sois de mon prince à présent gouverneur:
Ce haut rang n'admet point un homme sans honneur;
Et ton jaloux orgueil, par cet affront insigne,
Malgré le choix du roi m'en a su rendre indigne.
Et toi, de mes exploits glorieux instrument,
Mais d'un corps tout de glace inutile ornement,
Fer jadis tant à craindre, et qui dans cette offense
M'as servi de parade, et non pas de défense,
Va, quitte désormais le dernier des humains,
Passe pour me venger en de meilleures mains.

Le Cid (Acte I, Scène IV)

Qu'on est digne d'envie...

Qu'on est digne d'envie,
Lorsqu'en perdant la force on perd aussi la vie,
Et qu'un long âge apprête aux hommes généreux,
Au bout de leur carrière, un destin malheureux!
Moi, dont les longs travaux ont acquis tant de gloire,
Moi, que jadis partout a suivi la victoire,
Je me vois aujourd'hui, pour avoir trop vécu,
Recevoir un affront, et demeurer vaincu.
Ce que n'a pu jamais combat, siège, embuscade,
Ce que n'a pu jamais Aragon, ni Grenade,

Ni tous vos ennemis, ni tous mes envieux,
Le comte en votre cour l'a fait presqu'à vos yeux,
Jaloux de votre choix, et fier de l'avantage
Que lui donnait sur moi l'impuissance de l'âge.

    Sire, ainsi ces cheveux blanchis sous le harnois,
Ce sang pour vous servir prodigué tant de fois,
Ce bras jadis l'effroi d'une armée ennemie,
Descendaient au tombeau tout chargés d'infamie,
Si je n'eusse produit un fils digne de moi,
Digne de son pays, et digne de son roi.
Il m'a prêté sa main, il a tué le comte,
Il m'a rendu l'honneur, il a lavé ma honte.
Si montrer du courage et du ressentiment,
Si venger un soufflet mérite un châtiment,
Sur moi seul doit tomber l'éclat de la tempête :
Quand le bras a failli, l'on en punit la tête.
Qu'on nomme crime ou non ce qui fait nos débats,
Sire, j'en suis la tête, il n'en est que le bras.
Si Chimène se plaint qu'il a tué son père,
Il ne l'eût jamais fait, si je l'eusse pu faire.
Immolez donc ce chef que les ans vont ravir,
Et conservez pour vous le bras qui peut servir.
Aux dépens de mon sang satisfaites Chimène :
Je n'y résiste point, je consens à ma peine ;
Et, loin de murmurer d'un rigoureux décret,
Mourant sans déshonneur, je mourrai sans regret.

Le Cid (Acte II, Scène VIII)

Cette obscure clarté...

...Cette obscure clarté qui tombe des étoiles
Enfin avec le flux nous fait voir trente voiles ;
L'onde s'enfle dessous, et d'un commun effort
Les Maures et la mer montent jusques au port.
On les laisse passer ; tout leur paraît tranquille ;
Point de soldats au port, point aux murs de la ville.

Notre profond silence abusant leurs esprits,
Ils n'osent plus douter de nous avoir surpris;
Ils abordent sans peur, ils ancrent, ils descendent
Et courent se livrer aux mains qui les attendent.
Nous nous levons alors, et tous en même temps
Poussons jusques au ciel mille cris éclatants.
Les nôtres, à ces cris, de nos vaisseaux répondent;
Ils paraissent armés, les Maures se confondent,
L'épouvante les prend à demi descendus;
Avant que de combattre ils s'estiment perdus.
Ils couraient au pillage, et rencontrent la guerre;
Nous les pressons sur l'eau, nous les pressons sur terre,
Et nous faisons courir des ruisseaux de leur sang
Avant qu'aucun résiste ou reprenne son rang.
Mais bientôt, malgré nous, leurs princes les rallient,
Leur courage renaît, et leurs terreurs s'oublient.
La honte de mourir sans avoir combattu
Arrête leur désordre et leur rend leur vertu.
Contre nous de pied ferme ils tirent leurs alfanges,
De notre sang au leur font d'horribles mélanges;
Et la terre, et le fleuve, et leur flotte, et le port
Sont des champs de carnage où triomphe la mort.
    O combien d'actions, combien d'exploits célèbres
Sont demeurés sans gloire au milieu des ténèbres,
Où chacun, seul témoin des grands coups qu'il donnait,
Ne pouvait discerner où le sort inclinait!
J'allais de tous côtés encourager les nôtres,
Faire avancer les uns et soutenir les autres,
Ranger ceux qui venaient, les pousser à leur tour,
Et ne l'ai pu savoir jusques au point du jour.
Mais enfin sa clarté montre notre avantage;
Le Maure voit sa perte, et perd soudain courage,
Et voyant un renfort qui nous vient secourir,
L'ardeur de vaincre cède à la peur de mourir.
Ils gagnent leurs vaisseaux, ils en coupent les câbles,
Nous laissent pour adieux des cris épouvantables,
Font retraite en tumulte, et sans considérer
Si leurs rois avec eux peuvent se retirer.

Ainsi leur devoir cède à la frayeur plus forte :
Le flux les apporta, le reflux les remporte,
Cependant que leurs rois, engagés parmi nous,
Et quelque peu des leurs, tous percés de nos coups,
Disputent vaillamment et vendent bien leur vie ;
A se rendre moi-même en vain je les convie ;
Le cimeterre au poing ils ne m'écoutent pas :
Mais voyant à leurs pieds tomber tous leurs soldats,
Et que seuls désormais en vain ils se défendent,
Ils demandent le chef ; je me nomme, ils se rendent ;
Je vous les envoyai tous deux en même temps,
Et le combat cessa, faute de combattants.

Le Cid (*Acte IV, Scène III*)

Je crois faire pour elle...

CURIACE

...Je crois faire pour elle autant que vous pour Rome ;
J'ai le cœur aussi bon, mais enfin je suis homme :
Je vois que votre honneur demande tout mon sang,
Que tout le mien consiste à vous percer le flanc ;
Près d'épouser la sœur, qu'il faut tuer le frère,
Et que pour mon pays j'ai le sort si contraire.
Encor qu'à mon devoir je coure sans terreur,
Mon cœur s'en effarouche, et j'en frémis d'horreur ;
J'ai pitié de moi-même, et jette un œil d'envie
Sur ceux dont notre guerre a consumé la vie ;
Sans souhait toutefois de pouvoir reculer.
Ce triste et fier honneur m'émeut sans m'ébranler ;
J'aime ce qu'il me donne, et je plains ce qu'il m'ôte ;
Et si Rome demande une vertu plus haute,
Je rends grâces aux dieux de n'être pas Romain,
Pour conserver encor quelque chose d'humain.

HORACE

Si vous n'êtes Romain, soyez digne de l'être;
Et si vous m'égalez, faites-le mieux paraître...
Rome a choisi mon bras, je n'examine rien.
Avec une allégresse aussi pleine et sincère
Que j'épousai la sœur, je combattrai le frère;
Et pour trancher enfin ces discours superflus,
Albe vous a nommé, je ne vous connais plus.

CURIACE

Je vous connais encore, et c'est ce qui me tue;
Mais cette âpre vertu ne m'était pas connue;
Comme notre malheur elle est au plus haut point:
Souffrez que je l'admire et ne l'imite point.

Horace (Acte II, Scène III)

Stances de Polyeucte

Source délicieuse, en misères féconde,
Que voulez-vous de moi, flatteuses voluptés?
Honteux attachements de la chair et du monde,
Que ne me quittez-vous quand je vous ai quittés?
Allez, honneurs, plaisirs, qui me livrez la guerre;
    Toute votre félicité,
    Sujette à l'instabilité,
    En moins de rien tombe par terre;
    Et, comme elle a l'éclat du verre,
    Elle en a la fragilité...

Saintes douceurs du ciel, adorables idées,
Vous remplissez un cœur qui vous peut recevoir;
De vos sacrés attraits les âmes possédées
Ne conçoivent plus rien qui les puisse émouvoir.
Vous promettez beaucoup et donnez davantage:
    Vos biens ne sont point inconstants;

Et l'heureux trépas que j'attends
Ne vous sert que d'un doux passage
Pour nous introduire au partage
Qui nous rend à jamais contents.

C'est vous, ô feu divin que rien ne peut éteindre,
Qui m'allez faire voir Pauline sans la craindre.
  Je la vois ; mais mon cœur, d'un saint zèle enflammé,
N'en goûte plus l'appas dont il était charmé ;
Et mes yeux, éclairés des célestes lumières,
Ne trouvent plus aux siens leurs grâces coutumières.

Polyeucte (*Acte IV, Scène II*)

Parle, parle, Seigneur...

Parle, parle, Seigneur, ton serviteur écoute,
Je dis ton serviteur car enfin je le suis,
Je le suis, je veux l'être, et marcher dans ta route
                 Et les jours et les nuits...

Je ne veux ni Moïse à m'enseigner tes voies,
Ni quelque autre prophète à m'expliquer tes lois,
C'est toi qui les instruis, c'est toi qui les envoies
                 Dont je cherche la voix...

Ils sèment la parole obscure, simple et nue,
Mais dans l'obscurité tu rends l'œil clairvoyant,
Et joins du haut du Ciel à la lettre qui tue
                 L'esprit vivifiant...

Ils n'arrosent sans toi que les dehors de l'âme,
Mais sa fécondité veut ton bras souverain ;
Mais tout ce qui l'éclaire, et tout ce qui l'enflamme
                 Ne part que de ta main.

Ces prophètes enfin ont beau crier et dire,
Ce ne sont que des voix, ce ne sont que des cris,
Si pour en profiter l'esprit qui les inspire
    Ne touche nos esprits.

Silence donc, Moïse! et toi, parle en sa place,
Éternelle, immuable, immense Vérité;
Parle, que je ne meure enfoncé dans la glace
    De ma stérilité...

Parle pour consoler mon âme inquiétée;
Parle pour la conduire à quelque amendement;
Parle, afin que ta gloire ainsi plus exaltée
    Croisse éternellement.

L'Imitation de Jésus-Christ (*Livre III, chapitre II*)

JEAN DE LA FONTAINE
(1621–95)

Lamentation de Vénus sur Adonis

Après mille sanglots enfin elle s'écrie:
« Mon amour n'a donc pu te faire aimer la vie!
Tu me quittes, cruel! Au moins ouvre les yeux,
Montre-toi plus sensible à mes tristes adieux;
Vois de quelles douleurs ton amante est atteinte!
Hélas! j'ai beau crier: il est sourd à ma plainte.
Une éternelle nuit l'oblige à me quitter;
Mes pleurs ni mes soupirs ne peuvent l'arrêter.
Encor si je pouvais le suivre en ces lieux sombres!
Que ne m'est-il permis d'errer parmi les ombres!
Destins, si vous vouliez le voir si tôt périr,
Fallait-il m'obliger à ne jamais mourir?
Malheureuse Vénus, que te servent ces larmes?
Vante-toi maintenant du pouvoir de tes charmes:
Ils n'ont pu du trépas exempter tes amours;

[233]

Tu vois qu'ils n'ont pu même en prolonger les jours.
Je ne demandais pas que la Parque cruelle
Prît à filer leur trame une peine éternelle;
Bien loin que mon pouvoir l'empêchât de finir,
Je demande un moment, et ne puis l'obtenir.
Noires divinités du ténébreux empire,
Dont le pouvoir s'étend sur tout ce qui respire,
Rois des peuples légers, souffrez que mon amant
De son triste départ me console un moment.
Vous ne le perdrez point : le trésor que je pleure
Ornera tôt ou tard votre sombre demeure.
Quoi ! vous me refusez un présent si léger !
Cruels, souvenez-vous qu'Amour m'en peut venger :
Et vous, antres cachés, favorables retraites,
Où nos cœurs ont goûté des douceurs si secrètes,
Grottes, qui tant de fois avez vu mon amant
Me raconter des yeux son fidèle tourment,
Lieux amis du repos, demeures solitaires,
Qui d'un trésor si rare étiez dépositaires,
Déserts, rendez-le-moi !... »

Adonis

Hymne à la Volupté

O douce Volupté, sans qui, dès notre enfance,
Le vivre et le mourir nous deviendraient égaux;
Aimant universel de tous les animaux,
Que tu sais attirer avecque violence !
　　　Par toi tout se meut ici-bas.
　　　C'est pour toi, c'est pour tes appas
　　　Que nous courons après la peine.
　　　Il n'est soldat, ni capitaine,
Ni ministre d'État, ni prince, ni sujet,
　　　Qui ne t'ait pour unique objet.
Nous autres nourrissons, si, pour fruit de nos veilles,
Un bruit délicieux ne charmait nos oreilles,
Si nous ne nous sentions chatouillés de ce son,
　　　Ferions-nous un mot de chanson ?

Ce qu'on appelle gloire en termes magnifiques,
Ce qui servait de prix dans les jeux olympiques,
N'est que toi proprement, divine Volupté.
Et le plaisir des sens n'est-il de rien compté?
      Pour qui sont faits les dons de Flore,
      Le Soleil couchant et l'Aurore,
      Pomone et ses mets délicats,
      Bacchus, l'âme des bons repas,
      Les forêts, les eaux, les prairies,
      Mères des douces rêveries?
Pour quoi tant de beaux arts, qui tous sont tes enfants?
Mais pour quoi les Chloris aux appas triomphants,
      Que pour maintenir ton commerce?
J'entends innocemment : sur son propre désir
      Quelque rigueur que l'on exerce,
      Encore y prend-on du plaisir.

Volupté, Volupté, qui fus jadis maîtresse
      Du plus bel esprit de la Grèce,
Ne me dédaigne pas, viens-t'en loger chez moi;
      Tu n'y seras pas sans emploi:
J'aime le jeu, l'amour, les livres, la musique,
La ville et la campagne, enfin tout; il n'est rien
      Qui ne me soit souverain bien,
Jusqu'au sombre plaisir d'un cœur mélancolique.
Viens donc; et de ce bien, ô douce Volupté,
Veux-tu savoir au vrai la mesure certaine?
Il m'en faut tout au moins un siècle bien compté;
      Car trente ans, ce n'est pas la peine.

Les Amours de Psyché et de Cupidon

Les Plaintes de Psyché

« Que nos plaisirs passés augmentent nos supplices!
Qu'il est dur d'éprouver, après tant de délices,
      Les cruautés du sort!

Fallait-il être heureuse avant d'être coupable?
Et si de me haïr, Amour, tu fus capable,
　　　Pourquoi m'aimer d'abord?

Que ne punissais-tu mon crime par avance?
Il est bien temps d'ôter à mes yeux ta présence
　　　Quand tu luis dans mon cœur!
Encor si j'ignorais la moitié de tes charmes!
Mais je les ai tous vus: j'ai vu toutes les armes
　　　Qui te rendent vainqueur.

J'ai vu la Beauté même et les Grâces dormantes,
Un doux ressouvenir de cent choses charmantes
　　　Me suit dans les déserts.
L'image de ces biens rend mes maux cent fois pires.
Ma mémoire me dit: Quoi, Psyché, tu respires
　　　Après ce que tu perds?

Cependant il faut vivre: Amour m'a fait défense
D'attenter sur des jours qu'il tient en sa puissance,
　　　Tout malheureux qu'ils sont.
Le cruel veut, hélas! que mes mains soient captives.
Je n'ose me soustraire aux peines excessives
　　　Que mes remords me font. »

C'est ainsi qu'en un bois Psyché contait aux arbres
Sa douleur dont l'excès faisait fendre les marbres
　　　Habitants de ces lieux.
Rochers, qui l'écoutiez avec quelque tendresse,
Souvenez-vous des pleurs qu'au fort de sa tristesse
　　　Ont versés ses beaux yeux.
　　　　　　　Les Amours de Psyché et de Cupidon

La Mort et le Bûcheron

Un pauvre Bûcheron, tout couvert de ramée,
Sous le faix du fagot aussi bien que des ans

Gémissant et courbé, marchait à pas pesants,
Et tâchait de gagner sa chaumine enfumée.
Enfin, n'en pouvant plus d'effort et de douleur,
Il met bas son fagot, il songe à son malheur.
Quel plaisir a-t-il eu depuis qu'il est au monde?
En est-il un plus pauvre en la machine ronde?
Point de pain quelquefois, et jamais de repos:
Sa femme, ses enfants, les soldats, les impôts,
         Le créancier, et la corvée,
Lui font d'un malheureux la peinture achevée.
Il appelle la Mort; elle vient sans tarder,
         Lui demande ce qu'il faut faire.
         C'est, dit-il, afin de m'aider
A recharger ce bois; tu ne tarderas guère.

         Le trépas vient tout guérir;
         Mais ne bougeons d'où nous sommes:
         Plutôt souffrir que mourir,
         C'est la devise des hommes.

                                        Fables (I, *16*)

La Mort et le Mourant

...Un mourant, qui comptait plus de cent ans de vie,
Se plaignait à la Mort que précipitamment
Elle le contraignait de partir tout à l'heure,
         Sans qu'il eût fait son testament,
Sans l'avertir au moins. « Est-il juste qu'on meure
Au pied levé? dit-il: attendez quelque peu;
Ma femme ne veut pas que je parte sans elle;
Il me reste à pourvoir un arrière-neveu;
Souffrez qu'à mon logis j'ajoute encore une aile.
Que vous êtes pressante, ô Déesse cruelle!
— Vieillard, lui dit la Mort, je ne t'ai point surpris;
Tu te plains sans raison de mon impatience:
Eh! n'as-tu pas cent ans? Trouve-moi dans Paris
Deux mortels aussi vieux; trouve-m'en dix en France.

Je devais, ce dis-tu, te donner quelque avis
       Qui te disposât à la chose :
       J'aurais trouvé ton testament tout fait,
Ton petit-fils pourvu, ton bâtiment parfait.
Ne te donna-t-on pas des avis, quand la cause
       Du marcher et du mouvement,
       Quand les esprits, le sentiment,
Quand tout faillit en toi ? Plus de goût, plus d'ouïe ;
Toute chose pour toi semble être évanouie ;
Pour toi l'astre du jour prend des soins superflus :
Tu regrettes des biens qui ne te touchent plus.
       Je t'ai fait voir tes camarades
       Ou morts, ou mourants, ou malades ;
Qu'est-ce que tout cela, qu'un avertissement ?
       Allons, vieillard, et sans réplique.
       Il n'importe à la République
       Que tu fasses ton testament. »
La Mort avait raison : je voudrais qu'à cet âge
On sortît de la vie ainsi que d'un banquet,
Remerciant son hôte ; et qu'on fît son paquet :
Car de combien peut-on retarder le voyage ?
Tu murmures, vieillard ; vois ces jeunes mourir,
       Vois-les marcher, vois-les courir
A des morts, il est vrai, glorieuses et belles,
Mais sûres cependant, et quelquefois cruelles.
J'ai beau te le crier ; mon zèle est indiscret :
Le plus semblable aux morts meurt le plus à regret.

Fables (VIII, 1)

Les Animaux malades de la Peste

       Un mal qui répand la terreur,
       Mal que le ciel en sa fureur
Inventa pour punir les crimes de la terre,
La peste (puisqu'il faut l'appeler par son nom),
Capable d'enrichir en un jour l'Achéron,
       Faisait aux animaux la guerre.

Ils ne mouraient pas tous, mais tous étaient frappés:
                On n'en voyait point d'occupés
A chercher le soutien d'une mourante vie;
                Nul mets n'excitait leur envie;
                Ni loups ni renards n'épiaient
                La douce et l'innocente proie.
                Les tourterelles se fuyaient;
                Plus d'amour, partant plus de joie.
Le lion tint conseil, et dit: « Mes chers amis,
                Je crois que le ciel a permis
                Pour nos péchés cette infortune.
                Que le plus coupable de nous
Se sacrifie aux traits du céleste courroux;
Peut-être il obtiendra la guérison commune.
L'histoire nous apprend qu'en de tels accidents
                On fait de pareils dévouements.
Ne nous flattons donc point; voyons sans indulgence
                L'état de notre conscience.
Pour moi, satisfaisant mes appétits gloutons,
                J'ai dévoré force moutons.
                Que m'avaient-ils fait? nulle offense;
Même il m'est arrivé quelquefois de manger
                Le berger.
Je me dévouerai donc, s'il le faut: mais je pense
Qu'il est bon que chacun s'accuse ainsi que moi;
Car on doit souhaiter, selon toute justice,
                Que le plus coupable périsse.
— Sire, dit le renard, vous êtes trop bon roi;
Vos scrupules font voir trop de délicatesse.
Eh bien! manger moutons, canaille, sotte espèce,
Est-ce un péché? Non, non. Vous leur fîtes, seigneur,
                En les croquant, beaucoup d'honneur;
                Et quant au berger, l'on peut dire
                Qu'il était digne de tous maux,
Étant de ces gens là qui sur les animaux
                Se font un chimérique empire. »
Ainsi dit le renard; et flatteurs d'applaudir.
                On n'osa trop approfondir

Du tigre, ni de l'ours, ni des autres puissances,
       Les moins pardonnables offenses:
Tous les gens querelleurs, jusqu'aux simples mâtins,
Au dire de chacun, étaient de petits saints.
L'âne vint à son tour, et dit: « J'ai souvenance
       Qu'en un pré de moines passant,
La faim, l'occasion, l'herbe tendre, et, je pense,
       Quelque diable aussi me poussant,
Je tondis de ce pré la largeur de ma langue:
Je n'en avais nul droit, puisqu'il faut parler net. »
A ces mots, on cria haro sur le baudet.
Un loup, quelque peu clerc, prouva par sa harangue
Qu'il fallait dévouer ce maudit animal,
Ce pelé, ce galeux, d'où venait tout le mal.
Sa peccadille fut jugée un cas pendable.
Manger l'herbe d'autrui! quel crime abominable!
       Rien que la mort n'était capable
D'expier son forfait. On le lui fit bien voir.

Selon que vous serez puissant ou misérable,
Les jugements de cour vous rendront blanc ou noir.

                                   Fables (VII, 1)

Les deux Pigeons

…Amants, heureux amants, voulez-vous voyager?
       Que ce soit aux rives prochaines.
Soyez-vous l'un à l'autre un monde toujours beau,
       Toujours divers, toujours nouveau;
Tenez-vous lieu de tout, comptez pour rien le reste.
J'ai quelquefois aimé: je n'aurais pas alors,
       Contre le Louvre et ses trésors,
Contre le firmament et sa voûte céleste,
       Changé les bois, changé les lieux
Honorés par les pas, éclairés par les yeux
       De l'aimable et jeune bergère
       Pour qui, sous le fils de Cythère,

Je servis, engagé par mes premiers serments.
Hélas ! quand reviendront de semblables moments ?
Faut-il que tant d'objets si doux et si charmants
Me laissent vivre au gré de mon âme inquiète ?
Ah ! si mon cœur osait encor se renflammer !
Ne sentirai-je plus de charme qui m'arrête ?
      Ai-je passé le temps d'aimer ?

Fables (IX, 2)

NICOLAS BOILEAU
(1636–1711)

Épître à Racine

Que tu sais bien, Racine, à l'aide d'un acteur,
Émouvoir, étonner, ravir un spectateur !
Jamais Iphigénie, en Aulide immolée,
N'a coûté tant de pleurs à la Grèce assemblée
Que dans l'heureux spectacle à nos yeux étalé
En a fait sous son nom verser la Champmeslé.
Ne crois pas toutefois, par tes savants ouvrages,
Entraînant tous les cœurs, gagner tous les suffrages.
Sitôt que d'Apollon un génie inspiré
Trouve loin du vulgaire un chemin ignoré,
En cent lieux contre lui les cabales s'amassent ;
Ses rivaux obscurcis autour de lui croassent ;
Et son trop de lumière, importunant les yeux,
De ses propres amis lui fait des envieux ;
La mort seule ici-bas, en terminant sa vie,
Peut calmer sur son nom l'injustice et l'envie,
Faire au poids du bon sens peser tous ses écrits
Et donner à ses vers leur légitime prix.

    Avant qu'un peu de terre obtenu par prière
Pour jamais sous la tombe eût enfermé Molière,
Mille de ces beaux traits, aujourd'hui si vantés,
Furent des sots esprits à nos yeux rebutés.

L'ignorance et l'erreur à ses naissantes pièces,
En habit de marquis, en robes de comtesses,
Venaient pour diffamer son chef-d'œuvre nouveau
Et secouaient la tête à l'endroit le plus beau.
Le commandeur voulait la scène plus exacte ;
Le vicomte indigné sortait au second acte :
L'un, défenseur zélé des bigots mis en jeu,
Pour prix de ses bons mots le condamnait au feu ;
L'autre, fougueux marquis, lui déclarant la guerre,
Voulait venger la cour immolée au parterre.
Mais, sitôt que d'un trait de ses fatales mains
La Parque l'eût rayé du nombre des humains,
On reconnut le prix de sa muse éclipsée.
L'aimable comédie, avec lui terrassée,
En vain d'un coup si rude espéra revenir
Et sur ses brodequins ne put plus se tenir...

     Toi donc qui, t'élevant sur la scène tragique,
Suis les pas de Sophocle, et, seul de tant d'esprits,
De Corneille vieilli sais consoler Paris,
Cesse de t'étonner si l'envie animée,
Attachant à ton nom sa rouille envenimée,
La calomnie en main, quelquefois te poursuit.
En cela, comme en tout, le ciel qui nous conduit,
Racine, fait briller sa profonde sagesse.
Le mérite en repos s'endort dans la paresse ;
Mais par les envieux un génie excité
Au comble de son art est mille fois monté :
Plus on veut l'affaiblir, plus il croît et s'élance.
Au Cid persécuté Cinna doit sa naissance :
Et peut-être ta plume aux censeurs de Pyrrhus
Doit les plus nobles traits dont tu peignis Burrhus...

     Que peut contre tes vers une ignorance vaine ?
Le Parnasse français, ennobli par ta veine,
Contre tous ces complots saura te maintenir
Et soulever pour toi l'équitable avenir.
Et qui, voyant un jour la douleur vertueuse

De Phèdre malgré soi perfide, incestueuse,
D'un si noble travail justement étonné,
Ne bénira d'abord le siècle fortuné
Qui, rendu plus fameux par tes illustres veilles,
Vit naître sous ta main ces pompeuses merveilles?...

JEAN RACINE
(1639–99)

Songe, songe, Céphise...

...Songe, songe, Céphise, à cette nuit cruelle
Qui fut pour tout un peuple une nuit éternelle;
Figure-toi Pyrrhus, les yeux étincelants,
Entrant à la lueur de nos palais brûlants,
Sur tous mes frères morts se faisant un passage,
Et, de sang tout couvert, échauffant le carnage;
Songe aux cris des vainqueurs, songe aux cris des mourants
Dans la flamme étouffés, sous le fer expirants;
Peins-toi dans ces horreurs Andromaque éperdue:
Voilà comme Pyrrhus vint s'offrir à ma vue,
Voilà par quels exploits il sut se couronner;
Enfin, voilà l'époux que tu me veux donner.
Non, je ne serai point complice de ses crimes;
Qu'il nous prenne, s'il veut, pour dernières victimes.
Tous mes ressentiments lui seraient asservis!

Andromaque (Acte III, Scène VIII)

Je ne t'ai point aimé...

...Je ne t'ai point aimé, cruel! Qu'ai-je donc fait?
J'ai dédaigné pour toi les vœux de tous nos princes;
Je t'ai cherché moi-même au fond de tes provinces;
J'y suis encor, malgré tes infidélités,
Et malgré tous mes Grecs, honteux de mes bontés;

[243]

Je leur ai commandé de cacher mon injure ;
J'attendais en secret le retour d'un parjure ;
J'ai cru que tôt ou tard, à ton devoir rendu,
Tu me rapporterais un cœur qui m'était dû.
Je t'aimais inconstant, qu'aurais-je fait fidèle ?
Et même en ce moment, où ta bouche cruelle
Vient si tranquillement m'annoncer le trépas,
Ingrat, je doute encor si je ne t'aime pas.
Mais, seigneur, s'il le faut, si le ciel en colère
Réserve à d'autres yeux la gloire de vous plaire,
Achevez votre hymen, j'y consens ; mais, du moins,
Ne forcez pas mes yeux d'en être les témoins.
Pour la dernière fois je vous parle peut-être ;
Différez-le d'un jour, demain vous serez maître.
Vous ne répondez point ? Perfide ! je le vois,
Tu comptes les moments que tu perds avec moi.
Ton cœur, impatient de revoir ta Troyenne,
Ne souffre qu'à regret qu'une autre t'entretienne :
Tu lui parles du cœur, tu la cherches des yeux.
Je ne te retiens plus, sauve-toi de ces lieux :
Va lui jurer la foi que tu m'avais jurée ;
Va profaner des dieux la majesté sacrée.
Ces dieux, ces justes dieux n'auront pas oublié
Que les mêmes serments avec moi t'ont lié.
Porte au pied des autels ce cœur qui m'abandonne ;
Va, cours ; mais crains encor d'y trouver Hermione.

Andromaque (*Acte IV, Scène V*)

Adieux de Monime à Xipharès

Oui, prince : il n'est plus temps de le dissimuler ;
Ma douleur pour se taire a trop de violence.
Un rigoureux devoir me contraint au silence ;
Mais il faut bien enfin, malgré ses dures lois,
Parler pour la première et la dernière fois.
Vous m'aimez dès longtemps : une égale tendresse,

Pour vous, depuis longtemps, m'afflige et m'intéresse.
Songez depuis quel jour ces funestes appas
Firent naître un amour qu'ils ne méritaient pas;
Rappelez un espoir qui ne vous dura guère,
Le trouble où vous jeta l'amour de votre père,
Le tourment de me perdre et de le voir heureux,
Les rigueurs d'un devoir contraire à tous vos vœux:
Vous n'en sauriez, seigneur, retracer la mémoire,
Ni conter vos malheurs, sans conter mon histoire;
Et, lorsque ce matin j'en écoutais le cours,
Mon cœur vous répondait tous vos mêmes discours.
Inutile, ou plutôt funeste sympathie!
Trop parfaite union par le sort démentie!
Ah! par quel sort cruel le ciel avait-il joint
Deux cœurs que l'un pour l'autre il ne destinait point?
Car, quel que soit vers vous le penchant qui m'attire,
Je vous le dis, Seigneur, pour ne plus vous le dire,
Ma gloire me rappelle et m'entraîne à l'autel,
Où je vais vous jurer un silence éternel.
J'entends; vous gémissez: mais telle est ma misère!
Je ne suis point à vous, je suis à votre père.
Dans ce dessein vous-même il faut me soutenir,
Et de mon faible cœur m'aider à vous bannir...

Mithridate (Acte II, Scène VI)

Mon père, cessez de vous troubler...

                                         Mon père,
Cessez de vous troubler, vous n'êtes point trahi:
Quand vous commanderez, vous serez obéi.
Ma vie est votre bien; vous voulez le reprendre:
Vos ordres sans détour pouvaient se faire entendre.
D'un œil aussi content, d'un cœur aussi soumis
Que j'acceptais l'époux que vous m'aviez promis,
Je saurai, s'il le faut, victime obéissante,
Tendre au fer de Calchas une tête innocente,

Et, respectant le coup par vous-même ordonné,
Vous rendre tout le sang que vous m'avez donné.
 Si pourtant ce respect, si cette obéissance
Paraît digne à vos yeux d'une autre récompense ;
Si d'une mère en pleurs vous plaignez les ennuis,
J'ose vous dire ici qu'en l'état où je suis,
Peut-être assez d'honneurs environnaient ma vie
Pour ne pas souhaiter qu'elle me fût ravie,
Ni qu'en me l'arrachant, un sévère destin,
Si près de ma naissance, en eût marqué la fin.
Fille d'Agamemnon, c'est moi qui, la première,
Seigneur, vous appelai de ce doux nom de père ;
C'est moi qui, si longtemps le plaisir de vos yeux,
Vous ai fait de ce nom remercier les dieux,
Et pour qui, tant de fois prodiguant vos caresses,
Vous n'avez point du sang dédaigné les faiblesses.
Hélas! avec plaisir je me faisais conter
Tous les noms des pays que vous allez dompter ;
Et déjà, d'Ilion présageant la conquête,
D'un triomphe si beau je préparais la fête.
Je ne m'attendais pas que, pour le commencer,
Mon sang fût le premier que vous dussiez verser...

                    Iphigénie (Acte IV, Scène IV)

Je vois que votre cœur...

...Je vois que votre cœur m'applaudit en secret ;
Je vois que l'on m'écoute avec moins de regret,
Et que trop attentive à ce récit funeste,
En faveur de Titus vous pardonnez le reste.
Enfin, après un siège aussi cruel que lent,
Il dompta les mutins, reste pâle et sanglant
Des flammes, de la faim, des fureurs intestines,
Et laissa leurs remparts cachés sous leurs ruines.
Rome vous vit, Madame, arriver avec lui.
Dans l'Orient désert quel devint mon ennui !

Je demeurai longtemps errant dans Césarée,
Lieux charmants où mon cœur vous avait adorée,
Je vous redemandais à vos tristes États ;
Je cherchais en pleurant les traces de vos pas.
Mais enfin, succombant à ma mélancolie,
Mon désespoir tourna mes pas vers l'Italie.
Le sort m'y réservait le dernier de ses coups:
Titus en m'embrassant m'amena devant vous.
Un voile d'amitié vous trompa l'un et l'autre,
Et mon amour devint le confident du vôtre…
Et c'est ce que je fuis. J'évite, mais trop tard,
Ces cruels entretiens où je n'ai point de part.
Je fuis Titus, je fuis ce nom qui m'inquiète,
Ce nom qu'à tout moment votre bouche répète :
Que vous dirai-je enfin? je fuis des yeux distraits,
Qui me voyant toujours, ne me voyaient jamais.
Adieu, je vais, le cœur trop plein de votre image,
Attendre, en vous aimant, la mort pour mon partage…

Bérénice (Acte I, Scène IV)

Je le vis, je rougis…

…Je le vis, je rougis, je pâlis à sa vue ;
Un trouble s'éleva dans mon âme éperdue ;
Mes yeux ne voyaient plus, je ne pouvais parler ;
Je sentis tout mon corps et transir et brûler :
Je reconnus Vénus et ses feux redoutables,
D'un sang qu'elle poursuit tourments inévitables !
Par des vœux assidus je crus les détourner :
Je lui bâtis un temple, et pris soin de l'orner ;
De victimes moi-même à toute heure entourée,
Je cherchais dans leurs flancs ma raison égarée :
D'un incurable amour remèdes impuissants !
En vain sur les autels ma main brûlait l'encens :
Quand ma bouche implorait le nom de la déesse,
J'adorais Hippolyte ; et, le voyant sans cesse,

Même au pied des autels que je faisais fumer,
J'offrais tout à ce dieu que je n'osais nommer.
Je l'évitais partout. O comble de misère !
Mes yeux le retrouvaient dans les traits de son père.
Contre moi-même enfin j'osai me révolter :
J'excitai mon courage à le persécuter.
Pour bannir l'ennemi dont j'étais idolâtre,
J'affectai les chagrins d'une injuste marâtre ;
Je pressai son exil ; et mes cris éternels
L'arrachèrent du sein et des bras paternels.
Je respirais, Œnone, et, depuis son absence,
Mes jours moins agités coulaient dans l'innocence :
Soumise à mon époux et cachant mes ennuis,
De mon fatal hymen je cultivais les fruits.
Vaines précautions ! Cruelle destinée !
Par mon époux lui-même à Trézène amenée,
J'ai revu l'ennemi que j'avais éloigné :
Ma blessure trop vive aussitôt a saigné.
Ce n'est plus une ardeur dans mes veines cachée :
C'est Vénus tout entière à sa proie attachée !

Phèdre (Acte I, Scène III)

Ah ! douleur non encore éprouvée !...

PHÈDRE

Ah ! douleur non encore éprouvée !
A quel nouveau tourment je me suis réservée !
Tout ce que j'ai souffert, mes craintes, mes transports,
La fureur de mes feux, l'horreur de mes remords,
Et d'un cruel refus l'insupportable injure,
N'étaient qu'un faible essai du tourment que j'endure.
Ils s'aiment ! Par quel charme ont-ils trompé mes yeux ?
Comment se sont-ils vus ? depuis quand ? dans quels lieux ?
Tu le savais : pourquoi me laissais-tu séduire ?
De leur furtive ardeur ne pouvais-tu m'instruire ?
Les a-t-on vus souvent se parler, se chercher ?

Dans le fond des forêts allaient-ils se cacher?
Hélas! ils se voyaient avec pleine licence:
Le ciel de leurs soupirs approuvait l'innocence;
Ils suivaient sans remords leur penchant amoureux;
Tous les jours se levaient clairs et sereins pour eux.
Et moi, triste rebut de la nature entière,
Je me cachais au jour, je fuyais la lumière;
La mort est le seul dieu que j'osais implorer,
J'attendais le moment où j'allais expirer;
Me nourrissant de fiel, de larmes abreuvée,
Encor, dans mon malheur de trop près observée,
Je n'osais dans mes pleurs me noyer à loisir.
Je goûtais en tremblant ce funeste plaisir;
Et, sous un front serein déguisant mes alarmes,
Il fallait bien souvent me priver de mes larmes.

ŒNONE

Quel fruit recevront-ils de leurs vaines amours?
Ils ne se verront plus.

PHÈDRE

                    Ils s'aimeront toujours!
Au moment que je parle, ah! mortelle pensée!
Ils bravent la fureur d'une amante insensée!
Malgré ce même exil qui va les écarter,
Ils font mille serments de ne se point quitter...
Non, je ne puis souffrir un bonheur qui m'outrage;
Œnone, prends pitié de ma jalouse rage.
Il faut perdre Aricie; il faut de mon époux
Contre un sang odieux réveiller le courroux:
Qu'il ne se borne pas à des peines légères;
Le crime de la sœur passe celui des frères.
Dans mes jaloux transports je le veux implorer.
Que fais-je? où ma raison se va-t-elle égarer?
Moi jalouse! et Thésée est celui que j'implore!
Mon époux est vivant, et moi je brûle encore!

Pour qui? quel est le cœur où prétendent mes vœux?
Chaque mot sur mon front fait dresser mes cheveux.
Mes crimes désormais ont comblé la mesure,
Je respire à la fois l'inceste et l'imposture ;
Mes homicides mains, promptes à me venger,
Dans le sang innocent brûlent de se plonger.
Misérable! et je vis! et je soutiens la vue
De ce sacré Soleil dont je suis descendue!
J'ai pour aïeul le père et le maître des dieux ;
Le ciel, tout l'univers est plein de mes aïeux :
Où me cacher? Fuyons dans la nuit infernale.
Mais que dis-je? mon père y tient l'urne fatale ;
Le sort, dit-on, l'a mise en ses sévères mains :
Minos juge aux enfers tous les pâles humains.
Ah! combien frémira son ombre épouvantée,
Lorsqu'il verra sa fille à ses yeux présentée,
Contrainte d'avouer mille forfaits divers,
Et des crimes peut-être inconnus aux enfers!
Que diras-tu, mon père, à ce spectacle horrible?
Je crois voir de tes mains tomber l'urne terrible ;
Je crois te voir, cherchant un supplice nouveau,
Toi-même de ton sang devenir le bourreau.
Pardonne; un dieu cruel a perdu ta famille ;
Reconnais sa vengeance aux fureurs de ta fille.
Hélas! du crime affreux dont la honte me suit
Jamais mon triste cœur n'a recueilli le fruit :
Jusqu'au dernier soupir de malheurs poursuivie,
Je rends dans les tourments une pénible vie.

Phèdre (Acte IV, Scène VI)

Cieux, écoutez ma voix...

Cieux, écoutez ma voix; terre, prête l'oreille.
Ne dis plus, ô Jacob, que ton Seigneur sommeille!
Pécheurs, disparaissez : le Seigneur se réveille.
Comment en un plomb vil l'or pur s'est-il changé?

Quel est dans ce lieu saint ce pontife égorgé?
Pleure, Jérusalem, pleure, cité perfide,
Des prophètes divins malheureuse homicide.
De ton amour pour toi ton Dieu s'est dépouillé ;
Ton encens à ses yeux est un encens souillé.
     Où menez-vous ces enfants et ces femmes?
Le Seigneur a détruit la reine des cités,
Ses prêtres sont captifs, ses rois sont rejetés ;
Dieu ne veut plus qu'on vienne à ses solennités.
Temple, renverse-toi ; cèdres, jetez des flammes.
     Jérusalem, objet de ma douleur,
Quelle main en un jour t'a ravi tous tes charmes?
Qui changera mes yeux en deux sources de larmes
     Pour pleurer ton malheur?

Athalie (Acte III, Scène VII)

Quelle Jérusalem nouvelle...

     Quelle Jérusalem nouvelle
Sort du fond du désert, brillante de clartés,
Et porte sur le front une marque immortelle?
     Peuples de la terre, chantez:
Jérusalem renaît plus charmante et plus belle.
     D'où lui viennent de tous côtés
Ces enfants qu'en son sein elle n'a point portés?
Lève, Jérusalem, lève ta tête altière ;
Regarde tous ces rois de ta gloire étonnés ;
Les rois des nations, devant toi prosternés,
     De tes pieds baisent la poussière ;
Les peuples à l'envi marchent à ta lumière.
Heureux qui pour Sion d'une sainte ferveur
     Sentira son âme embrasée !
     Cieux, répandez votre rosée,
     Et que la terre enfante son Sauveur !

Athalie (Acte III, Scène VII)

ANDRÉ CHÉNIER
(1762–94)

Élégie

Aujourd'hui qu'au tombeau je suis prêt à descendre,
Mes amis, dans vos mains je dépose ma cendre.
Je ne veux point, couvert d'un funèbre linceul,
Que les pontifes saints autour de mon cercueil,
Appelés aux accents de l'airain lent et sombre,
De leur chant lamentable accompagnent mon ombre
Et sous des murs sacrés aillent ensevelir
Ma vie et ma dépouille, et tout mon souvenir.
Eh! qui peut sans horreur, à ses heures dernières,
Se voir au loin périr dans des mémoires chères?
L'espoir que des amis pleureront notre sort
Charme l'instant suprême et console la mort.
Vous-mêmes choisirez à mes jeunes reliques
Quelque bord fréquenté des pénates rustiques,
Des regards d'un beau ciel doucement animé,
Des fleurs et de l'ombrage, et tout ce que j'aimai.
C'est là, près d'une eau pure, au coin d'un bois tranquille,
Qu'à mes mânes éteints je demande un asile,
Afin que votre ami soit présent à vos yeux,
Afin qu'au voyageur amené dans ces lieux,
La pierre, par vos mains de ma fortune instruite,
Raconte en ce tombeau quel malheureux habite ;
Quels maux ont abrégé ses rapides instants ;
Qu'il fut bon, qu'il aima, qu'il dut vivre longtemps.
Ah! le meurtre jamais n'a souillé mon courage.
Ma bouche du mensonge ignora le langage ;
Et jamais, prodiguant un serment faux et vain,
Ne trahit le secret recélé dans mon sein.
Nul forfait odieux, nul remords implacable
Ne déchire mon âme inquiète et coupable.
Vos regrets la verront pure et digne de pleurs ;
Oui, vous plaindrez sans doute, en mes longues douleurs,
Et ce brillant midi qu'annonçait mon aurore,

Et ces fruits dans leur germe éteints avant d'éclore,
Que mes naissantes fleurs auront en vain promis.
Oui, je vais vivre encore au sein de mes amis.
Souvent à vos festins qu'égaya ma jeunesse,
Au milieu des éclats d'une vive allégresse,
Frappés d'un souvenir, hélas ! amer et doux,
Sans doute vous direz: « Que n'est-il avec nous ! »

Je meurs. Avant le soir j'ai fini ma journée.
A peine ouverte au jour, ma rose s'est fanée.
La vie eut bien pour moi de volages douceurs ;
Je les goûtais à peine, et voilà que je meurs.
Mais, oh ! que mollement reposera ma cendre,
Si, parfois, un penchant impérieux et tendre
Vous guidant vers la tombe où je suis endormi,
Vos yeux en approchant pensent voir leur ami !
Si vos chants de mes feux vont redisant l'histoire ;
Si vos discours flatteurs, tout pleins de ma mémoire,
Inspirent à vos fils, qui ne m'ont point connu,
L'ennui de naître à peine et de m'avoir perdu !
Qu'à votre belle vie ainsi ma mort obtienne
Tout l'âge, tous les biens dérobés à la mienne ;
Que jamais les douleurs, par de cruels combats,
N'allument dans vos flancs un pénible trépas ;
Que la joie en vos cœurs ignore les alarmes ;
Que les peines d'autrui causent seules vos larmes ;
Que vos heureux destins, les délices du ciel,
Coulent toujours trempés d'ambroisie et de miel,
Et non sans quelque amour paisible et mutuelle.
Et, quand la mort viendra, qu'une amante fidèle,
Près de vous désolée, en accusant les dieux,
Pleure, et veuille vous suivre, et vous ferme les yeux.

Élégie

O nécessité dure ! ô pesant esclavage !
O sort ! je dois donc voir, et dans mon plus bel âge,

Flotter mes jours, tissus de désirs et de pleurs,
Dans ce flux et reflux d'espoir et de douleurs !

Souvent, las d'être esclave et de boire la lie
De ce calice amer que l'on nomme la vie,
Las du mépris des sots qui suit la pauvreté,
Je regarde la tombe, asile souhaité ;
Je souris à la mort volontaire et prochaine ;
Je me prie, en pleurant, d'oser rompre ma chaîne,
Le fer libérateur qui percerait mon sein
Déjà frappe mes yeux et frémit sous ma main ;
Et puis mon cœur s'écoute et s'ouvre à la faiblesse ;
Mes parents, mes amis, l'avenir, ma jeunesse,
Mes écrits imparfaits ; car, à ses propres yeux,
L'homme sait se cacher d'un voile spécieux.
A quelque noir destin qu'elle soit asservie,
D'une étreinte invincible il embrasse la vie,
Et va chercher bien loin, plutôt que de mourir,
Quelque prétexte ami de vivre et de souffrir.
Il a souffert, il souffre : aveugle d'espérance,
Il se traîne au tombeau de souffrance en souffrance ;
Et la mort, de nos maux ce remède si doux,
Lui semble un nouveau mal, le plus cruel de tous.

Hymne à la Nuit

Salut, ô belle nuit, étincelante et sombre,
Consacrée au repos !   O silence de l'ombre,
Qui n'entends que la voix de mes vers, et les cris
De la rive aréneuse où se brise Téthys !
Muse, Muse nocturne, apporte-moi ma lyre.
Comme un fier météore en ton brûlant délire,
Lance-toi dans l'espace ; et pour franchir les airs,
Prends les ailes des vents, les ailes des éclairs,
Les bonds de la comète aux longs cheveux de flamme,
Mes vers impatients, élancés de mon âme,
Veulent parler aux Dieux, et volent où reluit

L'enthousiasme errant, fils de la belle nuit.
Accours, grande nature, ô mère du génie;
Accours, reine du monde, éternelle Uranie!
Soit que tes pas divins, sur l'astre du Lion
Ou sur les triples feux du superbe Orion
Marchent, ou soit qu'au loin, fugitive, emportée,
Tu suives les détours de la voie argentée,
Soleils amoncelés dans le céleste azur,
Où le peuple a cru voir les traces d'un lait pur,
Descends; non, porte-moi sur ta route brûlante,
Que je m'élève au ciel comme une flamme ardente.
Déjà ce corps pesant se détache de moi.
Adieu, tombeau de chair, je ne suis plus à toi!
Terre, fuis sous mes pas. L'éther où le ciel nage
M'aspire. Je parcours l'océan sans rivage.
Plus de nuit. Je n'ai plus d'un globe opaque et dur
Entre le jour et moi l'impénétrable mur.
Plus de nuit, et mon œil et se perd et se mêle
Dans les torrents profonds de lumière éternelle.
Me voici sur les feux que le langage humain
Nomme Cassiopée et l'Ourse et le Dauphin.
Maintenant la Couronne autour de moi s'embrase;
Ici l'Aigle et le Cygne et la Lyre et Pégase;
Et voici que plus loin le Serpent tortueux
Noue autour de mes pas ses anneaux lumineux.
Féconde immensité, les esprits magnanimes
Aiment à se plonger dans tes vivants abîmes,
Abîmes de clartés, où libre de ses fers,
L'homme siège au conseil qui créa l'univers;
Où l'âme, remontant à sa grande origine,
Sent qu'elle est une part de l'essence divine.

L'Amérique

Iambes

Quand au mouton bêlant la sombre boucherie
    Ouvre ses cavernes de mort,

Pâtres, chiens et moutons, toute la bergerie
    Ne s'informe plus de son sort.
Les enfants qui suivaient ses ébats dans la plaine,
    Les vierges aux belles couleurs
Qui le baisaient en foule, et sur sa blanche laine
    Entrelaçaient rubans et fleurs,
Sans plus penser à lui, le mangent s'il est tendre.
    Dans cet abîme enseveli,
J'ai le même destin. Je m'y devais attendre.
    Accoutumons-nous à l'oubli.
Oubliés comme moi dans cet affreux repaire,
    Mille autres moutons, comme moi,
Pendus aux crocs sanglants du charnier populaire,
    Seront servis au peuple-roi.
Que pouvaient mes amis? Oui, de leur main chérie
    Un mot, à travers ces barreaux,
Eût versé quelque baume en mon âme flétrie;
    De l'or peut-être à mes bourreaux...
Mais tout est précipice. Ils ont eu droit de vivre.
    Vivez, amis; vivez contents.
En dépit de..., soyez lents à me suivre;
    Peut-être en de plus heureux temps
J'ai moi-même, à l'aspect des pleurs de l'infortune,
    Détourné mes regards distraits;
A mon tour aujourd'hui mon malheur importune:
    Vivez, amis; vivez en paix.

Iambes

Comme un dernier rayon, comme un dernier zéphyre
    Anime la fin d'un beau jour,
Au pied de l'échafaud j'essaie encor ma lyre.
    Peut-être est-ce bientôt mon tour.
Peut-être avant que l'heure, en cercle promenée,
    Ait posé sur l'émail brillant,
Dans les soixante pas où sa route est bornée,
    Son pied sonore et vigilant,

Le sommeil du tombeau pressera ma paupière!
                Avant que de ses deux moitiés
Ce vers que je commence ait atteint la dernière,
                Peut-être en ces murs effrayés
Le messager de mort, noir recruteur des ombres,
                Escorté d'infâmes soldats,
Ébranlant de mon nom ces longs corridors sombres,
                Où, seul dans la foule, à grands pas
J'erre, aiguisant ces dards persécuteurs du crime,
                Du juste trop faibles soutiens,
Sur mes lèvres soudain va suspendre la rime;
                Et chargeant mes bras de liens,
Me traîner, amassant en foule à mon passage
                Mes tristes compagnons reclus
Qui me connaissaient tous avant l'affreux message,
                Mais qui ne me connaissent plus.
Eh bien! j'ai trop vécu. Quelle franchise auguste,
                De mâle constance et d'honneur
Quels exemples sacrés, doux à l'âme du juste,
                Pour lui quelle ombre de bonheur,
Font digne de regrets l'habitacle des hommes?
                La peur blême et louche est leur dieu,
La bassesse, la feinte... Ah! lâches que nous sommes!
                Tous, oui, tous. Adieu, terre, adieu.
Vienne, vienne la mort! que la mort me délivre!
                Ainsi donc mon cœur abattu
Cède au poids de ses maux?—Non, non, puissé-je vivre!
                Ma vie importe à la vertu.
Car l'honnête homme enfin, victime de l'outrage,
                Dans les cachots, près du cercueil,
Relève plus altiers son front et son langage,
                Brillant d'un généreux orgueil.
S'il est écrit aux cieux que jamais une épée
                N'étincellera dans mes mains,
Dans l'encre et l'amertume une autre arme trempée
                Peut encore servir les humains.
Justice, vérité, si ma bouche sincère,
                Si mes pensers les plus secrets

Ne froncèrent jamais votre sourcil sévère,
        Et si les infâmes progrès,
Si la risée atroce ou (plus atroce injure!)
        L'encens de hideux scélérats
Ont pénétré vos cœurs d'une large blessure,
        Sauvez-moi; conservez un bras
Qui lance votre foudre, un amant qui vous venge.
        Mourir sans vider mon carquois!
Sans percer, sans fouler, sans pétrir dans leur fange
        Ces bourreaux barbouilleurs de lois,
        Ces vers cadavéreux de la France asservie,
        Égorgée!... O mon cher trésor,
O ma plume! Fiel, bile, horreur, dieux de ma vie!
        Par vous seuls je respire encor:
Comme la poix brûlante agitée en ses veines
        Ressuscite un flambeau mourant.
Je souffre; mais je vis. Par vous, loin de mes peines,
        D'espérance un vaste torrent
Me transporte. Sans vous, comme un poison livide,
        L'invisible dent du chagrin,
Mes amis opprimés, du menteur homicide
        Les succès, le sceptre d'airain,
Des bons proscrits par lui la mort ou la ruine,
        L'opprobre de subir sa loi,
Tout eût tari ma vie, ou contre ma poitrine
        Dirigé mon poignard. Mais quoi!
Nul ne resterait donc pour attendrir l'histoire
        Sur tant de justes massacrés,
Pour consoler leurs fils, leurs veuves, leur mémoire?
        Pour que des brigands abhorrés
Frémissent aux portraits noirs de leur ressemblance,
        Pour descendre jusqu'aux enfers
Nouer le triple fouet, le fouet de la vengeance
        Déjà levé sur ces pervers?
Pour cracher sur leurs noms, pour chanter leur supplice?
        Allons, étouffe tes clameurs;
Souffre, ô cœur gros de haine, affamé de justice.
        Toi, Vertu, pleure, si je meurs.

RENÉ DE CHATEAUBRIAND
(1768–1848)

Souvenir du Pays de France

Combien j'ai douce souvenance
Du joli lieu de ma naissance !
Ma sœur, qu'ils étaient beaux les jours
        De France !
O mon pays, sois mes amours
        Toujours !

Te souvient-il que notre mère,
Au foyer de notre chaumière
Nous pressait sur son cœur joyeux,
        Ma chère !
Et nous baisions ses blancs cheveux
        Tous deux.

Ma sœur, te souvient-il encore
Du château que baignait la Dore ;
Et de cette tant vieille tour
        Du Maure,
Où l'airain sonnait le retour
        Du jour ?

Te souvient-il du lac tranquille
Qu'effleurait l'hirondelle agile,
Du vent qui courbait le roseau
        Mobile,
Et du soleil couchant sur l'eau
        Si beau ?

Oh ! qui me rendra mon Hélène,
Et ma montagne et le grand chêne ?
Leur souvenir fait tous les jours
        Ma peine :
Mon pays sera mes amours
        Toujours !

PIERRE-JEAN DE BÉRANGER
(1780–1857)

Les Souvenirs du Peuple

…Mes enfants, dans ce village,
Suivi de rois il passa.
Voilà bien longtemps de ça :
Je venais d'entrer en ménage.
A pied grimpant le coteau
Où pour voir je m'étais mise,
Il avait petit chapeau
Avec redingote grise.
Près de lui je me troublai,
Il me dit : Bonjour, ma chère.
　　Bonjour, ma chère.
— Il vous a parlé, grand'mère !
　　Il vous a parlé !

L'an d'après, moi, pauvre femme,
A Paris étant un jour,
Je le vis avec sa cour :
Il se rendait à Notre-Dame.
Tous les cœurs étaient contents ;
On admirait son cortège.
Chacun disait : Quel beau temps !
Le Ciel toujours le protège.
Son sourire était bien doux :
D'un fils Dieu le rendait père,
　　Le rendait père.
— Quel beau jour pour vous, grand'mère !
　　Quel beau jour pour vous !

Mais quand la pauvre Champagne
Fut en proie aux étrangers,
Lui, bravant tous les dangers,
Semblait seul tenir la campagne.

Un soir, tout comme aujourd'hui,
J'entends frapper à la porte;
J'ouvre: bon Dieu! c'était lui,
Suivi d'une faible escorte.
Il s'asseoit où me voilà,
S'écriant: Oh! quelle guerre!
  Oh! quelle guerre!
 — Il s'est assis là, grand'mère!
  Il s'est assis là!

J'ai faim, dit-il; et bien vite
Je sers piquette et pain bis.
Puis il sèche ses habits;
Même à dormir le feu l'invite.
Au réveil, voyant mes pleurs,
Il me dit: Bonne espérance!
Je cours de tous ses malheurs
Sous Paris venger la France.
Il part; et comme un trésor
J'ai depuis gardé son verre,
  Gardé son verre.
 — Vous l'avez encor, grand'mère!
  Vous l'avez encor!

Le voici. Mais à sa perte
Le héros fut entraîné.
Lui, qu'un pape a couronné,
Est mort dans une île déserte;
Longtemps aucun ne l'a cru;
On disait: Il va paraître.
Par mer il est accouru;
L'étranger va voir son maître.
Quand d'erreur on nous tira,
Ma douleur fut bien amère,
  Fut bien amère.
 — Dieu vous bénira, grand'mère,
  Dieu vous bénira.

Hédéra

Anna, soyez l'arbuste aux vivantes racines
Qui sur un débris mort jette un printemps nouveau.
Venez parer mon deuil et verdir mes ruines:
Le lierre aime un vieux chêne, un désert, un tombeau.

Frais comme vous, le lierre à travers les épines
Glisse, et conquiert lui seul un antique château;
Ou, confondu là-bas aux mousses enfantines
Il invite à s'asseoir deux amis du coteau.

Venez: j'abriterai contre les vents, les grêles,
Vos jours, et le trésor de vos boutons si frêles
Pour de jeunes amours qu'il fleurisse demain.

Viens t'appuyer sur moi dans ta conscience altière...
Quand tu devrais briser, comme fait l'autre lierre,
Pour t'en former un sol, le dur ciment romain.

Dernière Élégie

Oh! dites-moi, qu'est-elle devenue,
Dort-elle encor dans la paix des tombeaux,
Ou, compagne des vents et de l'errante nue,
Voit-elle un autre ciel et des astres plus beaux?
Quand le printemps en fleur a couronné ces arbres,
Les chants du rossignol hâtent-ils son réveil?
Son sein gémirait-il, pressé du poids des marbres,
L'écho du vieux torrent trouble-t-il son sommeil?
Et quand Novembre, au cyprès solitaire
Suspend la neige et nous glace d'effroi;
Lorsque la pluie a pénétré la terre,
Sous son linceul se dit-elle: « J'ai froid! »

Non! Sa vie est encore errante en mille atomes.
                 Objet de mes chastes serments,
Tu n'as point revêtu la robe des fantômes,
Et tes restes encor me sont doux et charmants.

        Vagues parfums, vous êtes son haleine;
Balancements des flots, ses doux gémissements.
        Dans la vapeur qui borde la fontaine
        J'ai vu blanchir ses légers vêtements.
        Oh! dites-moi! quand sur l'herbe fleurie
        Glissent le soir les brises du printemps,
N'est-ce pas un accent de sa voix si chérie?
N'est-ce pas dans les bois ses soupirs que j'entends?

MARCELINE DESBORDES-VALMORE
(1786–1859)

Les Roses de Saadi

J'ai voulu ce matin te rapporter des roses;
Mais j'en avais tant pris dans mes ceintures closes
Que les nœuds trop serrés n'ont pu les contenir.

Les nœuds ont éclaté. Les roses envolées
Dans le vent, à la mer, s'en sont toutes allées.
Elles ont suivi l'eau pour ne plus revenir;

La vague en a paru rouge et comme enflammée.
Ce soir, ma robe encore en est toute embaumée...
Respires-en sur moi l'odorant souvenir.

La Couronne effeuillée

J'irai, j'irai porter ma couronne effeuillée
Au jardin de mon père où renaît toute fleur;

J'y répandrai longtemps mon âme agenouillée :
Mon père a des secrets pour vaincre la douleur.

J'irai, j'irai lui dire, au moins avec mes larmes :
« Regardez, j'ai souffert... » Il me regardera.
Et sous mes jours changés, sous mes pâleurs sans charmes,
Parce qu'il est mon père, il me reconnaîtra.

Il dira : « C'est donc vous, chère âme désolée ;
La force manque-t-elle à vos pas égarés ?
Chère âme, je suis Dieu : ne soyez plus troublée ;
Voici votre maison, voici mon cœur, entrez ! »

O clémence, ô douceur, ô saint refuge, ô Père !
Votre enfant qui pleurait, vous l'avez entendu !
Je vous obtiens déjà puisque je vous espère
Et que vous possédez tout ce que j'ai perdu.

Vous ne rejetez pas la fleur qui n'est plus belle,
Ce crime de la terre au ciel est pardonné.
Vous ne maudirez pas votre enfant infidèle,
Non d'avoir rien vendu, mais d'avoir tout donné.

Les Séparés

N'écris pas ! Je suis triste, et je voudrais m'éteindre ;
Les beaux étés, sans toi, c'est l'amour sans flambeau.
J'ai refermé mes bras qui ne peuvent t'atteindre ;
Et frapper à mon cœur, c'est frapper au tombeau.
          N'écris pas !

N'écris pas ! n'apprenons qu'à mourir à nous-mêmes.
Ne demande qu'à Dieu... qu'à toi, si je t'aimais.
Au fond de ton silence écouter que tu m'aimes,
C'est entendre le ciel sans y monter jamais.
          N'écris pas !

N'écris pas! Je te crains; j'ai peur de ma mémoire,
Elle a gardé ta voix qui m'appelle souvent.
Ne montre pas l'eau vive à qui ne peut la boire,
Une chère écriture est un portrait vivant.
                    N'écris pas!

N'écris pas ces deux mots que je n'ose plus lire;
Il semble que ta voix les répand sur mon cœur,
Que je les vois briller à travers ton sourire;
Il semble qu'un baiser les empreint sur mon cœur.
                    N'écris pas!

Dormeuse

Si l'enfant sommeille,
  Il verra l'abeille,
Quand elle aura fait son miel,
Danser entre terre et ciel.

Si l'enfant repose,
  Un ange tout rose,
Que la nuit seule on peut voir,
Viendra lui dire: « Bonsoir! »

Si l'enfant est sage,
  Sur son doux visage
La Vierge se penchera,
Et longtemps lui parlera.

Si mon enfant m'aime,
  Dieu dira lui-même:
« J'aime cet enfant qui dort;
Qu'on lui porte un rêve d'or! »

« Fermez ses paupières,
  Et sur ses prières,

De mes jardins pleins de fleurs,
Faites glisser les couleurs.

« Ourlez-lui des langes
   Avec vos doigts d'anges,
Et laissez sur son chevet
Pleuvoir votre blanc duvet.

« Mettez-lui des ailes
   Comme aux tourterelles,
Pour venir dans mon soleil
Danser jusqu'à son réveil !

« Qu'il fasse un voyage
   Aux bras d'un nuage,
Et laissez-le, s'il lui plaît,
Boire à mes ruisseaux de lait !

« Donnez-lui la chambre
   De perles et d'ambre,
Et qu'il partage en dormant,
Nos gâteaux de diamant !

« Brodez-lui des voiles
   Avec mes étoiles,
Pour qu'il navigue en bateau
Sur mon lac d'azur et d'eau !

« Que la lune éclaire
   L'eau pour lui plus claire,
Et qu'il prenne au lac changeant
Mes plus fins poissons d'argent !...»

ALPHONSE DE LAMARTINE
(1790–1869)

L'Isolement

Souvent sur la montagne, à l'ombre du vieux chêne,
Au coucher du soleil, tristement je m'assieds ;
Je promène au hasard mes regards sur la plaine,
Dont le tableau changeant se déroule à mes pieds.

Ici gronde le fleuve aux vagues écumantes ;
Il serpente, et s'enfonce en un lointain obscur ;
Là le lac immobile étend ses eaux dormantes
Où l'étoile du soir se lève dans l'azur.

Au sommet de ces monts couronnés de bois sombres,
Le crépuscule encor jette un dernier rayon ;
Et le char vaporeux de la reine des ombres
Monte, et blanchit déjà les bords de l'horizon.

Cependant, s'élançant de la flèche gothique,
Un son religieux se répand dans les airs :
Le voyageur s'arrête, et la cloche rustique
Aux derniers bruits du jour mêle de saints concerts.

Mais à ces doux tableaux mon âme indifférente
N'éprouve devant eux ni charmes ni transports ;
Je contemple la terre ainsi qu'une ombre errante :
Le soleil des vivants n'échauffe plus les morts.

De colline en colline en vain portant ma vue,
Du sud à l'aquilon, de l'aurore au couchant,
Je parcours tous les points de l'immense étendue,
Et je dis : « Nulle part le bonheur ne m'attend. »

Que me font ces vallons, ces palais, ces chaumières,
Vains objets dont pour moi le charme est envolé ?

Fleuves, rochers, forêts, solitudes si chères,
Un seul être vous manque, et tout est dépeuplé !

Que le tour du soleil ou commence ou s'achève,
D'un œil indifférent je le suis dans son cours ;
En un ciel sombre ou pur qu'il se couche ou se lève,
Qu'importe le soleil ? je n'attends rien des jours.

Quand je pourrais le suivre en sa vaste carrière,
Mes yeux verraient partout le vide et les déserts ;
Je ne désire rien de tout ce qu'il éclaire ;
Je ne demande rien à l'immense univers.

Mais peut-être au delà des bornes de sa sphère,
Lieux où le vrai soleil éclaire d'autres cieux,
Si je pouvais laisser ma dépouille à la terre,
Ce que j'ai tant rêvé paraîtrait à mes yeux !

Là je m'enivrerais à la source où j'aspire ;
Là je retrouverais et l'espoir et l'amour,
Et ce bien idéal que toute âme désire,
Et qui n'a pas de nom au terrestre séjour !

Que ne puis-je, porté sur le char de l'Aurore,
Vague objet de mes vœux, m'élancer jusqu'à toi !
Sur la terre d'exil pourquoi resté-je encore ?
Il n'est rien de commun entre la terre et moi.

Quand la feuille des bois tombe dans la prairie,
Le vent du soir s'élève et l'arrache aux vallons ;
Et moi, je suis semblable à la feuille flétrie :
Emportez-moi comme elle, orageux aquilons.

Premières Méditations poétiques

Le Lac

Ainsi, toujours poussés vers de nouveaux rivages,
Dans la nuit éternelle emportés sans retour,
Ne pourrons-nous jamais sur l'océan des âges
    Jeter l'ancre un seul jour?

O lac! l'année à peine a fini sa carrière,
Et près des flots chéris qu'elle devait revoir,
Regarde! je viens seul·m'asseoir sur cette pierre
    Où tu la vis s'asseoir!

Tu mugissais ainsi sous ces roches profondes;
Ainsi tu te brisais sur leurs flancs déchirés;
Ainsi le vent jetait l'écume de tes ondes
    Sur ses pieds adorés.

Un soir, t'en souvient-il? nous voguions en silence;
On n'entendait au loin, sur l'onde et sous les cieux,
Que le bruit des rameurs qui frappaient en cadence
    Tes flots harmonieux.

Tout à coup des accents inconnus à la terre
Du rivage charmé frappèrent les échos;
Le flot fut attentif, et la voix qui m'est chère
    Laissa tomber ces mots:

« O temps, suspends ton vol! et vous, heures propices,
    Suspendez votre cours!
Laissez-nous savourer les rapides délices
    Des plus beaux de nos jours!

« Assez de malheureux ici-bas vous implorent:
    Coulez, coulez pour eux;
Prenez avec leurs jours les soins qui les dévorent;
    Oubliez les heureux.

« Mais je demande en vain quelques moments encore;
          Le temps m'échappe et fuit;
Je dis à cette nuit : « Sois plus lente »; et l'aurore
          Va dissiper la nuit.

« Aimons donc, aimons donc! de l'heure fugitive
          Hâtons-nous, jouissons!
L'homme n'a point de port, le temps n'a point de rive;
          Il coule, et nous passons! »

Temps jaloux, se peut-il que ces moments d'ivresse
Où l'amour à longs flots nous verse le bonheur,
S'envolent loin de nous, de la même vitesse
          Que les jours de malheur?

Hé quoi! n'en pourrons-nous fixer au moins la trace?
Quoi! passés pour jamais? quoi! tout entiers perdus?
Ce temps qui les donna, ce temps qui les efface,
          Ne nous les rendra plus?

Éternité, néant, passé, sombres abîmes,
Que faites-vous des jours que vous engloutissez?
Parlez : nous rendrez-vous ces extases sublimes
          Que vous nous ravissez?

O lac! rochers muets! grottes! forêt obscure!
Vous que le temps épargne ou qu'il peut rajeunir,
Gardez de cette nuit, gardez, belle nature,
          Au moins le souvenir!

Qu'il soit dans ton repos, qu'il soit dans tes orages,
Beau lac, et dans l'aspect de tes riants coteaux,
Et dans ces noirs sapins, et dans ces rocs sauvages
          Qui pendent sur tes eaux!

Qu'il soit dans le zéphyr qui frémit et qui passe,
Dans les bruits de tes bords par tes bords répétés,

Dans l'astre au front d'argent qui blanchit ta surface
De ses molles clartés !

Que le vent qui gémit, le roseau qui soupire,
Que les parfums légers de ton air embaumé,
Que tout ce qu'on entend, l'on voit ou l'on respire,
Tout dise : « Ils ont aimé ! »

Premières Méditations poétiques

A Elvire

…Vois-tu comme tout change et meurt dans la nature ?
La terre perd ses fruits, les forêts leur parure ;
Le fleuve perd son onde au vaste sein des mers ;
Par un souffle des vents la prairie est fanée,
Et le char de l'automne au penchant de l'année,
Roule, déjà poussé par la main des hivers !
Comme un géant armé d'un glaive inévitable,
Atteignant au hasard tous les êtres divers,
Le Temps avec la Mort, d'un vol infatigable,
Renouvelle en fuyant ce mobile univers !
Dans l'éternel oubli tombe ce qu'il moissonne :
Tel un rapide été voit tomber sa couronne
        Dans la corbeille des glaneurs ;
Tel un pampre jauni voit la féconde automne
Livrer ses fruits dorés au char des vendangeurs,
Vous tomberez ainsi, courtes fleurs de la vie,
Jeunesse, amour, plaisir, fugitive beauté ;
Beauté, présent d'un jour que le ciel nous envie,
Ainsi, vous tomberez, si la main du génie
        Ne vous rend l'immortalité !

Vois d'un œil de pitié la vulgaire jeunesse,
Brillante de beauté, s'enivrant de plaisir :
Quand elle aura tari sa coupe enchanteresse,
Que restera-t-il d'elle ? à peine un souvenir :

Le tombeau qui l'attend l'engloutit tout entière,
Un silence éternel succède à ses amours;
Mais les siècles auront passé sur ta poussière,
    Elvire, et tu vivras toujours!

Premières Méditations poétiques

ALFRED DE VIGNY
(1797–1863)

La Maison du Berger

I

Si ton cœur, gémissant du poids de notre vie,
Se traîne et se débat comme un aigle blessé,
Portant, comme le mien, sur son aile asservie,
Tout un monde fatal, écrasant et glacé;
S'il ne bat qu'en saignant par sa plaie immortelle,
S'il ne voit plus l'amour, son étoile fidèle,
Éclairer pour lui seul l'horizon effacé;

Si ton âme enchaînée, ainsi que l'est mon âme,
Lasse de son boulet et de son pain amer,
Sur sa galère en deuil laisse tomber la rame,
Penche sa tête pâle et pleure sur la mer,
Et, cherchant dans les flots une route inconnue,
Y voit, en frissonnant, sur son épaule nue,
La lettre sociale écrite avec le fer;

Si ton corps, frémissant des passions secrètes,
S'indigne des regards, timide et palpitant,
S'il cherche à sa beauté de profondes retraites,
Pour la mieux dérober au profane insultant;
Si ta lèvre se sèche au poison des mensonges,
Si ton beau front rougit de passer dans les songes
D'un impur inconnu qui te voit et t'entend:

Pars courageusement, laisse toutes les villes;
Ne ternis plus tes pieds aux poudres du chemin;
Du haut de nos pensers vois les cités serviles
Comme les rocs fatals de l'esclavage humain:
Les grands bois et les champs sont de vastes asiles,
Libres comme la mer autour des sombres îles.
Marche à travers les champs une fleur à la main.

La Nature t'attend dans un silence austère;
L'herbe élève à tes pieds son nuage des soirs,
Et le soupir d'adieu du soleil à la terre
Balance les beaux lys comme des encensoirs.
La forêt a voilé ses colonnes profondes,
La montagne se cache, et sur les pâles ondes
Le saule a suspendu ses chastes reposoirs.

Le crépuscule ami s'endort dans la vallée,
Sur l'herbe d'émeraude et sur l'or du gazon,
Sous les timides joncs de la source isolée
Et sous le bois rêveur qui tremble à l'horizon,
Se balance en fuyant dans les grappes sauvages,
Jette son manteau gris sur le bord des rivages,
Et des fleurs de la nuit entr'ouvre la prison.

Il est sur ma montagne une épaisse bruyère
Où les pas du chasseur ont peine à se plonger,
Qui plus haut que nos fronts lève sa tête altière,
Et garde dans la nuit le pâtre et l'étranger.
Viens y cacher l'amour et ta divine faute;
Si l'herbe est agitée ou n'est pas assez haute,
J'y roulerai pour toi la Maison du Berger.

Elle va doucement avec ses quatre roues,
Son toit n'est pas plus haut que ton front et tes yeux;
La couleur du corail et celle de tes joues
Teignent le char nocturne et ses muets essieux.
Le seuil est parfumé, l'alcôve est large et sombre,

Et là, parmi les fleurs, nous trouverons dans l'ombre,
Pour nos cheveux unis, un lit silencieux.

Je verrai, si tu veux, les pays de la neige,
Ceux où l'astre amoureux dévore et resplendit,
Ceux que heurtent les vents, ceux que la neige assiège,
Ceux où le pôle obscur sous sa glace est maudit.
Nous suivrons du hasard la course vagabonde.
Que m'importe le jour? que m'importe le monde?
Je dirai qu'ils sont beaux quand tes yeux l'auront dit…

II

…Poésie! ô trésor! perle de la pensée!
Les tumultes du cœur, comme ceux de la mer,
Ne sauraient empêcher ta robe nuancée
D'amasser les couleurs qui doivent te former.
Mais, sitôt qu'il te voit briller sur un front mâle,
Troublé de ta lueur mystérieuse et pâle,
Le vulgaire effrayé commence à blasphémer…

La Muse a mérité les insolents sourires
Et les soupçons moqueurs qu'éveille son aspect.
Dès que son œil chercha le regard des satyres,
Sa parole trembla, son serment fut suspect,
Il lui fut interdit d'enseigner la sagesse.
Au passant du chemin elle criait: « Largesse! »
Le passant lui donna sans crainte et sans respect.

Ah! fille sans pudeur, fille du saint Orphée,
Que n'as-tu conservé ta belle gravité!
Tu n'irais pas ainsi, d'une voix étouffée,
Chanter aux carrefours impurs de la cité;
Tu n'aurais pas collé sur le coin de ta bouche
Le coquet madrigal, piquant comme une mouche,
Et, près de ton œil bleu, l'équivoque effronté…

Vestale aux feux éteints! les hommes les plus **graves**
Ne posent qu'à demi ta couronne à leur front;
Ils se croient arrêtés, marchant dans tes entraves,
Et n'être que poète est pour eux un affront.
Ils jettent leurs pensers aux vents de la tribune,
Et ces vents, aveuglés comme l'est la Fortune,
Les rouleront comme elle et les emporteront.

Ils sont fiers et hautains dans leur fausse attitude,
Mais le sol tremble aux pieds de ces tribuns romains.
Leurs discours passagers flattent avec étude
La foule qui les presse et qui leur bat des mains;
Toujours renouvelé sous ses étroits portiques,
Ce parterre ne jette aux acteurs politiques
Que des fleurs sans parfums, souvent sans lendemains.

Ils ont pour horizon leur salle de spectacle;
La chambre où ces élus donnent leurs faux combats
Jette en vain, dans son temple, un incertain oracle;
Le peuple entend de loin le bruit de leurs débats,
Mais il regarde encor le jeu des assemblées
De l'œil dont ses enfants et ses femmes troublées
Voient le terrible essai des vapeurs aux cent bras.

L'ombrageux paysan gronde à voir qu'on dételle,
Et que pour le scrutin on quitte le labour.
Cependant le dédain de la chose immortelle
Tient jusqu'au fond du cœur quelque avocat d'un jour.
Lui qui doute de l'âme, il croit à ses paroles.
Poésie, il se rit de tes graves symboles,
O toi des vrais pensers impérissable amour!

Comment se garderaient les profondes pensées
Sans rassembler leurs feux dans ton diamant pur
Qui conserve si bien leurs splendeurs condensées?
Ce fin miroir solide, étincelant et dur,
Reste des nations mortes, durable pierre

Qu'on trouve sous ses pieds lorsque dans la poussière
On cherche les cités sans en voir un seul mur...

III

...Éva, qui donc es-tu? Sais-tu bien ta nature?
Sais-tu quel est ici ton but et ton devoir?
Sais-tu que, pour punir l'homme, sa créature,
D'avoir porté la main sur l'arbre du savoir,
Dieu permit qu'avant tout, de l'amour de soi-même,
En tout temps, à tout âge, il fît son bien suprême,
Tourmenté de s'aimer, tourmenté de se voir?

Mais, si Dieu près de lui t'a voulu mettre, ô femme!
Compagne délicate! Éva! sais-tu pourquoi?
C'est pour qu'il se regarde au miroir d'une autre âme,
Qu'il entende ce chant qui ne vient que de toi:
— L'enthousiasme pur dans une voix suave.
C'est afin que tu sois son juge et son esclave
Et règnes sur sa vie en vivant sous sa loi.

Ta parole joyeuse a des mots despotiques;
Tes yeux sont si puissants, ton aspect est si fort,
Que les rois d'Orient ont dit dans leurs cantiques
Ton regard redoutable à l'égal de la mort;
Chacun cherche à fléchir tes jugements rapides...
— Mais ton cœur, qui dément tes formes intrépides,
Cède sans coup férir aux rudesses du sort.

Ta pensée a des bonds comme ceux des gazelles,
Mais ne saurait marcher sans guide et sans appui.
Le sol meurtrit ses pieds, l'air fatigue ses ailes,
Son œil se ferme au jour dès que le jour a lui;
Parfois sur les hauts lieux d'un seul élan posée,
Troublée au bruit des vents, ta mobile pensée
Ne peut seule y veiller sans crainte et sans ennui.

Mais aussi tu n'as rien de nos lâches prudences,
Ton cœur vibre et résonne au cri de l'opprimé,
Comme dans une église aux austères silences
L'orgue entend un soupir et soupire alarmé.
Tes paroles de feu meuvent les multitudes,
Tes pleurs lavent l'injure et les ingratitudes,
Tu pousses par le bras l'homme... il se lève armé.

C'est à toi qu'il convient d'ouïr les grandes plaintes
Que l'humanité triste exhale sourdement.
Quand le cœur est gonflé d'indignations saintes,
L'air des cités l'étouffe à chaque battement.
Mais de loin les soupirs des tourmentes civiles,
S'unissant au-dessus du charbon noir des villes,
Ne forment qu'un grand mot qu'on entend clairement.

Viens donc! le ciel pour moi n'est plus qu'une auréole
Qui t'entoure d'azur, t'éclaire et te défend;
La montagne est ton temple et le bois sa coupole;
L'oiseau n'est sur la fleur balancé par le vent,
Et la fleur ne parfume et l'oiseau ne soupire
Que pour mieux enchanter l'air que ton sein respire;
La terre est le tapis de tes beaux pieds d'enfant.

Éva, j'aimerai tout dans les choses créées,
Je les contemplerai dans ton regard rêveur
Qui partout répandra ses flammes colorées,
Son repos gracieux, sa magique saveur:
Sur mon cœur déchiré viens poser ta main pure,
Ne me laisse jamais seul avec la Nature,
Car je la connais trop pour n'en pas avoir peur.

Elle me dit: « Je suis l'impassible théâtre
Que ne peut remuer le pied de ses acteurs;
Mes marches d'émeraude et mes parvis d'albâtre,
Mes colonnes de marbre ont les dieux pour sculpteurs.
Je n'entends ni vos cris ni vos soupirs; à peine

Je sens passer sur moi la comédie humaine
Qui cherche en vain au ciel ses muets spectateurs.

« Je roule avec dédain, sans voir et sans entendre,
A côté des fourmis les populations ;
Je ne distingue pas leur terrier de leur cendre ;
J'ignore en les portant les noms des nations.
On me dit une mère, et je suis une tombe ;
Mon hiver prend vos morts comme son hécatombe,
Mon printemps ne sent pas vos adorations.

« Avant vous, j'étais belle et toujours parfumée,
J'abandonnais au vent mes cheveux tout entiers,
Je suivais dans les cieux ma route accoutumée
Sur l'axe harmonieux des divins balanciers.
Après vous, traversant l'espace où tout s'élance,
J'irai seule et sereine, en un chaste silence,
Je fendrai l'air du front et de mes seins altiers. »

C'est là ce que me dit sa voix triste et superbe,
Et dans mon cœur alors je la hais et je vois
Notre sang dans son onde et nos morts sous son herbe
Nourrissant de leurs sucs la racine des bois.
Et je dis à mes yeux qui lui trouvaient des charmes :
Ailleurs tous vos regards, ailleurs toutes vos larmes,
Aimez ce que jamais on ne verra deux fois.

Oh ! qui verra deux fois ta grâce et ta tendresse,
Ange doux et plaintif qui parle en soupirant ?
Qui naîtra comme toi portant une caresse
Dans chaque éclair tombé de ton regard mourant,
Dans les balancements de ta tête penchée,
Dans ta taille indolente et mollement couchée,
Et dans ton pur sourire amoureux et souffrant ?

Vivez, froide nature et revivez sans cesse
Sous nos pieds, sur nos fronts, puisque c'est votre loi ;
Vivez, et dédaignez, si vous êtes déesse,

L'homme, humble passager, qui dut vous être un roi ;
Plus que tout votre règne et que ses splendeurs vaines.
J'aime la majesté des souffrances humaines ;
Vous ne recevrez pas un cri d'amour de moi.

Mais toi, ne veux-tu pas, voyageuse indolente,
Rêver sur mon épaule, en y posant ton front ?
Viens du paisible seuil de la maison roulante
Voir ceux qui sont passés et ceux qui passeront.
Tous les tableaux humains qu'un Esprit pur m'apporte
S'animeront pour toi quand, devant notre porte,
Les grands pays muets longuement s'étendront.

Nous marcherons ainsi, ne laissant que notre ombre
Sur cette terre ingrate où les morts ont passé ;
Nous nous parlerons d'eux à l'heure où tout est sombre,
Où tu te plais à suivre un chemin effacé,
A rêver, appuyée aux branches incertaines,
Pleurant, comme Diane au bord de ses fontaines,
Ton amour taciturne et toujours menacé.

Les Destinées

La Mort du Loup

I

...Le Loup vient et s'assied, les deux jambes dressées,
Par leurs ongles crochus dans le sable enfoncées.
Il s'est jugé perdu, puisqu'il était surpris,
Sa retraite coupée et tous ses chemins pris ;
Alors il a saisi, dans sa gueule brûlante,
Du chien le plus hardi la gorge pantelante,
Et n'a pas desserré ses mâchoires de fer,
Malgré nos coups de feu qui traversaient sa chair,
Et nos couteaux aigus qui, comme des tenailles,
Se croisaient en plongeant dans ses larges entrailles,
Jusqu'au dernier moment où le chien étranglé,

Mort longtemps avant lui, sous ses pieds a roulé.
Le Loup le quitte alors et puis il nous regarde.
Les couteaux lui restaient au flanc jusqu'à la garde,
Le clouaient au gazon tout baigné dans son sang ;
Nos fusils l'entouraient en sinistre croissant.
Il nous regarde encore, ensuite il se recouche,
Tout en léchant le sang répandu sur sa bouche,
Et, sans daigner savoir comment il a péri,
Refermant ses grands yeux, meurt sans jeter un cri.

III

Hélas ! ai-je pensé, malgré ce grand nom d'Hommes,
Que j'ai honte de nous, débiles que nous sommes !
Comment on doit quitter la vie et tous ses maux,
C'est vous qui le savez, sublimes animaux !
A voir ce que l'on fut sur terre et ce qu'on laisse,
Seul le silence est grand ; tout le reste est faiblesse.
— Ah ! je t'ai bien compris, sauvage voyageur,
Et ton dernier regard m'est allé jusqu'au cœur !
Il disait : « Si tu peux, fais que ton âme arrive,
A force de rester studieuse et pensive,
Jusqu'à ce haut degré de stoïque fierté
Où, naissant dans les bois, j'ai tout d'abord monté.
Gémir, pleurer, prier, est également lâche.
Fais énergiquement ta longue et lourde tâche
Dans la voie où le sort a voulu t'appeler,
Puis, après, comme moi, souffre et meurs sans parler. »

Les Destinées

Le Mont des Oliviers

I

Alors il était nuit, et Jésus marchait seul,
Vêtu de blanc ainsi qu'un mort de son linceul ;
Les disciples dormaient au pied de la colline,

Parmi les oliviers, qu'un vent sinistre incline ;
Jésus marche à grands pas en frissonnant comme eux ;
Triste jusqu'à la mort, l'œil sombre et ténébreux,
Le front baissé, croisant les deux bras sur sa robe
Comme un voleur de nuit cachant ce qu'il dérobe,
Connaissant les rochers mieux qu'un sentier uni,
Il s'arrête en un lieu nommé Gethsémani.
Il se courbe, à genoux, le front contre la terre ;
Puis regarde le ciel en appelant : « Mon père ! »
— Mais le ciel reste noir, et Dieu ne répond pas.
Il se lève étonné, marche encore à grands pas,
Froissant les oliviers qui tremblent. Froide et lente
Découle de sa tête une sueur sanglante.
Il recule, il descend, il crie avec effroi :
« Ne pourriez-vous prier et veiller avec moi ? »
Mais un sommeil de mort accable les apôtres.
Pierre à la voix du maître est sourd comme les autres.
Le Fils de l'Homme alors remonte lentement ;
Comme un pasteur d'Égypte, il cherche au firmament
Si l'Ange ne luit pas au fond de quelque étoile.
Mais un nuage en deuil s'étend comme le voile
D'une veuve, et ses plis entourent le désert.
Jésus, se rappelant ce qu'il avait souffert
Depuis trente-trois ans, devint homme, et la crainte
Serra son cœur mortel d'une invincible étreinte.
Il eut froid. Vainement il appela trois fois :
« Mon père ! » Le vent seul répondit à sa voix.
Il tomba sur le sable assis, et, dans sa peine,
Eut sur le monde et l'homme une pensée humaine.
— Et la terre trembla, sentant la pesanteur
Du Sauveur qui tombait aux pieds du Créateur.

LE SILENCE

S'il est vrai qu'au Jardin sacré des Écritures,
Le Fils de l'homme ait dit ce qu'on voit rapporté ;
Muet, aveugle et sourd au cri des créatures,
Si le Ciel nous laissa comme un monde avorté,

Le juste opposera le dédain à l'absence,
Et ne répondra plus que par un froid silence
Au silence éternel de la Divinité.

Les Destinées

La Colère de Samson

Le désert est muet, la tente est solitaire.
Quel pasteur courageux la dressa sur la terre
Du sable et des lions? — La nuit n'a pas calmé
La fournaise du jour dont l'air est enflammé.
Un vent léger s'élève à l'horizon et ride
Les flots de la poussière ainsi qu'un lac limpide.
Le lin blanc de la tente est bercé mollement;
L'œuf d'autruche allumé veille paisiblement,
Des voyageurs voilés intérieure étoile,
Et jette longuement deux ombres sur la toile.

L'une est grande et superbe, et l'autre est à ses pieds:
C'est Dalila; l'esclave, et ses bras sont liés
Aux genoux réunis du maître jeune et grave
Dont la force divine obéit à l'esclave.
Comme un doux léopard elle est souple, et répand
Ses cheveux dénoués aux pieds de son amant.
Ses grands yeux, entr'ouverts comme s'ouvre l'amande,
Sont brûlants du plaisir que son regard demande,
Et jettent, par éclats, leurs mobiles lueurs.
Ses bras fins tout mouillés de tièdes sueurs,
Ses pieds voluptueux qui sont croisés sous elle,
Ses flancs, plus élancés que ceux de la gazelle,
Pressés de bracelets, d'anneaux, de boucles d'or,
Sont bruns, et, comme il sied aux filles de Hatsor,
Ses deux seins, tout chargés d'amulettes anciennes,
Sont chastement pressés d'étoffes syriennes.

Les genoux de Samson fortement sont unis
Comme les deux genoux du colosse Anubis.

Elle s'endort sans force et riante et bercée
Par la puissante main sous sa tête placée.
Lui, murmure le chant funèbre et douloureux
Prononcé dans la gorge avec des mots hébreux.
Elle ne comprend pas la parole étrangère,
Mais le chant verse un somme en sa tête légère.

« Une lutte éternelle en tout temps, en tout lieu,
Se livre sur la terre, en présence de Dieu,
Entre la bonté d'Homme et la ruse de Femme,
Car la femme est un être impur de corps et d'âme.

« L'Homme a toujours besoin de caresse et d'amour,
Sa mère l'en abreuve alors qu'il vient au jour,
Et ce bras le premier l'engourdit, le balance
Et lui donne un désir d'amour et d'indolence.
Troublé dans l'action, troublé dans le dessein,
Il rêvera partout à la chaleur du sein,
Aux chansons de la nuit, aux baisers de l'aurore,
A la lèvre de feu que sa lèvre dévore,
Aux cheveux dénoués qui roulent sur son front,
Et les regrets du lit, en marchant, le suivront.
Il ira dans la ville, et là les vierges folles
Le prendront dans leurs lacs aux premières paroles.
Plus fort il sera né, mieux il sera vaincu,
Car plus le fleuve est grand et plus il est ému.
Quand le combat que Dieu fit pour la créature
Et contre son semblable et contre la nature
Force l'Homme à chercher un sein où reposer,
Quand ses yeux sont en pleurs, il lui faut un baiser.
Mais il n'a pas encor fini toute sa tâche :
Vient un autre combat plus secret, traître et lâche ;
Sous son bras, sur son cœur se livre celui-là ;
Et, plus ou moins, la Femme est toujours DALILA… »

Les Destinées

«...Sitôt que votre souffle a rempli le berger,
Les hommes se sont dit: « Il nous est étranger »;
Et leurs yeux se baissaient devant mes yeux de flamme,
Car ils venaient, hélas! d'y voir plus que mon âme.
J'ai vu l'amour s'éteindre et l'amitié tarir;
Les vierges se voilaient et craignaient de mourir.

M'enveloppant alors de la colonne noire,
J'ai marché devant tous, triste et seul dans ma gloire,
Et j'ai dit dans mon cœur: « Que vouloir à présent?»
Pour dormir sur un sein mon front est trop pesant,
Ma main laisse l'effroi sur la main qu'elle touche,
L'orage est dans ma voix, l'éclair est sur ma bouche;
Aussi, loin de m'aimer, voilà qu'ils tremblent tous,
Et, quand j'ouvre les bras, on tombe à mes genoux.
O Seigneur! j'ai vécu puissant et solitaire,
Laissez-moi m'endormir du sommeil de la terre! »

Or, le peuple attendait, et, craignant son courroux,
Priait sans regarder le mont du Dieu jaloux;
Car, s'il levait les yeux, les flancs noirs du nuage
Roulaient et redoublaient les foudres de l'orage,
Et le feu des éclairs, aveuglant les regards,
Enchaînait tous les fronts courbés de toutes parts.
Bientôt le haut du mont reparut sans Moïse.—
Il fut pleuré. — Marchant vers la terre promise,
Josué s'avançait pensif, et pâlissant,
Car il était déjà l'élu du Tout-Puissant.

Livre mystique

Booz endormi

…Donc, Booz dans la nuit dormait parmi les siens;
Près des meules, qu'on eût prises pour des décombres,
Les moissonneurs couchés faisaient des groupes sombres;
Et ceci se passait dans des temps très anciens.

Les tribus d'Israël avaient pour chef un juge;
La terre, où l'homme errait sous la tente, inquiet
Des empreintes de pieds de géant qu'il voyait,
Était encor mouillée et molle du déluge.

Comme dormait Jacob, comme dormait Judith,
Booz, les yeux fermés, gisait sous la feuillée;
Or, la porte du ciel s'étant entre-bâillée
Au-dessus de sa tête un songe en descendit.

Et ce songe était tel, que Booz vit un chêne
Qui, sorti de son ventre, allait jusqu'au ciel bleu;
Une race y montait comme une longue chaîne;
Un roi chantait en bas, en haut mourait un dieu.

Et Booz murmurait avec la voix de l'âme:
« Comment se pourrait-il que de moi ceci vînt?
Le chiffre de mes ans a passé quatre-vingt,
Et je n'ai pas de fils, et je n'ai plus de femme.

« Voilà longtemps que celle avec qui j'ai dormi,
O Seigneur! a quitté ma couche pour la vôtre;
Et nous sommes encor tout mêlés l'un à l'autre,
Elle à demi vivante et moi mort à demi.

« Une race naîtrait de moi! Comment le croire?
Comment se pourrait-il que j'eusse des enfants?

Quand on est jeune, on a des matins triomphants,
Le jour sort de la nuit comme d'une victoire ;

« Mais, vieux, on tremble ainsi qu'à l'hiver le bouleau.
Je suis veuf, je suis seul, et sur moi le soir tombe,
Et je courbe, ô mon Dieu ! mon âme vers la tombe,
Comme un bœuf ayant soif penche son front vers l'eau. »

Ainsi parlait Booz dans le rêve et l'extase,
Tournant vers Dieu ses yeux par le sommeil noyés ;
Le cèdre ne sent pas une rose à sa base,
Et lui ne sentait pas une femme à ses pieds.

Pendant qu'il sommeillait, Ruth, une moabite,
S'était couchée aux pieds de Booz, le sein nu,
Espérant on ne sait quel rayon inconnu,
Quand viendrait du réveil la lumière subite.

Booz ne savait point qu'une femme était là,
Et Ruth ne savait point ce que Dieu voulait d'elle.
Un frais parfum sortait des touffes d'asphodèle ;
Les souffles de la nuit flottaient sur Galgala.

L'ombre était nuptiale, auguste et solennelle ;
Les anges y volaient sans doute obscurément,
Car on voyait passer dans la nuit, par moment,
Quelque chose de bleu qui paraissait une aile.

La respiration de Booz qui dormait,
Se mêlait au bruit sourd des ruisseaux sur la mousse.
On était dans le mois où la nature est douce,
Les collines ayant les lys sur leur sommet.

Ruth songeait et Booz dormait ; l'herbe était noire,
Les grelots des troupeaux palpitaient vaguement ;
Une immense bonté tombait du firmament ;
C'était l'heure tranquille où les lions vont boire.

Tout reposait dans Ur et dans Jérimadeth ;
Les astres émaillaient le ciel profond et sombre ;
Le croissant fin et clair parmi ces fleurs de l'ombre
Brillait à l'occident, et Ruth se demandait,

Immobile, ouvrant l'œil à moitié sous ses voiles,
Quel dieu, quel moissonneur de l'éternel été
Avait, en s'en allant, négligemment jeté
Cette faucille d'or dans le champ des étoiles.

La Légende des Siècles

Napoléon II

I

Mil huit cent onze ! — O temps où des peuples sans nombre
Attendaient prosternés sous un nuage sombre
       Que le ciel eût dit oui,
Sentaient trembler sous eux les états centenaires,
Et regardaient le Louvre entouré de tonnerres,
       Comme un mont Sinaï !

Courbés comme un cheval qui sent venir son maître,
Ils se disaient entre eux : Quelqu'un de grand va naître !
L'immense empire attend un héritier demain.
Qu'est-ce que le Seigneur va donner à cet homme
Qui, plus grand que César, plus grand même que Rome,
Absorbe dans son sort le sort du genre humain ? —

Comme ils parlaient, la nue éclatante et profonde
S'entr'ouvrit, et l'on vit se dresser sur le monde
       L'homme prédestiné,
Et les peuples béants ne purent que se taire,
Car ses deux bras levés présentaient à la terre
       Un enfant nouveau-né.

Au souffle de l'enfant, dôme des Invalides,
Les drapeaux prisonniers sous tes voûtes splendides
Frémirent, comme au vent frémissent les épis;
Et son cri, ce doux cri qu'une nourrice apaise,
Fit, nous l'avons tous vu, bondir et hurler d'aise
Les canons monstrueux à ta porte accroupis!

Et lui! l'orgueil gonflait sa puissante narine;
Ses deux bras jusqu'alors croisés sur sa poitrine,
   S'étaient enfin ouverts!
Et l'enfant, soutenu dans sa main paternelle,
Inondé des éclairs de sa fauve prunelle,
   Rayonnait au travers!

Quand il eut bien fait voir l'héritier de ses trônes
Aux vieilles nations comme aux vieilles couronnes,
Éperdu, l'œil fixé sur quiconque était roi,
Comme un aigle arrivé sur une haute cime,
Il cria tout joyeux avec un air sublime:
— L'avenir! l'avenir! l'avenir est à moi!

II

Non, l'avenir n'est à personne!
Sire, l'avenir est à Dieu!
A chaque fois que l'heure sonne,
Tout ici-bas nous dit adieu.
L'avenir! l'avenir! mystère!
Toutes les choses de la terre:
Gloire, fortune militaire,
Couronne éclatante des rois,
Victoire aux ailes embrasées,
Ambitions réalisées,
Ne sont jamais sur nous posées
Que comme l'oiseau sur nos toits!

Non, si puissant qu'on soit, non, qu'on rie ou qu'on pleure,
Nul ne te fait parler, nul ne peut avant l'heure
      Ouvrir ta froide main,
O fantôme muet, ô notre ombre, ô notre hôte,
Spectre toujours masqué qui nous suit côte à côte,
      Et qu'on nomme demain!

      Oh! demain, c'est la grande chose!
      De quoi demain sera-t-il fait?
      L'homme aujourd'hui sème la cause,
      Demain Dieu fait mûrir l'effet.
      Demain, c'est l'éclair dans la voile,
      C'est le nuage sur l'étoile,
      C'est un traître qui se dévoile,
      C'est le bélier qui bat les tours,
      C'est l'astre qui change de zone,
      C'est Paris qui suit Babylone;
      Demain, c'est le sapin du trône,
      Aujourd'hui, c'en est le velours.

Demain, c'est le cheval qui s'abat blanc d'écume,
Demain, ô conquérant, c'est Moscou qui s'allume,
      La nuit, comme un flambeau.
C'est notre vieille garde au loin jonchant la plaine.
Demain, c'est Waterloo! demain, c'est Sainte-Hélène!
      Demain, c'est le tombeau!

      Vous pouvez entrer dans les villes
      Au galop de votre coursier,
      Dénouer les guerres civiles
      Avec le tranchant de l'acier;
      Vous pouvez, ô mon capitaine,
      Barrer la Tamise hautaine,
      Rendre la victoire incertaine
      Amoureuse de vos clairons,
      Briser toutes portes fermées,
      Dépasser toutes renommées,

Donner pour astre à des armées
L'étoile de vos éperons !

Dieu garde la durée et vous laisse l'espace ;
Vous pouvez sur la terre avoir toute la place,
Être aussi grand qu'un front peut l'être sous le ciel ;
Sire, vous pouvez prendre, à votre fantaisie,
L'Europe à Charlemagne, à Mahomet l'Asie ; —
Mais tu ne prendras pas demain à l'Éternel !

IV

Oui, l'aigle, un soir, planait aux voûtes éternelles,
Lorsqu'un grand coup de vent lui cassa les deux ailes ;
Sa chute fit dans l'air un foudroyant sillon ;
Tous alors sur son nid fondirent pleins de joie ;
Chacun selon ses dents se partagea la proie ;
L'Angleterre prit l'aigle, et l'Autriche l'aiglon.

Vous savez ce qu'on fit du géant historique.
Pendant six ans l'on vit, loin derrière l'Afrique,
      Sous le verrou des rois prudents,
— Oh ! n'exilons personne, oh ! l'exil est impie ! —
Cette grande figure en sa cage accroupie,
      Ployée, et les genoux aux dents.

Encor si ce banni n'eût rien aimé sur terre !
Mais les cœurs de lion sont les vrais cœurs de père.
      Il aimait son fils, ce vainqueur !
Deux choses lui restaient dans sa cage inféconde,
Le portrait d'un enfant et la carte du monde,
      Tout son génie et tout son cœur !

Le soir, quand son regard se perdait dans l'alcôve,
Ce qui se remuait dans cette tête chauve,
Ce que son œil cherchait dans le passé profond,
— Tandis que ses geôliers, sentinelles placées

[290]

Pour guetter nuit et jour le vol de ses pensées,
En regardaient passer les ombres sur son front; —

Ce n'était pas toujours, sire, cette épopée
Que vous aviez naguère écrite avec l'épée;
      Arcole, Austerlitz, Montmirail;
Ni l'apparition des vieilles Pyramides;
Ni le pacha du Caire et ses chevaux numides
      Qui mordaient le vôtre au poitrail;

Ce n'était pas le bruit de bombe et de mitraille
Que vingt ans, sous ses pieds, avait fait la bataille
      Déchaînée en noirs tourbillons,
Quand son souffle poussait sur cette mer troublée
Les drapeaux frissonnants, penchés dans la mêlée
      Comme les mâts des bataillons...

Non, ce qui l'occupait, c'est l'ombre blonde et rose
D'un bel enfant qui dort la bouche demi-close,
      Gracieux comme l'orient,
Tandis qu'avec amour sa nourrice enchantée
D'une goutte de lait au bout du sein restée
      Agace sa lèvre en riant.

Le père alors posait ses coudes sur sa chaise,
Son cœur plein de sanglots se dégonflait à l'aise,
      Il pleurait d'amour éperdu...—
Sois béni, pauvre enfant, tête aujourd'hui glacée,
Seul être qui pouvais distraire sa pensée
      Du trône du monde perdu!

V

Tous deux sont morts! Seigneur, votre droite est terrible!
Vous avez commencé par le maître invincible,
      Par l'homme triomphant;
Puis vous avez enfin complété l'ossuaire;

Dix ans vous ont suffi pour filer le suaire
        Du père et de l'enfant !

Gloire, jeunesse, orgueil, biens que la tombe emporte !
L'homme voudrait laisser quelque chose à la porte,
        Mais la mort lui dit non !
Chaque élément retourne où tout doit redescendre.
L'air reprend la fumée, et la terre la cendre,
        L'oubli reprend le nom !...

Chants du Crépuscule

L'Expiation

I

Il neigeait. On était vaincu par sa conquête.
Pour la première fois l'aigle baissait la tête.
Sombres jours ! l'empereur revenait lentement,
Laissant derrière lui brûler Moscou fumant.
Il neigeait. L'âpre hiver fondait en avalanche ;
Après la plaine blanche, une autre plaine blanche ;
On ne connaissait plus les chefs ni le drapeau.
Hier la grande armée et maintenant troupeau.
On ne distinguait plus les ailes ni le centre.
Il neigeait. Les blessés s'abritaient dans le ventre
Des chevaux morts ; au seuil des bivouacs désolés
On voyait des clairons à leur poste gelés,
Restés debout, en selle et muets, blancs de givre,
Collant leur bouche en pierre aux trompettes de cuivre.
Boulets, mitraille, obus mêlés aux flocons blancs,
Pleuvaient ; les grenadiers, surpris d'être tremblants,
Marchaient pensifs, la glace à leur moustache grise.
Il neigeait, il neigeait toujours ! La froide bise
Sifflait ; sur le verglas, dans les lieux inconnus,
On n'avait pas de pain et l'on allait pieds nus.
Ce n'étaient plus des cœurs vivants, des gens de guerre ;
C'était un rêve errant dans la brume, un mystère,

Une procession d'ombres sur le ciel noir.
La solitude, vaste, épouvantable à voir,
Partout apparaissait, muette, vengeresse ;
Le ciel faisait, sans bruit, avec la neige épaisse,
Pour cette immense armée, un immense linceul ;
Et chacun se sentant mourir, on était seul.
— Sortira-t-on jamais de ce funeste empire ?
Deux ennemis ! Le Czar, le Nord. Le Nord est pire.
On jetait les canons pour brûler les affûts.
Qui se couchait, mourait. Groupe morne et confus,
Ils fuyaient ; le désert dévorait le cortège.
On pouvait, à des plis qui soulevaient la neige,
Voir que des régiments s'étaient endormis là.
O chutes d'Annibal ! Lendemains d'Attila !
Fuyards, blessés, mourants, caissons, brancards, civières,
On s'écrasait aux ponts pour passer les rivières ;
On s'endormait dix mille, on se réveillait cent.
Ney, que suivait naguère une armée, à présent
S'évadait, disputant sa montre à trois cosaques.
Toutes les nuits, qui vive ! alerte ! assauts ! attaques !
Ces fantômes prenaient leur fusil, et sur eux
Ils voyaient se ruer, effrayants, ténébreux,
Avec des cris pareils aux voix des vautours chauves,
D'horribles escadrons, tourbillons d'hommes fauves.
Toute une armée ainsi dans la nuit se perdait.
L'empereur était là, debout, qui regardait.
Il était comme un arbre en proie à la cognée.
Sur ce géant, grandeur jusqu'alors épargnée,
Le malheur, bûcheron sinistre, était monté ;
Et lui, chêne vivant, par la hache insulté,
Tressaillant sous le spectre aux lugubres revanches,
Il regardait tomber autour de lui ses branches.
Chefs, soldats, tous mouraient. Chacun avait son tour.
Tandis qu'environnant sa tente avec amour,
Voyant son ombre aller et venir sur la toile,
Ceux qui restaient, croyant toujours à son étoile,
Accusaient le destin de lèse-majesté,
Lui se sentit soudain dans l'âme épouvanté.

Stupéfait du désastre et ne sachant que croire,
L'empereur se tourna vers Dieu; l'homme de gloire
Trembla; Napoléon comprit qu'il expiait
Quelque chose peut-être, et, livide, inquiet,
Devant ses légions sur la neige semées:
— Est-ce le châtiment, dit-il, Dieu des armées? —
Alors il s'entendit appeler par son nom
Et quelqu'un qui parlait dans l'ombre lui dit: Non.

II

Waterloo! Waterloo! Waterloo! morne plaine!
Comme une onde qui bout dans une urne trop pleine,
Dans ton cirque de bois, de coteaux, de vallons,
La pâle mort mêlait les sombres bataillons.
D'un côté c'est l'Europe, et de l'autre la France.
Choc sanglant! des héros Dieu trompait l'espérance;
Tu désertais, victoire, et le sort était las.
O Waterloo! je pleure et je m'arrête, hélas!
Car ces derniers soldats de la dernière guerre,
Furent grands; ils avaient vaincu toute la terre,
Chassé vingt rois, passé les Alpes et le Rhin,
Et leur âme chantait dans les clairons d'airain!
Le soir tombait; la lutte était ardente et noire.
Il avait l'offensive et presque la victoire;
Il tenait Wellington acculé sur un bois.
Sa lunette à la main, il observait parfois
Le centre du combat, point obscur où tressaille
La mêlée, effroyable et vivante broussaille,
Et parfois l'horizon, sombre comme la mer.
Soudain, joyeux, il dit: Grouchy! — C'était Blücher.
L'espoir changea de camp, le combat changea d'âme,
La mêlée en hurlant grandit comme une flamme.
La batterie anglaise écrasa nos carrés.
La plaine où frissonnaient les drapeaux déchirés,
Ne fut plus, dans les cris des mourants qu'on égorge,
Qu'un gouffre flamboyant, rouge comme une forge;

Gouffre où les régiments, comme des pans de murs,
Tombaient, où se couchaient comme des épis mûrs
Les hauts tambours-majors aux panaches énormes,
Où l'on entrevoyait des blessures difformes !
Carnage affreux ! moment fatal ! L'homme inquiet
Sentit que la bataille entre ses mains pliait.
Derrière un mamelon la garde était massée,
La garde, espoir suprême et suprême pensée !
— Allons ! faites donner la garde, cria-t-il, —
Et lanciers, grenadiers aux guêtres de coutil,
Dragons que Rome eût pris pour des légionnaires,
Cuirassiers, canonniers qui traînaient des tonnerres,
Portant le noir colback ou le casque poli,
Tous, ceux de Friedland et ceux de Rivoli,
Comprenant qu'ils allaient mourir dans cette fête,
Saluèrent leur dieu, debout dans la tempête.
Leur bouche, d'un seul cri, dit : vive l'empereur !
Puis, à pas lents, musique en tête, sans fureur,
Tranquille, souriant à la mitraille anglaise,
La garde impériale entra dans la fournaise.
Hélas ! Napoléon, sur sa garde penché,
Regardait ; et, sitôt qu'ils avaient débouché
Sous les sombres canons crachant des jets de soufre,
Voyait, l'un après l'autre, en cet horrible gouffre,
Fondre ces régiments de granit et d'acier,
Comme fond une cire au souffle d'un brasier.
Ils allaient, l'arme au bras, front haut, graves, stoïques,
Pas un ne recula. Dormez, morts héroïques !
Le reste de l'armée hésitait sur leurs corps
Et regardait mourir la garde. — C'est alors
Qu'élevant tout à coup sa voix désespérée,
La Déroute, géante à la face effarée,
Qui, pâle, épouvantant les plus fiers bataillons,
Changeant subitement les drapeaux en haillons,
A de certains moments spectre fait de fumées,
Se lève grandissante au milieu des armées,
La Déroute apparut au soldat qui s'émeut,
Et, se tordant les bras, cria : Sauve qui peut !

Sauve qui peut ! affront ! horreur ! toutes les bouches
Criaient ; à travers champs, fous, éperdus, farouches,
Comme si quelque souffle avait passé sur eux,
Parmi les lourds caissons et les fourgons poudreux,
Roulant dans les fossés, se cachant dans les seigles,
Jetant shakos, manteaux, fusils, jetant les aigles,
Sous les sabres prussiens, ces vétérans, ô deuil !
Tremblaient, hurlaient, pleuraient, couraient. En un clin d'œil,
Comme s'envole au vent une paille enflammée,
S'évanouit ce bruit qui fut la grande armée,
Et cette plaine, hélas ! où l'on rêve aujourd'hui,
Vit fuir ceux devant qui l'univers avait fui !
Quarante ans sont passés, et ce coin de la terre,
Waterloo, ce plateau funèbre et solitaire,
Ce champ sinistre où Dieu mêla tant de néants,
Tremble encor d'avoir vu la fuite des géants !

Napoléon les vit s'écouler comme un fleuve :
Hommes, chevaux, tambours, drapeaux ; — et dans l'épreuve,
Sentant confusément revenir son remords,
Levant les mains au ciel, il dit : — Mes soldats morts,
Moi vaincu ! mon empire est brisé comme verre.
Est-ce le châtiment, cette fois, Dieu sévère ? —
Alors parmi les cris, les rumeurs, le canon,
Il entendit la voix qui lui répondait : Non !

III

Il croula. Dieu changea la chaîne de l'Europe.

Il est, au fond des mers que la brume enveloppe,
Un roc hideux, débris des antiques volcans.
Le Destin prit des clous, un marteau, des carcans,
Saisit, pâle et vivant, ce voleur du tonnerre,
Et, joyeux, s'en alla sur le pic centenaire
Le clouer, excitant par son rire moqueur
Le vautour Angleterre à lui ronger le cœur.

Évanouissement d'une splendeur immense !
Du soleil qui se lève à la nuit qui commence,
Toujours l'isolement, l'abandon, la prison ;
Un soldat rouge au seuil, la mer à l'horizon.
Des rochers nus, des bois affreux, l'ennui, l'espace,
Des voiles s'enfuyant comme l'espoir qui passe,
Toujours le bruit des flots, toujours le bruit des vents !
Adieu, tente de pourpre aux panaches mouvants,
Adieu, le cheval blanc que César éperonne !
Plus de tambours battant aux champs, plus de couronne,
Plus de rois prosternés dans l'ombre avec terreur,
Plus de manteau traînant sur eux, plus d'empereur !
Napoléon était retombé Bonaparte.
Comme un romain blessé par la flèche du Parthe,
Saignant, morne, il songeait à Moscou qui brûla.
Un caporal anglais lui disait : halte-là !
Son fils aux mains des rois, sa femme au bras d'un autre !
Plus vil que le pourceau qui dans l'égoût se vautre,
Son sénat, qui l'avait adoré, l'insultait.
Au bord des mers, à l'heure où la bise se tait,
Sur les escarpements croulant en noirs décombres,
Il marchait, seul, rêveur, captif des vagues sombres.
Sur les monts, sur les flots, sur les cieux, triste et fier,
L'œil encore ébloui des batailles d'hier,
Il laissait sa pensée errer à l'aventure.
Grandeur, gloire, ô néant ! calme de la nature !
Les aigles qui passaient ne le connaissaient pas.
Des rois, ses guichetiers, avaient pris un compas
Et l'avaient enfermé dans un cercle inflexible.
Il expiait. La mort, de plus en plus visible,
Se levait dans sa nuit et croissait à ses yeux,
Comme le froid matin d'un jour mystérieux.
Son âme palpitait déjà presque échappée.
Un jour enfin il mit sur son lit son épée,
Et se coucha près d'elle, et dit : — C'est aujourd'hui !
On jeta le manteau de Marengo sur lui.
Ses batailles du Nil, du Danube, du Tibre,
Se penchaient sur son front ; il dit : — Me voici libre !

Je suis vainqueur ! je vois mes aigles accourir ! —
Et, comme il retournait sa tête pour mourir,
Il aperçut, un pied dans la maison déserte,
Hudson-Lowe guettant par la porte entr'ouverte.
Alors, géant broyé sous le talon des rois,
Il cria : — La mesure est comble cette fois !
Seigneur ! c'est maintenant fini ! Dieu que j'implore,
Vous m'avez châtié ! — La voix dit : — Pas encore !

IV

O noirs événements, vous fuyez dans la nuit !
L'empereur mort tomba sur l'empire détruit.
Napoléon alla s'endormir sous le saule.
Et les peuples alors, de l'un à l'autre pôle,
Oubliant le tyran, s'éprirent du héros...

V

Le nom grandit quand l'homme tombe ;
Jamais rien de tel n'avait lui.
Calme, il écoutait dans sa tombe
La terre qui parlait de lui.

La terre disait : — La victoire
A suivi cet homme en tous lieux.
Jamais tu n'as vu, sombre histoire,
Un passant plus prodigieux !

Gloire au maître qui dort sous l'herbe !
Gloire à ce grand audacieux !
Nous l'avons vu gravir, superbe,
Les premiers échelons des cieux !...

Les Châtiments

Soleils couchants

I

J'aime les soirs sereins et beaux, j'aime les soirs,
Soit qu'ils dorent le front des antiques manoirs
   Ensevelis dans les feuillages,
Soit que la brume au loin s'allonge en bancs de feu,
Soit que mille rayons brisent dans un ciel bleu
   A des archipels de nuages.

Oh! regardez le ciel! cent nuages mouvants,
Amoncelés là-haut sous le souffle des vents,
   Groupent leurs formes inconnues;
Sous leurs flots par moments flamboie un pâle éclair,
Comme si tout à coup quelque géant de l'air
   Tirait son glaive dans les nues.

Le soleil à travers leurs ombres brille encor;
Tantôt fait, à l'égal des larges dômes d'or,
   Luire le toit d'une chaumière;
Ou dispute aux brouillards les vagues horizons;
Ou découpe, en tombant sur les sombres gazons,
   Comme de grands lacs de lumière.

Puis voilà qu'on croit voir, dans le ciel balayé,
Pendre un grand crocodile au dos large et rayé,
   Aux trois rangs de dents acérées;
Sous son ventre plombé glisse un rayon du soir;
Cent nuages ardents luisent sous son flanc noir
   Comme des écailles dorées.

Puis se dresse un palais. Puis l'air tremble et tout fuit.
L'édifice effrayant des nuages détruit
   S'écroule en ruines pressées;
Il jonche au loin le ciel, et ses cônes vermeils
Pendent, la pointe en bas, sur nos têtes, pareils
   A des montagnes renversées…

[299]

II

Le jour s'enfuit des cieux; sous leur transparent voile
De moments en moments se hasarde une étoile;
La nuit, pas à pas, monte au trône obscur des soirs;
Un coin du ciel est brun, l'autre lutte avec l'ombre;
Et déjà, succédant au combat rouge et sombre,
Le crépuscule gris meurt sur les coteaux noirs.

Et là-bas, allumant ses vitres étoilées,
Avec sa cathédrale aux flèches dentelées,
Les tours de son palais, les tours de sa prison,
Avec ses hauts clochers, sa bastille obscurcie,
Posée au bord du ciel comme une longue scie,
La ville aux mille toits découpe l'horizon...

Quelquefois, sous les plis des nuages trompeurs,
Loin dans l'air, à travers les brèches des vapeurs
      Par le vent du soir remuées,
Derrière les derniers brouillards, plus loin encore,
Apparaissent soudain les mille étages d'or
      D'un édifice de nuées.

Et l'œil épouvanté, par delà tous nos cieux,
Sur une île de l'air au vol audacieux,
      Dans l'éther libre aventurée,
L'œil croit voir jusqu'au ciel monter, monter toujours,
Avec ses escaliers, ses ponts, ses grandes tours,
      Quelque Babel démesurée.

VI

Le soleil s'est couché ce soir dans les nuées.
Demain viendra l'orage, et le soir, et la nuit;
Puis l'aube, et ses clartés de vapeurs obstruées,
Puis les nuits, puis les jours, pas du temps qui s'enfuit!

Tous ces jours passeront; ils passeront en foule
Sur la face des mers, sur la face des monts,

Sur les fleuves d'argent, sur les forêts où roule
Comme un hymne confus des morts que nous aimons.

Et la face des eaux, et le front des montagnes,
Ridés et non vieillis, et les bois toujours verts
S'iront rajeunissant ; le fleuve des campagnes
Prendra sans cesse aux monts le flot qu'il donne aux mers.

Mais moi, sous chaque jour courbant plus bas ma tête,
Je passe, et, refroidi sous ce soleil joyeux,
Je m'en irai bientôt, au milieu de la fête,
Sans que rien manque au monde immense et radieux.

Feuilles d'Automne

Je tressaillis...

...Je tressaillis, l'oiseau poursuivit :

— J'en frissonne
A jamais, dans ce gouffre où j'erre plein d'effroi,
Dans cette obscurité, personne ne dit : Moi !

Noire ébauche de rien que personne n'achève,
L'univers est un monstre et le ciel est un rêve ;
Ni volonté, ni loi, ni pôles, ni milieu ;
Un chaos composé de néants ; — pas de Dieu.

Dieu, pourquoi ? L'idéal est absent. Dans ce monde,
La naissance est obscène et l'amour est immonde.
D'ailleurs, est-ce qu'on naît ? Est-ce qu'on vit ? Quel est
Le vivant, le réel, le certain, le complet ?
Les penseurs, dont, la nuit, je bats les fronts moroses,
Questionnent en vain la surdité des choses !
L'eau coule, l'arbre croît, l'âne brait, l'oiseau pond,
Le loup hurle, le ver mange. Rien ne répond.

[301]

La profondeur sans but, triste, idiote et blême,
Quelque chose d'affreux qui s'ignore soi-même,
C'est tout. Sous mon linceul voilà ce que je sais.
Et l'infini m'écrase, et j'ai beau dire : Assez !
C'est horrible. Toujours cette vision morne !
Jamais le fond, jamais la fin, jamais la borne !

Donc je te le redis, puisque tu passes là :
J'entends crier en bas : Jéhovah, Christ, Allah !
Tout n'est qu'un sombre amas d'apparitions folles ;
Rien n'existe : et comment exprimer en paroles
La stupéfaction immense de la nuit ?
L'invisible s'efface et l'impalpable fuit ;
L'ombre dort ; les fœtus se mêlent aux décombres ;
Les formes, aspects vains, se perdent dans les nombres ;
Rien n'a de sens ; et tout, l'objet, l'espoir, l'effort,
Tout est insensé, vide et faux, même la mort.
L'infini sombre au fond du tombeau déraisonne ;
La bière est un grelot où le cadavre sonne.
Si quelque chose vit, ce n'est pas encore né...

La Chauve-Souris (Dieu)

Et je songe à jamais...

...Et je songe à jamais, à jamais mon œil sombre
Voit aller et venir l'onde énorme de l'ombre.
A quoi bon ? Et vous tous, à quoi bon ? Vous vivez ;
Vivez-vous ? Et d'ailleurs, pourquoi ? Pensez, rêvez,
Mourez ! heurtez vos fronts à la sourde clôture !
Qu'est-ce que le destin ? qu'est-ce que la nature ?
N'est-ce qu'un même texte en deux langues traduit ?
N'est-ce qu'un rameau double ayant le même fruit ?

La plaine où le mont pèse ainsi qu'un noir décembre,
La mer par le couchant chauffée au rouge sombre,
Les nuages ayant les cimes pour récifs,

Les tourmentes volant en groupes convulsifs,
La foudre, les Etnas jetant les pierres ponces,
Les crimes s'envoyant des fléaux pour réponses,
L'antre surnaturel, l'étang plein de typhus,
Les prodiges hurlant sous les chênes touffus,
La matière, chaos, profondeur où s'étale
L'air furieux, le feu féroce, l'eau brutale,
La nuit, cette prison, ce noir cachot mouvant
Où l'on entend la sombre invasion du vent,
Tout est morne !
                    On a peur quand l'aube qui s'éveille
Fait une plaie au bas des cieux, rouge et vermeille ;
On a peur quand la bise épand son long frisson ;
On a peur quand on voit, vague, à fleur d'horizon,
Montrant, dans l'étendue au crépuscule ouverte,
Son dos mystérieux d'or et de nacre verte,
Ramper le scarabée effroyable du soir ;
On a peur quand minuit sur les monts vient s'asseoir !

Pourtant, dans cette masse informe et frémissante,
Il semble par moments qu'on saisisse et qu'on sente
Comme un besoin d'hymen et de paix, émouvant
Toutes ces profondeurs de nuée et de vent ;
Tout cherche à se parler et tout cherche à s'entendre ;
La terre, à l'océan jetant un regard tendre,
Attire à son flanc vert ce sombre apprivoisé ;
Mais l'eau quitte le bord après l'avoir baisé,
Et retombe, et s'enfonce, et redevient tourmente.

Il n'est rien qui n'hésite et qui ne se démente ;
Le bien prête son voile au mal qui vient s'offrir ;
Hélas ! l'autre côté de savoir, c'est souffrir.
Aube et soir, vie et deuil ont les mêmes racines ;
Le sort fait la recherche et l'angoisse voisines ;
D'où jaillit le regard on voit sortir le pleur ;
Et, si l'œil dit Lumière, il dit aussi Douleur.
Tout est morne !
                    Il n'est pas d'objet qui ne paraisse

Faire dans l'infini des signes de détresse.
Et, pendant que, lugubre et vague, autour de lui,
Dans la blême fumée et dans le vaste ennui,
Le tourbillon des faits et des choses s'engouffre,
Ce spectre de la vie appelé l'homme souffre...

J'ai lu ceci qu'Hermès écrivit sur sa table :
— Pyrrhon d'Elée était un mage redoutable.
L'abîme en le voyant se mettait à hennir.
Il vint un jour au ciel, Dieu le laissa venir ;
Il vit la vérité, Dieu la lui laissa prendre.
Comme il redescendait, — car il faut redescendre,
L'Idéal met dehors les sages enivrés —
Comme il redescendait de degrés en degrés,
De parvis en parvis, de pilastre en pilastre,
Portant la vérité, tenant dans sa main l'astre,
Soudain, sombre, il tourna vers les grands cieux brûlants
Son poing terrible et plein de rayons aveuglants,
Et, laissant de ses doigts jaillir l'astre, le sage
Dit : Je te jette, ô Dieu, ton étoile au visage !
Et la clarté plongea jusqu'au fond de la nuit ;
On vit un instant Dieu, puis tout s'évanouit...

Je n'ai qu'un seul effort, je me cramponne à l'être,
Je me cramponne à Dieu dans l'ombre sans parois...
Si Dieu n'existait pas ? — Oh ! par moments je crois
Voir pleurer la paupière horrible de l'abîme ! —
Si Dieu n'existait pas ? Si rien n'avait de cime ?
Si les gouffres n'avaient qu'une ombre au milieu d'eux ?
Oh ! serais-je tout seul dans l'infini hideux ?

Le Hibou (*Dieu*)

Ils sont deux combattants...

...Ils sont deux combattants. Le combat c'est le monde.

L'un, qui mêle à l'azur sa chevelure blonde,
Est l'ange. Il est celui qui, dans le gouffre obscur,
Apporte la clarté, le lys, le bonheur pur;
Du monstre aux pieds hideux il traverse les toiles;
Sur sa robe frissonne un tremblement d'étoiles;
Il est beau. Semant l'être et le germe aux limons,
Allumant des blancheurs sur la cime des monts,
Et pénétrant d'un feu mystérieux les choses,
Il vient, et l'on voit l'aube à travers ses doigts roses;
Et tout rit; l'herbe est verte et les hommes sont doux.

L'autre surgit à l'heure où pleurent à genoux
Les mères et les sœurs, Rachel, Hécube, Electre;
Le soir monstrueux fait apparaître le spectre;
Il sort du vaste ennui de l'ombre qui descend;
Il arrête la sève et fait couler le sang;
Le jardin sous ses pieds se change en ossuaire;
De l'horreur infinie il traîne le suaire;
Il sort pour faire faire aux ténèbres le mal...

Il se penche effrayant sur les dormeurs qui rêvent.
C'est vers lui qu'à travers l'obscurité s'élèvent
L'hymne d'amour du monstre et l'odeur du bûcher,
Les langues des serpents cherchant à le lécher,
Tous les dos caressants des bêtes qu'il anime,
Et les miaulements énormes de l'abîme.
Il pousse tous les cris de guerre des humains;
Dans leurs combats hideux c'est lui qui bat des mains,
Et qui, lâchant la mort sur les têtes frappées,
Attache cette foudre à l'éclair des épées.
Il marche environné de la meute des maux;
Il heurte aux rochers l'onde et l'homme aux animaux.
Chaque nuit, il est près de triompher; il noie
Les cieux; il tend la main, il va saisir sa proie,

Le monde ; — l'océan frémit, le gouffre bout,
Ses dents claquent de joie, il grince...

Le Corbeau (Dieu)

L'univers a sur lui...

...L'univers a sur lui, globe d'ombre mêlé,
Trois déesses qui sont trois aveugles terribles.
Maîtresses du réseau des forces invisibles,
Elles ouvrent sans bruit leurs bras insidieux,
Et prennent les titans, les hommes et les dieux ;
L'œil partout voit surgir une sombre inconnue :
Sur la terre Vénus, la grande nymphe nue ;
En bas, dans l'âpre lieu des mânes redouté,
La stryge Hécate ; en haut, l'ombre Fatalité.
Vénus étreint la vie et rien ne lui résiste ;
Hécate tient l'enfer ; et, comme un geôlier triste,
L'ombre Destin s'adosse au grand ciel constellé ;
On voit sur l'azur noir ce fantôme voilé.
Ainsi le monde, enfer, terre et cieux, plein de haines,
Est triple pour souffrir et frémit sous trois chaînes.
Tout par une noirceur vers un gouffre est conduit.
Hécate, c'est la nuit, le Destin, c'est la nuit,
Et Vénus, c'est la nuit. Vénus, fauve et fatale,
A deux filles, la Mort et la Volupté pâle ;
Et Mort et Volupté sont deux ombres qui font
Chacune sous la vie un abîme sans fond,
O déités, tenant sous leur pouvoir immonde,
Les entrailles, le cœur, et le cerveau du monde,
Et toute la nature attachée à trois fils !
Les astres sont leurs yeux ; les nuits sont leurs profils.
Rien ne peut les fléchir ; c'est en vain qu'on réclame.
Le Sort est tigre, Hécate est sphinx, Vénus est femme...

Tout cherche tout, sans but, sans trêve, sans repos.
Ces femmes qu'un dieu pousse et dont les blanches **peaux**

En touchant l'arbre ému font frémir les écorces,
Ces démons composés d'ivresses et de forces,
Les ménades, aux seins de sirène, aux yeux fous,
Passent levant leur robe au-dessus des genoux,
Mêlant les voix, le luth, la timbale et le cistre.
O monde ténébreux, éblouissant, sinistre!
La fange se soulève et veut lécher les cieux.
Les cieux n'abhorrent pas cet hymen monstrueux.
Omphale aux blonds cheveux étreint le vaste Hercule,
Tout frémit. Dans le vague et trouble crépuscule
Les temples entrevus dressent leurs noirs piliers;
Les flamboiements des yeux errent dans les halliers...

Toutes les passions, et tous les appétits,
S'accouplent, évohé! rugissent, balbutient,
Et, sous l'œil du destin calme et froid, associent
Le râle et le baiser, la morsure et le chant,
La cruauté joyeuse et le bonheur méchant,
Et toutes les fureurs que la démence invente,
Et célèbrent, devant l'esprit qui s'épouvante,
Devant l'aube, devant l'astre, devant l'éclair,
Le mystère splendide et hideux de la chair,
Et, cherchant les lieux sourds, les rocs inabordables,
Echevelés, pâmés, amoureux, formidables,
Ivres, l'un qui s'échappe et l'autre qui poursuit,
Dansent dans l'impudeur farouche de la nuit!...

Comme le sanglier s'abat sous les épieux,
L'homme tombe percé par les carquois célestes.
Les grands sont les maudits, les bons sont les funestes.
Le ciel sombre est croulant sur les hommes; l'autel,
Calme et froid, à celui qui l'embrasse est mortel;
Une Euménide dort sur les marches du temple.
Le meilleur, si le sort veut en faire un exemple,
N'a plus de cœur, n'a plus d'entrailles, n'a plus d'yeux,
Ploie et meurt sous le poids formidable des dieux.
Les générations s'envolent dissipées;
Les jours passent ainsi que les lueurs d'épées.

Au-dessus des vivants le sort lève le doigt.
Nul ne fait ce qu'il fait; nul ne voit ce qu'il voit.
Nais: la main du sort s'ouvre. Expire: elle se ferme;
Nul ne sait rien de plus. Guerres sans but, sans terme,
Sans conscience, écume aux dents et glaive au poing!
La bouche mord l'oreille et ne lui parle point;
Le sourd étreint l'aveugle; on lutte, on se dévore;
On se prend, on se quitte, on se reprend encore;
Et nul n'est jamais libre un instant sous les cieux.
Ce que lâche le sort est repris par les dieux;
Ce qu'épargnent les dieux fatigués, l'amour traître
Le ressaisit; tout saigne et tout souffre, sans être...

Prométhée a voulu sortir de cette nuit,
Finir ce que les dieux n'ont qu'à moitié produit,
Labourer, enseigner, civiliser, et faire
Du monde une vivante et radieuse sphère,
Tirer du roc sauvage et des halliers épais
Les éblouissements de l'ordre et de la paix,
Défricher la forêt monstrueuse de l'être,
Et faire vivre ceux que le destin fait naître.
Il a voulu sacrer la terre, ouvrir les yeux,
Mettre le pied de l'homme à l'échelle des cieux,
Soumettre la nature et que l'homme la mène,
Diminuer les dieux de la croissance humaine,
Couvrir les cœurs d'un pan de l'azur étoilé,
Faire du ver rampant jaillir l'esprit ailé,
Tendre une chaîne d'or entre l'arbre et la ville...
Les dieux l'ont puni. Seul, vaincu, saignant, amer,
Il est tombé, pleuré des filles de la mer...

Le Vautour (Dieu)

Avant la créature...

...Avant la créature était le créateur;
Le temps sans fin était avant le temps qui passe;

Avant le monde immense était l'immense espace ;
Avant tout ce qui parle était ce qui se tait ;
Avant tout ce qui vit le possible existait ;
L'infini sans figure au fond de tout séjourne.

Au-dessus du ciel bleu qui remue et qui tourne,
Où les chars des soleils vont, viennent et s'en vont,
Est le ciel immobile, éternel et profond.
Là, vit Dieu.

L'Aigle (Dieu)

Aigle, Christ en sait plus...

...Aigle, Christ en sait plus que Moïse, Moïse
N'ayant que les rayons et Christ ayant les clous.
Non, Dieu n'est pas vengeur ! Non, Dieu n'est pas jaloux !
Non, Dieu ne s'endort pas, portant toute la voûte !
Non, l'homme ne meurt pas tout entier !...

Sous la faute d'Adam tout le genre humain plie.
Le labeur est ingrat et le sillon est dur ;
L'homme naît mauvais, triste, inexorable, impur ;
L'enfantement du mal déchire le flanc d'Ève.
La guerre et l'échafaud, ces deux tranchants du glaive,
Vont fauchant l'ignorant, le faible et l'innocent ;
Le fratricide affreux, qui croit le père absent,
Fait peur aux cieux avec le sang qu'on lui voit boire ;
Hélas ! dans la forêt de l'humanité noire,
Un éternel Caïn tue à jamais Abel.
L'homme adore Moloch, Dagon, Teutatès, Bel ;
Et sur les crimes rois les monstres dieux flamboient.
Les vices, meute infâme, autour de l'âme aboient.
Toute l'humanité tinte comme un beffroi.
Partout l'horreur, le râle et le rire, et l'effroi.
Toute bouche est ulcère et tout faîte est cratère.
Un bruit si monstrueux sort de toute la terre

Que la nuit, veuve en deuil, dit au jour qui rougit :
C'est le tigre qui parle ou l'homme qui rugit !
Satan à l'entour vole et plane, oiseau de proie
Des âmes. La douleur formidable est sa joie...

Mais le livre de vie est là, divin registre.
L'homme, c'est l'âme ; l'homme en lui porte un rayon,
Et la matière seule est la damnation.

Dieu pense, et la douleur lentement le désarme.
Dieu s'appelle pardon, l'homme se nomme larme ;
Dieu créa la pitié le jour où l'homme est né...

Rédemption ! Mystère ! O grand Christ étoilé !
Soif du crucifié, d'amertume assouvie !
Linceul dont tous les plis font tomber de la vie !
O gibet qui bénit Judas et Barabbas !
Qui verse à flots la sève et l'espérance en bas,
Croix, à tous les esprits, arbre, à toutes les plantes !
Sublime embrassement des grandes mains sanglantes !
Œil mourant de Jésus dont l'éternité luit !
O pardon ! O pitié de l'azur pour la nuit !
Paix céleste qui sort de toutes les clémences !
O mont mystérieux des oliviers immenses !
Après le créateur, le sauveur s'est montré.
Le sauveur a veillé pour tous les yeux, pleuré
Pour tous les pleurs, saigné pour toutes les blessures.
Les routes des vivants, hélas ! ne sont pas sûres,
Mais Christ, sur le poteau du fatal carrefour,
Montre d'un bras la nuit et de l'autre le jour !...

Clémence ! mot formé de toutes les étoiles !
Dieu ! ciel de tous les yeux ! port de toutes les voiles !
Jamais, brume ou tempête, et quel que soit le vent,
L'asile n'est fermé tant que l'homme est vivant ;
Toute lèvre est reçue au céleste ciboire ;
Le sang du sauveur coule et toute âme y peut boire ;
Si ténébreux que soit l'homme qui va partir,

A l'heure de la mort un cri de repentir,
Un appel à la foi que le tombeau recrée,
Un regard attendri vers la lueur sacrée,
Vers ce qu'on insultait et ce qu'on dénigrait,
Un sanglot, moins encore, un soupir, un regret,
De l'âme détestant sa tache originelle,
Suffit pour qu'elle échappe à la peine éternelle...

Le Griffon (*Dieu*)

L'étincelle de Dieu...

...L'étincelle de Dieu, l'âme est dans toute chose.
Le monde est un ensemble où personne n'est seul ;
Tout corps masque un esprit ; toute chair est linceul ;
Et pour voir l'âme on n'a qu'à lever le suaire...

L'homme n'est pas le seul qui soit suivi d'une ombre ;
Tous, même le caillou misérable et honteux,
Ont derrière eux une ombre, une ombre devant eux.
Tous sont l'âme, qui vit, qui vécut, qui doit vivre,
Qui tombe et s'emprisonne, ou monte et se délivre.
Tout ce qui rampe expie une chute du ciel.
La pierre est une cave où rêve un criminel...

Qu'est-ce que le rayon a de plus que la bête ?
Le tigre a sa fureur, le ciel a sa tempête ;
            Tout est égal à tout ;
L'insecte vaut le globe ; et, soleils, sphères, gloires,
Tous les géants égaux à tous les infusoires,
            Gisent sous Dieu debout.

Tout n'est qu'un tourbillon de poussière qui vole.
La mouche et sa lueur, l'astre et son auréole,
            Cendre ! apparitions !
Vie ! être ! ô précipice obscur ! horreurs sacrées,

[311]

Où Dieu laisse en rêvant tomber des empyrées
          Et des créations !...

O citerne de l'ombre ! O profondeurs livides !
Les plénitudes sont pareilles à des vides.
          Où donc est le soutien ?
L'être est prodigieux à ce point — j'en frissonne ! —
Qu'il ressemble au néant ; et Tout par moments donne
          Le vertige de Rien !...

Dieu vit. Quiconque mange est assis à sa table.
Il est l'inaccessible, il est l'inévitable.
          L'athée au sombre vœu,
En se précipitant, avec son hideux schisme,
La tête la première, au fond de l'athéisme,
          Brise son âme à Dieu !

Il est le fond de l'être ; oui, terrible ou propice,
Tout vertige le trouve au bas du précipice.
          Satan, l'ange échappé,
Se cramponne lui-même au père, et l'on devine
Dans le pli d'un des pans de la robe divine
          Ce noir poignet crispé.

Dieu ! Dieu ! Dieu ! l'âme unique est dans tout, et traverse
L'âme individuelle, en chaque être diverse ;
          Tout char l'a pour essieu ;
La tête de mort blême, au fond de l'ombre immonde,
Par un de ses deux trous, sinistre, voit le monde,
          Et par l'autre voit Dieu...

Rien n'est désespéré, car rien n'est hors de l'être.
Vivez ! Le disparu peut toujours reparaître.
          Le mal par vous construit
Se place, dans la vaste et morne apocalypse,
Entre votre âme et Dieu ; l'enfer est une éclipse ;
          Le mal passe, Dieu luit !...

Dieu n'est pas moins en bas qu'en haut; oui, la nature
Sacre l'égalité de toute créature
   Devant le créateur;
Et c'est le cœur de Dieu que sent l'être unanime
Dans les deux battements énormes de l'abîme,
   Profondeur et Hauteur...

Dieu laisse à tous le poids qu'ils ont. Coupable ou sainte,
L'action est un pied qui marque son empreinte.
   Dieu laisse au mal le mal.
Dieu, choisir! l'absolu n'a pas de préférence;
Le cercle ne peut rien sur la circonférence;
   Le parfait est fatal...

En lui sont la raison et le centre imperdable;
Tous les balancements de l'ordre formidable
   S'y règlent à la fois;
Toutes les équités forment cette âme immense;
Elle est le grand niveau de l'être; et la clémence
   Y serait un faux poids.

L'absolu! l'absolu! Ni fureurs, ni faiblesses.
Impassible, étoilée, âpre, tu ne te laisses,
   Au fond du ciel béni,
Violer, dans ta paix qu'aucun flot ne déborde,
Pas même par l'amour et la miséricorde,
   Sombre vierge Infini!

Rien ne fait vaciller l'axe, que la justice.
Chacun pèse sa vie, orgueil, sagesse ou vice.
   Vivez! cherchez le mieux!
L'action pend à l'âme. Avec tout ce qu'il sème,
Chaque être à son niveau se compose à lui-même
   Son poids mystérieux.

La balance n'a pas le droit de faire grâce.
Elle oscille en dehors du temps et de l'espace;
   Elle est la vérité;

Sous la seule équité son tremblement s'apaise.
Demande aux deux plateaux si l'immensité pèse
Plus que l'éternité !…

L'Ange (Dieu)

C'est l'être extrême…

…C'est l'être extrême.
Dieu, c'est le jour sans borne et sans fin qui dit: j'aime.
Lui, l'incommensurable, il n'a point de compas;
Il ne se venge pas, il ne pardonne pas;
Son baiser éternel ignore la morsure;
Et quand on dit: justice, on suppose mesure.
Il n'est point juste; il est. Qui n'est que juste est peu.
La justice, c'est vous, humanité; mais Dieu
Est la bonté. Dieu, branche où tout oiseau se pose!
Dieu, c'est la flamme aimante au fond de toute chose.
Oh! tous sont appelés et tous seront élus.
Père, il songe au méchant pour l'aimer un peu plus.

La Lumière (Dieu)

GÉRARD DE NERVAL
(1808–55)

Les Cydalises

Où sont nos amoureuses?
Elles sont au tombeau:
Elles sont plus heureuses,
Dans un séjour plus beau!

Elles sont près des anges,
Dans le fond du ciel bleu,

Et chantent les louanges
De la mère de Dieu !

O blanche fiancée !
O jeune vierge en fleur !
Amante délaissée,
Que flétrit la douleur !

L'éternité profonde
Souriait dans vos yeux…
Flambeaux éteints du monde,
Rallumez-vous aux cieux !

Odelettes

Vers dorés

Eh quoi ! tout est sensible !
PYTHAGORE

Homme, libre penseur ! te crois-tu seul pensant
Dans ce monde où la vie éclate en toute chose ?
Des forces que tu tiens ta liberté dispose,
Mais de tous tes conseils l'univers est absent.

Respecte dans la bête un esprit agissant !
Chaque fleur est une âme à la Nature éclose ;
Un mystère d'amour dans le métal repose ;
« Tout est sensible ! » Et tout sur ton être est puissant.

Crains, dans le mur aveugle, un regard qui t'épie :
A la matière même un verbe est attaché…
Ne la fais pas servir à quelque usage impie !

Souvent dans l'être obscur habite un Dieu caché ;
Et comme un œil naissant couvert par ses paupières,
Un pur esprit s'accroît sous l'écorce des pierres !

Les Chimères

[315]

Fantaisie

Il est un air pour qui je donnerais
Tout Rossini, tout Mozart et tout Weber,
Un air très vieux, languissant et funèbre,
Qui pour moi seul a des charmes secrets.

Or, chaque fois que je viens à l'entendre,
De deux cents ans mon âme rajeunit :
C'est sous Louis-Treize... — Et je crois voir s'étendre
Un coteau vert que le couchant jaunit ;

Puis un château de brique à coins de pierre,
Aux vitraux teints de rougeâtres couleurs,
Ceint de grands parcs, avec une rivière
Baignant ses pieds, qui coule entre des fleurs.

Puis une dame à sa haute fenêtre,
Blonde aux yeux noirs, en ses habits anciens...
Que, dans une autre existence peut-être,
J'ai déjà vue — et dont je me souviens.

Les Chimères

El Desdichado

Je suis le ténébreux, — le veuf, — l'inconsolé,
Le prince d'Aquitaine à la tour abolie :
Ma seule *étoile* est morte, — et mon luth constellé
Porte le *soleil* noir de la *Mélancolie*.

Dans la nuit du tombeau, toi qui m'as consolé,
Rends-moi le Pausilippe et la mer d'Italie,
La *fleur* qui plaisait tant à mon cœur désolé,
Et la treille où le pampre à la rose s'allie.

Suis-je Amour ou Phébus?... Lusignan ou Biron?
Mon front est rouge encor du baiser de la reine;
J'ai rêvé dans la grotte où nage la sirène...

Et j'ai deux fois vainqueur traversé l'Achéron:
Modulant tour à tour sur la lyre d'Orphée
Les soupirs de la sainte et les cris de la fée.

Les Chimères

Delfica

La connais-tu, Dafné, cette ancienne romance,
Au pied du sycomore, ou sous les lauriers blancs,
Sous l'olivier, le myrte ou les saules tremblants,
Cette chanson d'amour... qui toujours recommence?

Reconnais-tu le temple au péristyle immense,
Et les citrons amers où s'imprimaient tes dents?
Et la grotte, fatale aux hôtes imprudents,
Où du dragon vaincu dort l'antique semence?

Ils reviendront, ces dieux que tu pleures toujours!
Le temps va ramener l'ordre des anciens jours;
La terre a tressailli d'un souffle prophétique...

Cependant la sybille au visage latin
Est endormie encor sous l'arc de Constantin:
— Et rien n'a dérangé le sévère portique.

Les Chimères

Le Point Noir

Quiconque a regardé le soleil fixement
Croit voir devant ses yeux voler obstinément
Autour de lui, dans l'air, une tache livide.

[317]

Ainsi tout jeune encore et plus audacieux,
Sur la gloire un instant j'osai fixer les yeux :
Un point noir est resté dans mon regard avide.

Depuis, mêlée à tout comme un signe de deuil,
Partout, sur quelque endroit que s'arrête mon œil,
Je la vois se poser aussi, la tache noire !

Quoi, toujours ? Entre moi sans cesse et le bonheur !
Oh ! c'est que l'aigle seul — malheur à nous, malheur ! —
Contemple impunément le Soleil et la Gloire.

Les Chimères

Artémis

La treizième revient... C'est encor la première ;
Et c'est toujours la seule, — ou c'est le seul moment ;
Car es-tu reine, ô toi ! la première ou dernière ?
Es-tu roi, toi le seul ou le dernier amant ?...

Aimez qui vous aima du berceau dans la bière ;
Celle que j'aimai seul m'aime encor tendrement :
C'est la mort — ou la morte... O délice ! O tourment !
La rose qu'elle tient, c'est la *Rose trémière*.

Sainte napolitaine aux mains pleines de feux,
Rose au cœur violet, fleur de Sainte Gudule :
As-tu trouvé ta croix dans le désert des cieux ?

Roses blanches, tombez ! vous insultez nos dieux,
Tombez, fantômes blancs, de votre ciel qui brûle :
— La sainte de l'abîme est plus sainte à mes yeux !

Les Chimères

Myrtho

Je pense à toi, Myrtho, divine enchanteresse,
Au Pausilippe altier, de mille feux brillant,
A ton front inondé des clartés d'Orient.
Aux raisins noirs mêlés avec l'or de ta tresse.

C'est dans ta coupe aussi que j'avais bu l'ivresse,
Et dans l'éclair furtif de ton œil souriant,
Quand aux pieds d'Iacchus on me voyait priant,
Car la Muse m'a fait un des fils de la Grèce.

Je sais pourquoi là-bas le volcan s'est rouvert...
C'est qu'hier tu l'avais touché d'un pied agile,
Et de cendres soudain l'horizon s'est couvert.

Depuis qu'un duc normand brisa tes dieux d'argile,
Toujours, sous les rameaux du laurier de Virgile
Le pâle hortensia s'unit au myrte vert !

Les Chimères

Le Christ aux Oliviers

II

Il reprit: « Tout est mort ! J'ai parcouru les mondes ;
Et j'ai perdu mon vol dans leurs chemins lactés,
Aussi loin que la vie, en ses veines fécondes,
Répand des sables d'or et des flots argentés :

Partout le sol désert côtoyé par des ondes,
Des tourbillons confus d'océans agités...
Un souffle vague émeut les sphères vagabondes,
Mais nul esprit n'existe en ces immensités.

En cherchant l'œil de Dieu je n'ai vu qu'une orbite
Vaste, noire et sans fond, d'où la nuit qui l'habite
Rayonne sur le monde et s'épaissit toujours.

Un arc-en-ciel étrange entoure ce puits sombre,
Seuil de l'ancien chaos dont le néant est l'ombre,
Spirale engloutissant les Mondes et les Jours ! »

III

« Immobile Destin, muette sentinelle,
Froide Nécessité !... Hasard qui, t'avançant
Parmi les mondes morts sous la neige éternelle,
Refroidis, par degrés, l'univers pâlissant,

Sais-tu ce que tu fais, puissance originelle,
De tes soleils éteints, l'un l'autre se froissant...
Es-tu sûr de transmettre une haleine immortelle,
Entre un monde qui meurt et l'autre renaissant?...

O mon père ! est-ce toi que je sens en moi-même?
As-tu pouvoir de vivre et de vaincre la mort?
Aurais-tu succombé sous un dernier effort

De cet ange des nuits qui frappe l'anathème?...
Car je me sens tout seul à pleurer et souffrir,
Hélas ! et, si je meurs, c'est que tout va mourir !...»

V

C'était bien lui, ce fou, cet insensé sublime...
Cet Icare oublié qui remontait les cieux,
Ce Phaéton perdu sous la foudre des dieux,
Ce bel Atys meurtri que Cybèle ranime !

L'augure interrogeait les flancs de la victime,
La terre s'enivrait de ce sang précieux...

L'univers étourdi penchait sur ses essieux,
Et l'Olympe un instant chancela vers l'abîme.

« Réponds ! criait César à Jupiter Ammon,
Quel est ce nouveau dieu qu'on impose à la terre ?
Et si ce n'est un dieu, c'est au moins un démon... »

Mais l'oracle invoqué pour jamais dut se taire ;
Un seul pouvait au monde expliquer ce mystère :
— Celui qui donna l'âme aux enfants du limon.

Les Chimères

ALFRED DE MUSSET
(1810–57)

Ballade à la Lune

C'était, dans la nuit brune,
Sur le clocher jauni,
        La lune,
Comme un point sur un i.

Lune, quel esprit sombre
Promène au bout d'un fil,
        Dans l'ombre,
Ta face et ton profil ?

Es-tu l'œil du ciel borgne ?
Quel chérubin cafard
        Nous lorgne
Sous ton masque blafard ?

N'es-tu rien qu'une boule ?
Qu'un grand faucheux bien gras
        Qui roule
Sans pattes et sans bras ?

Es-tu, je t'en soupçonne,
Le vieux cadran de fer
        Qui sonne
L'heure aux damnés d'enfer?

Sur ton front qui voyage,
Ce soir ont-ils compté
        Quel âge
A leur éternité?

Est-ce un ver qui te ronge,
Quand ton disque noirci
        S'allonge
En croissant rétréci?

Qui t'avait éborgnée
L'autre nuit? T'étais-tu
        Cognée
A quelque arbre pointu?

Car tu vins, pâle et morne,
Coller sur mes carreaux
        Ta corne,
A travers les barreaux.

Va, lune moribonde,
Le beau corps de Phébé
        La blonde
Dans la mer est tombé.

Tu n'en es que la face,
Et déjà, tout ridé,
        S'efface
Ton front dépossédé.

Rends-nous la chasseresse,
Blanche, au sein virginal,
        Qui presse
Quelque cerf matinal!

Oh ! sous le vert platane,
Sous les frais coudriers,
       Diane,
Et ses grands lévriers !

Le chevreau noir qui doute,
Pendu sur un rocher
       L'écoute,
L'écoute s'approcher.

Et, suivant leurs curées,
Par les vaux, par les blés,
       Les prés,
Ses chiens s'en sont allés.

Oh ! le soir, dans la brise,
Phébé, sœur d'Apollo,
       Surprise
A l'ombre, un pied dans l'eau

Phébé qui, la nuit close,
Aux lèvres d'un berger
       Se pose,
Comme un oiseau léger.

Lune, en notre mémoire,
De tes belles amours
       L'histoire
T'embellira toujours.

Et toujours rajeunie,
Tu seras du passant
       Bénie,
Pleine lune ou croissant.

T'aimera le vieux pâtre,
Seul, tandis qu'à ton front
       D'albâtre
Ses dogues aboieront.

T'aimera le pilote
Dans son grand bâtiment,
      Qui flotte,
Sous le clair firmament,

Et la fillette preste
Qui passe le buisson,
      Pied leste,
En chantant sa chanson.

Comme un ours à la chaîne,
Toujours sous tes yeux bleus
      Se traîne
L'Océan montueux.

Et qu'il vente ou qu'il neige,
Moi-même, chaque soir,
      Que fais-je,
Venant ici m'asseoir?

Je viens voir à la brune,
Sur le clocher jauni,
      La lune,
Comme un point sur un i.

Contes d'Espagne et d'Italie

Venise

Dans Venise la rouge,
Pas un bateau qui bouge,
Pas un pêcheur dans l'eau,
      Pas un falot.

Seul, assis à la grève,
Le grand lion soulève,
Sur l'horizon serein,
      Son pied d'airain.

Autour de lui, par groupes,
Navires et chaloupes,
Pareils à des hérons
  Couchés en ronds,

Dorment sur l'eau qui fume,
Et croisent dans la brume,
En légers tourbillons,
  Leurs pavillons...

Contes d'Espagne et d'Italie

Prologue de Rolla

Regrettez-vous le temps où le ciel sur la terre
Marchait et respirait dans un peuple de dieux;
Où Vénus Astarté, fille de l'onde amère,
Secouait, vierge encor, les larmes de sa mère
Et fécondait le monde en tordant ses cheveux?
Regrettez-vous le temps où les Nymphes lascives
Ondoyaient au soleil parmi les fleurs des eaux,
Et d'un éclat de rire agaçaient sur les rives
Les Faunes indolents couchés dans les roseaux;
Où les sources tremblaient des baisers de Narcisse;
Où du nord au midi, sur la création,
Hercule promenait l'éternelle justice,
Sous son manteau sanglant taillé dans un lion;
Où les Sylvains moqueurs, dans l'écorce des chênes,
Avec les rameaux verts se balançaient au vent,
Et sifflaient dans l'écho la chanson du passant;
Où tout était divin, jusqu'aux douleurs humaines;
Où quatre mille dieux n'avaient pas un athée;
Où tout était heureux excepté Prométhée,
Frère aîné de Satan, qui tomba comme lui?
— Et quand tout fut changé, le ciel, la terre et l'homme,
Quand le berceau du monde en devint le cercueil,
Quand l'ouragan du Nord sur les débris de Rome

De sa sombre avalanche étendit le linceul, —
Regrettez-vous le temps où d'un siècle barbare
Naquit un siècle d'or, plus fertile et plus beau?
Où le vieil univers fendit avec Lazare
De son front rajeuni la pierre du tombeau?
Regrettez-vous le temps où nos vieilles romances
Ouvraient leurs ailes d'or vers leur monde enchanté;
Où tous nos monuments et toutes nos croyances
Portaient le manteau blanc de leur virginité;
Où, sous la main du Christ, tout venait de renaître,
Où le palais du prince et la maison du prêtre,
Portant la même croix sur leur front radieux,
Sortaient de la montagne en regardant les cieux;
Où Cologne et Strasbourg, Notre-Dame et Saint-Pierre,
S'agenouillant au loin dans leurs robes de pierre,
Sur l'orgue universel des peuples prosternés
Entonnaient l'hosanna des siècles nouveau-nés;
Le temps où se faisait tout ce qu'a dit l'histoire;
Où sur les saints autels les crucifix d'ivoire
Ouvraient des bras sans tache et blancs comme le lait;
Où la Vie était jeune, — où la Mort espérait?

Rolla

Chanson

A Saint-Blaise, à la Zuecca,
Vous étiez, vous étiez bien aise
A Saint-Blaise
A Saint-Blaise, à la Zuecca,
Nous étions bien là.

Mais de vous en souvenir
Prendrez-vous la peine?
Mais de vous en souvenir
Et d'y revenir?

A Saint-Blaise, à la Zuecca,
Dans les prés fleuris cueillir la verveine,
A Saint-Blaise, à la Zuecca,
Vivre et mourir là !

Poésies nouvelles

A Pépa

Pépa, quand la nuit est venue,
Que ta mère t'a dit adieu ;
Que sous ta lampe, à demi nue,
Tu t'inclines pour prier Dieu ;

A cette heure où l'âme inquiète
Te livre au conseil de la nuit ;
Au moment d'ôter ta cornette
Et de regarder sous ton lit ;

Quand le sommeil sur ta famille
Autour de toi s'est répandu ;
O Pépita, charmante fille,
Mon amour, à quoi penses-tu ?

Qui sait ? Peut-être à l'héroïne
De quelque infortuné roman ;
A tout ce que l'espoir devine
Et la réalité dément ;

Peut-être à ces grandes montagnes
Qui n'accouchent que de souris,
A des amoureux en Espagne,
A des bonbons, à des maris ;

Peut-être aux tendres confidences
D'un cœur naïf comme le tien ;

A ta robe, aux airs que tu danses;
Peut-être à moi, — peut-être à rien.

Poésies nouvelles

Le Souvenir

…Dante, pourquoi dis-tu qu'il n'est pire misère
Qu'un souvenir heureux dans les jours de douleur?
Quel chagrin t'a dicté cette parole amère,
Cette offense au malheur?

En est-il donc moins vrai que la lumière existe,
Et faut-il l'oublier du moment qu'il fait nuit?
Est-ce bien toi, grande âme immortellement triste,
Est-ce toi qui l'as dit?

Non, par ce pur flambeau dont la splendeur m'éclaire,
Ce blasphème vanté ne vient pas de ton cœur.
Un souvenir heureux est peut-être sur terre
Plus vrai que le bonheur.

Eh quoi! l'infortuné qui trouve une étincelle
Dans la cendre brûlante où dorment ses ennuis,
Qui saisit cette flamme et qui fixe sur elle
Ses regards éblouis;

Dans ce passé perdu quand son âme se noie,
Sur ce miroir brisé lorsqu'il rêve en pleurant,
Tu lui dis qu'il se trompe et que sa faible joie
N'est qu'un affreux tourment!

Et c'est à ta Françoise, à ton ange de gloire,
Que tu pouvais donner ces mots à prononcer,
Elle qui s'interrompt, pour conter son histoire,
D'un éternel baiser!

Qu'est-ce donc, juste Dieu, que la pensée humaine,
Et qui pourra jamais aimer la vérité,
S'il n'est joie ou douleur si juste et si certaine
    Dont quelqu'un n'ait douté?...

Mais que vous revient-il de vos froides doctrines?
Que demandent au ciel ces regrets inconstants
Que vous allez semant sur vos propres ruines,
    A chaque pas du Temps?

Oui, sans doute, tout meurt; ce monde est un grand rêve,
Et le peu de bonheur qui nous vient en chemin,
Nous n'avons pas plutôt ce roseau dans la main
    Que le vent nous l'enlève.

Oui, les premiers baisers, oui, les premiers serments
Que deux êtres mortels échangèrent sur terre,
Ce fut au pied d'un arbre effeuillé par les vents,
    Sur un roc en poussière.

Ils prirent à témoin de leur joie éphémère
Un ciel toujours voilé qui change à tout moment
Et des astres sans nom que leur propre lumière
    Dévore incessamment.

Tout mourait autour d'eux, l'oiseau dans le feuillage,
La fleur entre leurs mains, l'insecte sous leurs piés,
La source desséchée où vacillait l'image
    De leurs traits oubliés!

Et sur tous ces débris joignant leurs mains d'argile,
Étourdis des éclairs d'un instant de plaisir,
Ils croyaient échapper à cet être immobile
    Qui regarde mourir!...

La foudre maintenant peut tomber sur ma tête;
Jamais ce souvenir ne peut m'être arraché!

Comme le matelot brisé par la tempête,
    Je m'y tiens attaché.

Je ne veux rien savoir, ni si les champs fleurissent,
Ni ce qu'il adviendra du simulacre humain,
Ni si ces vastes cieux éclaireront demain
    Ce qu'ils ensevelissent.

Je me dis seulement : « A cette heure, en ce lieu,
Un jour, je fus aimé, j'aimais, elle était belle. »
J'enfouis ce trésor dans mon âme immortelle,
    Et je l'emporte à Dieu !

Poésies nouvelles

Conseils à une Parisienne

Oui, si j'étais femme, aimable et jolie,
        Je voudrais, Julie,
        Faire comme vous ;
Sans peur ni pitié, sans choix ni mystère,
        A toute la terre
        Faire les yeux doux.

Je voudrais n'avoir de soucis au monde
        Que ma taille ronde,
        Mes chiffons chéris,
Et de pied en cap être la poupée
        La mieux équipée
        De Rome à Paris.

Je voudrais garder pour toute science
        Cette insouciance
        Qui vous va si bien ;
Joindre, comme vous, à l'étourderie
        Cette rêverie
        Qui ne pense à rien.

[330]

Je voudrais pour moi qu'il fût toujours fête
Et tourner la tête
Aux plus orgueilleux;
Être en même temps de glace et de flamme,
La haine dans l'âme,
L'amour dans les yeux.

Je détesterais, avant toute chose,
Ces vieux teints de rose
Qui font peur à voir.
Je rayonnerais, sous ma tresse brune,
Comme un clair de lune
En capuchon noir.

Car c'est si charmant et c'est si commode,
Ce masque à la mode,
Cet air de langueur!
Ah! que la pâleur est d'un bel usage!
Jamais le visage
N'est trop loin du cœur.

Je voudrais encore avoir vos caprices,
Vos soupirs novices,
Vos regards savants.
Je voudrais enfin, tant mon cœur vous aime,
Être en tout vous-même...
Pour deux ou trois ans.

Il est un seul point, je vous le confesse,
Où votre sagesse
Me semble en défaut.
Vous n'osez pas être assez inhumaine.
Votre orgueil vous gêne;
Pourtant il en faut.

Je ne voudrais pas, à la contredanse,
Sans quelque prudence
Livrer mon bras nu;

Puis, au cotillon, laisser ma main blanche
Traîner sur la manche
Du premier venu.

Si mon fin corset, si souple et si juste,
D'un bras trop robuste
Se sentait serré,
J'aurais, je l'avoue, une peur mortelle
Qu'un bout de dentelle
N'en fût déchiré.

Chacun, en valsant, vient sur votre épaule
Réciter son rôle
D'amoureux transi;
Ma beauté du moins, sinon ma pensée,
Serait offensée
D'être aimée ainsi.

Je ne voudrais pas, si j'étais Julie,
N'être que jolie
Avec ma beauté.
Jusqu'au bout des doigts je serais duchesse,
Comme ma richesse,
J'aurais ma fierté.

Voyez-vous, ma chère, au siècle où nous sommes,
La plupart des hommes
Sont très inconstants.
Sur deux amoureux pleins d'un zèle extrême,
La moitié vous aime
Pour passer le temps.

Quand on est coquette, il faut être sage.
L'oiseau de passage
Qui vole à plein cœur

Ne dort pas en l'air comme une hirondelle
Et peut, d'un coup d'aile,
Briser une fleur.

Poésies nouvelles

Tristesse

J'ai perdu ma force et ma vie,
Et mes amis et ma gaîté ;
J'ai perdu jusqu'à la fierté
Qui faisait croire à mon génie.

Quand j'ai connu la Vérité,
J'ai cru que c'était une amie ;
Quand je l'ai comprise et sentie,
J'en étais déjà dégoûté.

Et pourtant elle est éternelle,
Et ceux qui se sont passés d'elle
Ici-bas ont tout ignoré.

Dieu parle, il faut qu'on lui réponde.
Le seul bien qui me reste au monde
Est d'avoir quelquefois pleuré.

Poésies nouvelles

Derniers Vers

L'heure de ma mort, depuis dix-huit mois,
De tous les côtés sonne à mes oreilles.
Depuis dix-huit mois d'ennuis et de veilles,
Partout je la sens, partout je la vois.
Plus je me débats contre ma misère,
Plus s'éveille en moi l'instinct du malheur ;
Et, dès que je veux faire un pas sur terre,

Je sens tout à coup s'arrêter mon cœur.
Ma force à lutter s'use et se prodigue.
Jusqu'à mon repos, tout est un combat;
Et, comme un coursier brisé de fatigue,
Mon courage éteint chancelle et s'abat.

Poésies nouvelles

THÉOPHILE GAUTIER
(1811–72)

Le Spectre de la Rose

Soulève ta paupière close
Qu'effleure un songe virginal;
Je suis le spectre d'une rose
Que tu portais hier au bal.
Tu me pris encore emperlée
Des pleurs d'argent de l'arrosoir,
Et parmi la fête étoilée
Tu me promenas tout le soir.

O toi qui de ma mort fus cause,
Sans que tu puisses le chasser,
Toute la nuit mon spectre rose
A ton chevet viendra danser.
Mais ne crains rien, je ne réclame
Ni messe, ni *De profundis*;
Ce léger parfum est mon âme,
Et j'arrive du paradis.

Mon destin fut digne d'envie:
Pour avoir un trépas si beau
Plus d'un aurait donné sa vie,
Car j'ai ta gorge pour tombeau,
Et sur l'albâtre où je repose

[334]

Un poète avec un baiser
Écrivit, Ci-gît une rose
Que tous les rois vont jalouser.

Poésies diverses

Premier Sourire du Printemps

Tandis qu'à leurs œuvres perverses
Les hommes courent haletants,
Mars qui rit, malgré les averses,
Prépare en secret le printemps.

Pour les petites pâquerettes,
Sournoisement, lorsque tout dort,
Il repasse des collerettes
Et cisèle des boutons d'or.

Dans le verger et dans la vigne
Il s'en va, furtif perruquier,
Avec une houppe de cygne,
Poudrer à frimas l'amandier.

La nature au lit se repose;
Lui, descend au jardin désert
Et lace les boutons de rose
Dans leur corset de velours vert.

Tout en composant des solfèges,
Qu'aux merles il siffle à mi-voix,
Il sème aux prés les perce-neiges
Et les violettes aux bois.

Sur le cresson de la fontaine
Où le cerf boit, l'oreille au guet,
De sa main cachée il égrène
Les grelots d'argent du muguet.

[335]

Sous l'herbe, pour que tu la cueilles,
Il met la fraise au teint vermeil,
Et te tresse un chapeau de feuilles
Pour te garantir du soleil.

Puis, lorsque sa besogne est faite
Et que son règne va finir,
Au seuil d'avril tournant la tête,
Il dit : « Printemps, tu peux venir ! »

Émaux et Camées

L'Art

Oui, l'œuvre sort plus belle
D'une forme au travail
    Rebelle,
Vers, marbre, onyx, émail.

Point de contraintes fausses !
Mais que pour marcher droit
    Tu chausses,
Muse, un cothurne étroit.

Fi du rhythme commode,
Comme un soulier trop grand,
    Du mode
Que tout pied quitte et prend !

Statuaire, repousse
L'argile que pétrit
    Le pouce
Quand flotte ailleurs l'esprit ;

Lutte avec le carrare,
Avec le paros dur
    Et rare,
Gardiens du contour pur ;

Emprunte à Syracuse
Son bronze où fermement
    S'accuse
Le trait fier et charmant;

D'une main délicate
Poursuis dans un filon
    D'agate
Le profil d'Apollon.

Peintre, fuis l'aquarelle,
Et fixe la couleur
    Trop frêle
Au four de l'émailleur.

Fais les sirènes bleues,
Tordant de cent façons
    Leurs queues,
Les monstres des blasons;

Dans son nimbe trilobe
La Vierge et son Jésus,
    Le globe
Avec la croix dessus.

Tout passe. — L'art robuste
Seul a l'éternité,
    Le buste
Survit à la cité.

Et la médaille austère
Que trouve un laboureur
    Sous terre
Révèle un empereur.

Les dieux eux-mêmes meurent,
Mais les vers souverains
    Demeurent,
Plus forts que les airains.

Sculpte, lime, cisèle;
Que ton rêve flottant
    Se scelle
Dans le bloc résistant!

Émaux et Camées

Carmen

Carmen est maigre, — un trait de bistre
Cerne son œil de gitana.
Ses cheveux sont d'un noir sinistre,
Sa peau, le diable la tanna.

Les femmes disent qu'elle est laide,
Mais tous les hommes en sont fous:
Et l'archevêque de Tolède
Chante la messe à ses genoux;

Car sur sa nuque d'ambre fauve
Se tord un énorme chignon
Qui, dénoué, fait dans l'alcôve
Une mante à son corps mignon.

Et, parmi sa pâleur, éclate
Une bouche aux rires vainqueurs;
Piment rouge, fleur écarlate,
Qui prend sa pourpre au sang des cœurs.

Ainsi faite, la moricaude
Bat les plus altières beautés,
Et de ses yeux la lueur chaude
Rend la flamme aux satiétés.

Elle a, dans sa laideur piquante,
Un grain de sel de cette mer

D'où jaillit, nue et provocante,
L'âcre Vénus du gouffre amer.

Émaux et Camées

LECONTE DE LISLE
(1818–94)

La Chasse de l'Aigle

L'aigle noir aux yeux d'or, prince du ciel mongol,
Ouvre, dès le premier rayon de l'aube claire,
Ses ailes comme un large et sombre parasol.

Un instant immobile, il plane, épie et flaire.
Là-bas, au flanc du roc crevassé, ses aiglons
Érigent, affamés, leurs cous au bord de l'aire.

Par la steppe sans fin, coteau, plaine et vallons,
L'œil luisant à travers l'épais crin qui l'obstrue,
Pâturent, çà et là, des hardes d'étalons.

L'un d'eux, parfois, hennit vers l'aube; l'autre rue;
Ou quelque autre, tordant la queue, allégrement,
Pris de vertige, court dans l'herbe jaune et drue.

La lumière, en un frais et vif pétillement,
Croît, s'élance par jet, s'échappe par fusée,
Et l'orbe du soleil émerge au firmament.

A l'horizon subtil où bleuit la rosée,
Morne dans l'air brillant, l'aigle darde, anxieux,
Sa prunelle infaillible et de faim aiguisée.

Mais il n'aperçoit rien qui vole par les cieux,
Rien qui surgisse au loin dans la steppe aurorale,
Cerf ni daim, ni gazelle aux bonds capricieux.

Il fait claquer son bec avec un âpre râle;
D'un coup d'aile irrité, pour mieux voir de plus haut,
Il s'enlève, descend et remonte en spirale.

L'heure passe, l'air brûle. Il a faim. A défaut
De gazelle ou de daim, sa proie accoutumée,
C'est de la chair, vivante ou morte, qu'il lui faut.

Or, dans sa robe blanche et rase, une fumée
Autour de ses naseaux roses et palpitants,
Un étalon conduit la hennissante armée.

Quand il jette un appel vers les cieux éclatants,
La harde, qui tressaille à sa voix fière et brève,
Accourt, l'oreille droite et les longs crins flottants.

L'aigle tombe sur lui comme un sinistre rêve,
S'attache au col troué par ses ongles de fer
Et plonge son bec courbe au fond des yeux qu'il crève.

Cabré, de ses deux pieds convulsifs battant l'air,
Et comme empanaché de la bête vorace,
L'étalon fuit dans l'ombre ardente de l'enfer.

Le ventre contre l'herbe, il fuit, et, sur sa trace,
Ruisselle de l'orbite excave un flux sanglant;
Il fuit, et son bourreau le mange et le harasse.

L'agonie en sueur fait haleter son flanc;
Il renâcle, et secoue, enivré de démence,
Cette grande aile ouverte et ce bec aveuglant.

Il franchit, furieux, la solitude immense,
S'arrête brusquement, sur ses jarrets ployé,
S'abat et se relève et toujours recommence,

Puis, rompu de l'effort en vain multiplié,
L'écume aux dents, tirant sa langue blême et sèche,
Par la steppe natale il tombe foudroyé.

Là, ses os blanchiront au soleil qui les sèche;
Et le sombre Chasseur des plaines, l'aigle noir,
Retourne au nid avec un lambeau de chair fraîche.

Ses petits affamés seront repus ce soir.

Poèmes tragiques

Midi

Midi, roi des étés, épandu sur la plaine,
Tombe en nappes d'argent des hauteurs du ciel bleu.
Tout se tait. L'air flamboie et brûle sans haleine;
La terre est assoupie en sa robe de feu.

L'étendue est immense, et les champs n'ont point d'ombre,
Et la source est tarie où buvaient les troupeaux;
La lointaine forêt, dont la lisière est sombre,
Dort là-bas, immobile, en un pesant repos.

Seuls, les grands blés mûris, tels qu'une mer dorée,
Se déroulent au loin, dédaigneux du sommeil;
Pacifiques enfants de la terre sacrée,
Ils épuisent sans peur la coupe du soleil.

Parfois, comme un soupir de leur âme brûlante,
Du sein des épis lourds qui murmurent entre eux,
Une ondulation majestueuse et lente
S'éveille, et va mourir à l'horizon poudreux.

Non loin, quelques bœufs blancs, couchés parmi les herbes,
Bavent avec lenteur sur leurs fanons épais,

Et suivent de leurs yeux languissants et superbes
Le songe intérieur qu'ils n'achèvent jamais.

Homme, si, le cœur plein de joie ou d'amertume,
Tu passais vers midi dans les champs radieux,
Fuis ! la nature est vide et le soleil consume :
Rien n'est vivant ici, rien n'est triste ou joyeux.

Mais si, désabusé des larmes et du rire,
Altéré de l'oubli de ce monde agité,
Tu veux, ne sachant plus pardonner ou maudire,
Goûter une suprême et morne volupté ;

Viens ! Le soleil te parle en paroles sublimes ;
Dans sa flamme implacable absorbe-toi sans fin ;
Et retourne à pas lents vers les cités infimes,
Le cœur trempé sept fois dans le néant divin.

Poèmes antiques

Les Éléphants

Le sable rouge est comme une mer sans limite,
Et qui flambe, muette, affaissée en son lit.
Une ondulation immobile remplit
L'horizon aux vapeurs de cuivre où l'homme habite.

Nulle vie et nul bruit. Tous les lions repus
Dorment au fond de l'antre éloigné de cent lieues,
Et la girafe boit dans les fontaines bleues,
Là-bas, sous les dattiers des panthères connus.

Pas un oiseau ne passe en fouettant de son aile
L'air épais où circule un immense soleil.
Parfois quelque boa, chauffé dans son sommeil,
Fait onduler son dos dont l'écaille étincelle.

Tel l'espace enflammé brûle sous les cieux clairs.
Mais, tandis que tout dort aux mornes solitudes,
Les éléphants rugueux, voyageurs lents et rudes,
Vont au pays natal à travers les déserts.

D'un point de l'horizon, comme des masses brunes,
Ils viennent, soulevant la poussière, et l'on voit,
Pour ne point dévier du chemin le plus droit,
Sous leur pied large et sûr crouler au loin les dunes.

Celui qui tient la tête est un vieux chef. Son corps
Est gercé comme un tronc que le temps ronge et mine ;
Sa tête est comme un roc, et l'arc de son échine
Se voûte puissamment à ses moindres efforts.

Sans ralentir jamais et sans hâter sa marche,
Il guide au but certain ses compagnons poudreux ;
Et, creusant par derrière un sillon sablonneux,
Les pèlerins massifs suivent leur patriarche.

L'oreille en éventail, la trompe entre les dents,
Ils cheminent, l'œil clos. Leur ventre bat et fume,
Et leur sueur dans l'air embrasé monte en brume ;
Et bourdonnent autour mille insectes ardents.

Mais qu'importent la soif et la mouche vorace,
Et le soleil cuisant leur dos noir et plissé ?
Ils rêvent en marchant du pays délaissé,
Des forêts de figuiers où s'abrita leur race.

Ils reverront le fleuve échappé des grands monts,
Où nage en mugissant l'hippopotame énorme,
Où, blanchis par la lune et projetant leur forme,
Ils descendaient pour boire en écrasant les joncs.

Aussi, pleins de courage et de lenteur, ils passent
Comme une ligne noire, au sable illimité ;

Et le désert reprend son immobilité
Quand les lourds voyageurs à l'horizon s'effacent.

Poèmes barbares

CHARLES BAUDELAIRE
(1821–67)

Le Balcon

Mère des souvenirs, maîtresse des maîtresses,
O toi, tous mes plaisirs! ô toi, tous mes devoirs!
Tu te rappelleras la beauté des caresses,
La douceur du foyer et le charme des soirs,
Mère des souvenirs, maîtresse des maîtresses!

Les soirs illuminés par l'ardeur du charbon,
Et les soirs au balcon, voilés de vapeurs roses;
Que ton sein m'était doux! que ton cœur m'était bon!
Nous avons dit souvent d'impérissables choses,
Les soirs illuminés par l'ardeur du charbon.

Que les soleils sont beaux dans les chaudes soirées!
Que l'espace est profond! que le cœur est puissant!
En me penchant vers toi, reine des adorées,
Je croyais respirer le parfum de ton sang.
Que les soleils sont beaux dans les chaudes soirées!

La nuit s'épaississait ainsi qu'une cloison,
Et mes yeux dans le noir devinaient tes prunelles,
Et je buvais ton souffle, ô douceur, ô poison!
Et tes pieds s'endormaient dans mes mains fraternelles.
La nuit s'épaississait ainsi qu'une cloison.

Je sais l'art d'évoquer les minutes heureuses,
Et revis mon passé blotti dans tes genoux.
Car à quoi bon chercher tes beautés langoureuses

Ailleurs qu'en ton cher corps et qu'en ton cœur si doux?
Je sais l'art d'évoquer les minutes heureuses!

Ces serments, ces parfums, ces baisers infinis,
Renaîtront-ils d'un gouffre interdit à nos sondes,
Comme montent au ciel les soleils rajeunis
Après s'être lavés au fond des mers profondes?
— O serments! ô parfums! ô baisers infinis!

Les Fleurs du Mal

La Chevelure

O toison, moutonnant jusque sur l'encolure!
O boucles! O parfum chargé de nonchaloir!
Extase! Pour peupler ce soir l'alcôve obscure
Des souvenirs dormant dans cette chevelure,
Je la veux agiter dans l'air comme un mouchoir!

La langoureuse Asie et la brûlante Afrique,
Tout un monde lointain, absent, presque défunt,
Vit dans tes profondeurs, forêt aromatique!
Comme d'autres esprits voguent sur la musique,
Le mien, ô mon amour! nage sur ton parfum.

J'irai là-bas où l'arbre et l'homme, pleins de sève,
Se pâment longuement sous l'ardeur des climats;
Fortes tresses, soyez la houle qui m'enlève!
Tu contiens, mer d'ébène, un éblouissant rêve
De voiles, de rameurs, de flammes et de mâts:

Un port retentissant où mon âme peut boire
A grands flots le parfum, le son et la couleur;
Où les vaisseaux, glissant dans l'or et dans la moire,
Ouvrent leurs vastes bras pour embrasser la gloire
D'un ciel pur où frémit l'éternelle chaleur.

Je plongerai ma tête amoureuse d'ivresse
Dans ce noir océan où l'autre est enfermé;
Et mon esprit subtil que le roulis caresse
Saura vous retrouver, ô féconde paresse,
Infinis bercements du loisir embaumé!

Cheveux bleus, pavillon de ténèbres tendues,
Vous me rendez l'azur du ciel immense et rond;
Sur les bords duvetés de vos mèches tordues
Je m'enivre ardemment des senteurs confondues
De l'huile de coco, du musc et du goudron.

Longtemps! toujours! ma main dans ta crinière lourde
Sèmera le rubis, la perle et le saphir,
Afin qu'à mon désir tu ne sois jamais sourde!
N'es-tu pas l'oasis où je rêve, et la gourde
Où je hume à longs traits le vin du souvenir?

Les Fleurs du Mal

Harmonie du Soir

Voici venir les temps où vibrant sur sa tige
Chaque fleur s'évapore ainsi qu'un encensoir;
Les sons et les parfums tournent dans l'air du soir;
Valse mélancolique et langoureux vertige!

Chaque fleur s'évapore ainsi qu'un encensoir;
Le violon frémit comme un cœur qu'on afflige;
Valse mélancolique et langoureux vertige!
Le ciel est triste et beau comme un grand reposoir.

Le violon frémit comme un cœur qu'on afflige,
Un cœur tendre, qui hait le néant vaste et noir!
Le ciel est triste et beau comme un grand reposoir;
Le soleil s'est noyé dans son sang qui se fige.

Un cœur tendre, qui hait le néant vaste et noir,
Du passé lumineux recueille tout vestige !
Le soleil s'est noyé dans son sang qui se fige...
Ton souvenir en moi luit comme un ostensoir !

Les Fleurs du Mal

L'Invitation au Voyage

Mon enfant, ma sœur,
Songe à la douceur
D'aller là-bas vivre ensemble !
Aimer à loisir,
Aimer et mourir
Au pays qui te ressemble !
Les soleils mouillés
De ces ciels brouillés
Pour mon esprit ont les charmes
Si mystérieux
De tes traîtres yeux,
Brillant à travers leurs larmes.

Là, tout n'est qu'ordre et beauté,
Luxe, calme et volupté.

Des meubles luisants,
Polis par les ans,
Décoreraient notre chambre ;
Les plus rares fleurs
Mêlant leurs odeurs
Aux vagues senteurs de l'ambre,
Les riches plafonds,
Les miroirs profonds,
La splendeur orientale,
Tout y parlerait
A l'âme en secret
Sa douce langue natale.

[347]

Là, tout n'est qu'ordre et beauté,
Luxe, calme et volupté.

Vois sur ces canaux
Dormir ces vaisseaux
Dont l'humeur est vagabonde;
C'est pour assouvir
Ton moindre désir
Qu'ils viennent du bout du monde.
— Les soleils couchants
Revêtent les champs,
Les canaux, la ville entière,
D'hyacinthe et d'or;
Le monde s'endort
Dans une chaude lumière.

Là, tout n'est qu'ordre et beauté,
Luxe, calme et volupté.

Les Fleurs du Mal

Le Voyage

A Maxime du Camp

I

Pour l'enfant, amoureux de cartes et d'estampes,
L'univers est égal à son vaste appétit.
Ah! que le monde est grand à la clarté des lampes!
Aux yeux du souvenir que le monde est petit!

Un matin nous partons, le cerveau plein de flamme,
Le cœur gros de rancune et de désirs amers,
Et nous allons, suivant le rhythme de la lame,
Berçant notre infini sur le fini des mers:

Les uns, joyeux de fuir une patrie infâme;
D'autres, l'horreur de leurs berceaux; et quelques-uns,

Astrologues noyés dans les yeux d'une femme,
La Circé tyrannique aux dangereux parfums.

Pour n'être pas changés en bêtes, ils s'enivrent
D'espace et de lumière et de cieux embrasés;
La glace qui les mord, les soleils qui les cuivrent,
Effacent lentement la marque des baisers.

Mais les vrais voyageurs sont ceux-là seuls qui partent
Pour partir; cœurs légers, semblables aux ballons,
De leur fatalité jamais ils ne s'écartent,
Et sans savoir pourquoi, disent toujours : Allons !

Ceux-là dont les désirs ont la forme des nues,
Et qui rêvent, ainsi qu'un conscrit le canon,
De vastes voluptés, changeantes, inconnues,
Et dont l'esprit humain n'a jamais su le nom !

VIII

...O Mort, vieux capitaine, il est temps ! levons l'ancre !
Ce pays nous ennuie, ô Mort ! Appareillons !
Si le ciel et la mer sont noirs comme de l'encre,
Nos cœurs que tu connais sont remplis de rayons !

Verse-nous ton poison pour qu'il nous réconforte !
Nous voulons, tant ce feu nous brûle le cerveau,
Plonger au fond du gouffre, Enfer ou Ciel, qu'importe?
Au fond de l'Inconnu pour trouver du *nouveau* !

Les Fleurs du Mal

Un Voyage à Cythère

Mon cœur, comme un oiseau, voltigeait tout joyeux
Et planait librement à l'entour des cordages;

Le navire roulait sous un ciel sans nuages,
Comme un ange enivré du soleil radieux.

Quelle est cette île triste et noire? — C'est Cythère,
Nous dit-on, un pays fameux dans les chansons,
Eldorado banal de tous les vieux garçons.
Regardez, après tout, c'est une pauvre terre.

— Ile des doux secrets et des fêtes du cœur!
De l'antique Vénus le superbe fantôme
Au-dessus de tes mers plane comme un arôme,
Et charge les esprits d'amour et de langueur.

Belle île aux myrtes verts, pleine de fleurs écloses,
Vénérée à jamais par toute nation,
Où les soupirs des cœurs en adoration
Roulent comme l'encens sur un jardin de roses

Ou le roucoulement éternel d'un ramier!
— Cythère n'était plus qu'un terrain des plus maigres,
Un désert rocailleux troublé par des cris aigres.
J'entrevoyais pourtant un objet singulier!

Ce n'était pas un temple aux ombres bocagères,
Où la jeune prêtresse, amoureuse des fleurs,
Allait, le corps brûlé de secrètes chaleurs,
Entre-bâillant sa robe aux brises passagères;

Mais voilà qu'en rasant la côte d'assez près
Pour troubler les oiseaux avec nos voiles blanches,
Nous vîmes que c'était un gibet à trois branches,
Du ciel se détachant en noir, comme un cyprès.

De féroces oiseaux perchés sur leur pâture
Détruisaient avec rage un pendu déjà mûr,
Chacun plantant, comme un outil, son bec impur
Dans tous les coins saignants de cette pourriture;

Les yeux étaient deux trous, et du ventre effondré
Les intestins pesants lui coulaient sur les cuisses,
Et ses bourreaux, gorgés de hideuses délices,
L'avaient à coups de bec absolument châtré.

Sous les pieds, un troupeau de jaloux quadrupèdes,
Le museau relevé, tournoyait et rôdait;
Une plus grande bête au milieu s'agitait
Comme un exécuteur entouré de ses aides.

Habitant de Cythère, enfant d'un ciel si beau,
Silencieusement tu souffrais ces insultes
En expiation de tes infâmes cultes
Et des péchés qui t'ont interdit le tombeau.

Ridicule pendu, tes douleurs sont les miennes!
Je sentis, à l'aspect de tes membres flottants,
Comme un vomissement, remonter vers mes dents
Le long fleuve de fiel des douleurs anciennes;

Devant moi, pauvre diable au souvenir si cher,
J'ai senti tous les becs et toutes les mâchoires
Des corbeaux lancinants et des panthères noires
Qui jadis aimaient tant à triturer ma chair.

— Le ciel était charmant, la mer était unie;
Pour moi tout était noir et sanglant désormais,
Hélas! et j'avais, comme en un suaire épais,
Le cœur enseveli dans cette allégorie.

Dans ton île, ô Vénus! je n'ai trouvé debout
Qu'un gibet symbolique où pendait mon image...
— Ah! Seigneur! donnez-moi la force et le courage
De contempler mon cœur et mon corps sans dégoût!

Les Fleurs du Mal

Je te donne ces vers...

Je te donne ces vers afin que si mon nom
Aborde heureusement aux époques lointaines,
Et fait rêver un soir les cervelles humaines,
Vaisseau favorisé par un grand aquilon,

Ta mémoire, pareille aux fables incertaines,
Fatigue le lecteur ainsi qu'un tympanon,
Et par un fraternel et mystique chaînon
Reste comme pendue à mes rimes hautaines ;

Être maudit à qui, de l'abîme profond
Jusqu'au plus haut du ciel, rien, hors moi, ne répond !
— O toi qui, comme une ombre à la trace éphémère,

Foules d'un pied léger et d'un regard serein
Les stupides mortels qui t'ont jugée amère,
Statue aux yeux de jais, grand ange au front d'airain !

Les Fleurs du Mal

La Mort des Amants

Nous aurons des lits pleins d'odeurs légères,
Des divans profonds comme des tombeaux,
Et d'étranges fleurs sur des étagères
Écloses pour nous sous des cieux plus beaux.

Usant à l'envi leurs chaleurs dernières,
Nos deux cœurs seront deux vastes flambeaux,
Qui réfléchiront leurs doubles lumières
Dans nos deux esprits, ces miroirs jumeaux.

Un soir fait de rose et de bleu mystique,
Nous échangerons un éclair unique,
Comme un long sanglot, tout chargé d'adieux ;

Et plus tard un Ange entr'ouvrant les portes,
Viendra ranimer, fidèle et joyeux,
Les miroirs ternis et les flammes mortes.

Les Fleurs du Mal

La Mort des Pauvres

C'est la Mort qui console, hélas ! et qui fait vivre ;
C'est le but de la vie, et c'est le seul espoir
Qui, comme un élixir, nous monte et nous enivre,
Et nous donne le cœur de marcher jusqu'au soir ;

A travers la tempête, et la neige, et le givre,
C'est la clarté vibrante à notre horizon noir ;
C'est l'auberge fameuse inscrite sur le livre,
Où l'on pourra manger, et dormir, et s'asseoir ;

C'est un Ange qui tient dans ses doigts magnétiques
Le sommeil et le don des rêves extatiques,
Et qui refait le lit des gens pauvres et nus ;

C'est la gloire des Dieux, c'est le grenier mystique,
C'est la bourse du pauvre et sa patrie antique,
C'est le portique ouvert sur les Cieux inconnus !

Les Fleurs du Mal

La Vie antérieure

J'ai longtemps habité sous de vastes portiques
Que les soleils marins teignaient de mille feux,
Et que leurs grands piliers, droits et majestueux,
Rendaient pareils, le soir, aux grottes basaltiques.

Les houles, en roulant les images des cieux,
Mêlaient d'une façon solennelle et mystique
Les tout-puissants accords de leur riche musique
Aux couleurs du couchant reflété par mes yeux.

C'est là que j'ai vécu dans les voluptés calmes,
Au milieu de l'azur, des vagues, des splendeurs
Et des esclaves nus, tout imprégnés d'odeurs,

Qui me rafraîchissaient le front avec des palmes,
Et dont l'unique soin était d'approfondir
Le secret douloureux qui me faisait languir.

Les Fleurs du Mal

Le Gouffre

Pascal avait son gouffre, avec lui se mouvant.
— Hélas ! tout est abîme, — action, désir, rêve,
Parole ! et sur mon poil qui tout droit se relève
Mainte fois de la Peur je sens passer le vent.

En haut, en bas, partout, la profondeur, la grève,
Le silence, l'espace affreux et captivant...
Sur le fond de mes nuits Dieu de son doigt savant
Dessine un cauchemar multiforme et sans trêve.

J'ai peur du sommeil comme on a peur d'un grand trou,
Tout plein de vague horreur, menant on ne sait où ;
Je ne vois qu'infini par toutes les fenêtres,

Et mon esprit, toujours du vertige hanté,
Jalouse du néant l'insensibilité.
— Ah ! ne jamais sortir des Nombres et des Êtres !

Les Fleurs du Mal

Chant d'Automne

II

J'aime de vos longs yeux la lumière verdâtre,
Douce beauté, mais tout aujourd'hui m'est amer,
Et rien, ni votre amour, ni le boudoir, ni l'âtre,
Ne me vaut le soleil rayonnant sur la mer.

Et pourtant aimez-moi, tendre cœur! soyez mère,
Même pour un ingrat, même pour un méchant;
Amante ou sœur, soyez la douceur éphémère
D'un glorieux automne ou d'un soleil couchant.

Courte tâche! La tombe attend; elle est avide!
Ah! laissez-moi, mon front posé sur vos genoux,
Goûter, en regrettant l'été blanc et torride,
De l'arrière-saison le rayon jaune et doux!

Les Fleurs du Mal

Recueillement

Sois sage, ô ma Douleur, et tiens-toi plus tranquille,
Tu réclamais le Soir; il descend; le voici:
Une atmosphère obscure enveloppe la ville,
Aux uns portant la paix, aux autres le souci.

Pendant que des mortels la multitude vile,
Sous le fouet du Plaisir, ce bourreau sans merci,
Va cueillir des remords dans la fête servile,
Ma Douleur, donne-moi la main; viens par ici,

Loin d'eux. Vois se pencher les défuntes Années,
Sur les balcons du ciel, en robes surannées;
Surgir du fond des eaux le Regret souriant;

Le Soleil moribond s'endormir sous une arche,
Et, comme un long linceul traînant à l'Orient,
Entends, ma chère, entends la douce Nuit qui marche.

Les Fleurs du Mal

THÉODORE DE BANVILLE
(1823–91)

Le Saut du Tremplin

Clown admirable, en vérité !
Je crois que la postérité,
Dont sans cesse l'horizon bouge,
Le reverra, sa plaie au flanc.
Il était barbouillé de blanc,
De jaune, de vert et de rouge.

Même jusqu'à Madagascar
Son nom était parvenu, car
C'était selon tous les principes
Qu'après les cercles de papier,
Sans jamais les estropier
Il traversait le rond des pipes.

De la pesanteur affranchi,
Sans y voir clair il eût franchi
Les escaliers de Piranèse.
La lumière qui le frappait
Faisait resplendir son toupet
Comme un brasier dans la fournaise.

Il s'élevait à des hauteurs
Telles, que les autres sauteurs
Se consumaient en luttes vaines.
Ils le trouvaient décourageant,

Et murmuraient: « Quel vif-argent
Ce démon a-t-il dans les veines? »

Tout le peuple criait: « Bravo! »
Mais lui, par un effort nouveau,
Semblait raidir sa jambe nue,
Et, sans que l'on sût avec qui,
Cet émule de la Saqui
Parlait bas en langue inconnue.

C'était avec son cher tremplin.
Il lui disait: « Théâtre, plein
D'inspiration fantastique,
Tremplin qui tressailles d'émoi
Quand je prends un élan, fais-moi
Bondir plus haut, planche élastique!

« Frêle machine aux reins puissants,
Fais-moi bondir, moi qui me sens
Plus agile que les panthères,
Si haut que je ne puisse voir
Avec leur cruel habit noir
Ces épiciers et ces notaires!

« Par quelque prodige pompeux
Fais-moi monter, si tu le peux,
Jusqu'à ces sommets où, sans règles,
Embrouillant les cheveux vermeils
Des planètes et des soleils,
Se croisent la foudre et les aigles.

« Jusqu'à ces éthers pleins de bruit,
Où, mêlant dans l'affreuse nuit
Leurs haleines exténuées,
Les autans ivres de courroux
Dorment, échevelés et fous,
Sur les seins pâles des nuées.

« Plus haut encor, jusqu'au ciel pur !
Jusqu'à ce lapis dont l'azur
Couvre notre prison mouvante !
Jusqu'à ces rouges Orients
Où marchent des Dieux flamboyants,
Fous de colère et d'épouvante.

« Plus loin ! plus haut ! je vois encor
Des boursiers à lunettes d'or,
Des critiques, des demoiselles
Et des réalistes en feu.
Plus haut ! plus loin ! de l'air ! du bleu !
Des ailes ! des ailes ! des ailes ! »

Enfin, de son vil échafaud,
Le clown sauta si haut, si haut !
Qu'il creva le plafond de toiles
Au son du cor et du tambour,
Et, le cœur dévoré d'amour,
Alla rouler dans les étoiles.

Odes funambulesques

STÉPHANE MALLARMÉ
(1842–98)

Les Fenêtres

Las du triste hôpital, et de l'encens fétide
Qui monte en la blancheur banale des rideaux
Vers le grand crucifix ennuyé du mur vide,
Le moribond sournois y redresse un vieux dos,

Se traîne et va, moins pour chauffer sa pourriture
Que pour voir du soleil sur les pierres, coller
Les poils blancs et les os de la maigre figure
Aux fenêtres qu'un beau rayon clair veut hâler,

Et la bouche fiévreuse et d'azur bleu vorace,
Telle, jeune, elle alla respirer son trésor,
Une peau virginale et de jadis ! encrasse
D'un long baiser amer les tièdes carreaux d'or.

Ivre, il vit, oubliant l'horreur des saintes huiles,
Les tisanes, l'horloge et le lit infligé,
La toux ; et quand le soir saigne parmi les tuiles,
Son œil, à l'horizon de lumière gorgé,

Voit des galères d'or, belles comme des cygnes,
Sur un fleuve de pourpre et de parfums dormir
En berçant l'éclair fauve et riche de leurs lignes
Dans un grand nonchaloir chargé de souvenir !

Ainsi, pris du dégoût de l'homme à l'âme dure
Vautré dans le bonheur, où ses seuls appétits
Mangent, et qui s'entête à chercher cette ordure
Pour l'offrir à la femme allaitant ses petits,

Je fuis et je m'accroche à toutes les croisées
D'où l'on tourne l'épaule à la vie, et, béni,
Dans leur verre, lavé d'éternelles rosées,
Que dore le matin chaste de l'Infini

Je me mire et me vois ange ! et je meurs, et j'aime
— Que la vitre soit l'art, soit la mysticité —
A renaître, portant mon rêve en diadème,
Au ciel antérieur où fleurit la Beauté !

Mais, hélas ! Ici-bas est maître : sa hantise
Vient m'écœurer parfois jusqu'en cet abri sûr,
Et le vomissement impur de la Bêtise
Me force à me boucher le nez devant l'azur.

Est-il moyen, ô Moi qui connais l'amertume,
D'enfoncer le cristal par le monstre insulté

Et de m'enfuir, avec mes deux ailes sans plume
— Au risque de tomber pendant l'éternité?

Brise marine

La chair est triste, hélas! et j'ai lu tous les livres.
Fuir! là-bas fuir! Je sens que des oiseaux sont ivres
D'être parmi l'écume inconnue et les cieux!
Rien, ni les vieux jardins reflétés par les yeux
Ne retiendra ce cœur qui dans la mer se trempe
O nuits! ni la clarté déserte de ma lampe
Sur le vide papier que la blancheur défend
Et ni la jeune femme allaitant son enfant.
Je partirai! Steamer balançant ta mâture,
Lève l'ancre pour une exotique nature!
Un Ennui, désolé par les cruels espoirs,
Croit encore à l'adieu suprême des mouchoirs!
Et, peut-être, les mâts, invitant les orages
Sont-ils de ceux qu'un vent penche sur les naufrages
Perdus, sans mâts, sans mâts, ni fertiles îlots...
Mais, ô mon cœur, entends le chant des matelots!

Victorieusement fui le suicide beau...

Victorieusement fui le suicide beau
Tison de gloire, sang par écume, or, tempête!
O rire si là-bas une pourpre s'apprête
A ne tendre royal que mon absent tombeau.

Quoi! de tout cet éclat pas même le lambeau
S'attarde, il est minuit, à l'ombre qui nous fête
Excepté qu'un trésor présomptueux de tête
Verse son caressé nonchaloir sans flambeau,

La tienne si toujours le délice ! la tienne
Oui seule qui du ciel évanoui retienne
Un peu de puéril triomphe en t'en coiffant

Avec clarté quand sur les coussins tu la poses
Comme un casque guerrier d'impératrice enfant
Dont pour te figurer il tomberait des roses.

Le vierge, le vivace et le bel aujourd'hui...

Le vierge, le vivace et le bel aujourd'hui
Va-t-il nous déchirer avec un coup d'aile ivre
Ce lac dur oublié que hante sous le givre
Le transparent glacier des vols qui n'ont pas fui !

Un cygne d'autrefois se souvient que c'est lui
Magnifique mais qui sans espoir se délivre
Pour n'avoir pas chanté la région où vivre
Quand du stérile hiver a resplendi l'ennui.

Tout son col secouera cette blanche agonie
Par l'espace infligée à l'oiseau qui le nie,
Mais non l'horreur du sol où le plumage est pris.

Fantôme qu'à ce lieu son pur éclat assigne,
Il s'immobilise au songe froid de mépris
Que vêt parmi l'exil inutile le Cygne.

Le Tombeau d'Edgar Poe

Tel qu'en Lui-même enfin l'éternité le change,
Le Poète suscite avec un glaive nu
Son siècle épouvanté de n'avoir pas connu
Que la mort triomphait dans cette voix étrange !

Eux, comme un vil sursaut d'hydre oyant jadis l'ange
Donner un sens plus pur aux mots de la tribu

Proclamèrent très haut le sortilège bu
Dans le flot sans honneur de quelque noir mélange.

Du sol et de la nue hostiles, ô grief !
Si notre idée avec ne sculpte un bas-relief
Dont la tombe de Poe éblouissante s'orne

Calme bloc ici-bas chu d'un désastre obscur
Que ce granit du moins montre à jamais sa borne
Aux noirs vols du Blasphème épars dans le futur.

Une dentelle s'abolit...

Une dentelle s'abolit
Dans le doute du Jeu suprême
A n'entr'ouvrir comme un blasphème
Qu'absence éternelle de lit.

Cet unanime blanc conflit
D'une guirlande avec la même
Enfui contre la vitre blême
Flotte plus qu'il n'ensevelit.

Mais chez qui du rêve se dore
Tristement dort une mandore
Au creux néant musicien

Telle que vers quelque fenêtre
Selon nul ventre que le sien
Filial on aurait pu naître.

Tristesse d'Été

Le soleil, sur le sable, ô lutteuse endormie,
En l'or de tes cheveux chauffe un bain langoureux

Et, consumant l'encens sur ta joue ennemie,
Il mêle avec les pleurs un breuvage amoureux.

De ce blanc Flamboiement l'immuable accalmie
T'a fait dire, attristée, ô mes baisers peureux,
« Nous ne serons jamais une seule momie
Sous l'antique désert et les palmiers heureux ! »

Mais ta chevelure est une rivière tiède,
Où noyer sans frissons l'âme qui nous obsède
Et trouver ce Néant que tu ne connais pas.

Je goûterai le fard pleuré par tes paupières
Pour voir s'il sait donner au cœur que tu frappas
L'insensibilité de l'azur et des pierres.

Au seul souci de voyager...

Au seul souci de voyager,
Outre une Inde splendide et trouble
— Ce salut soit le messager
Du temps, cap que ta poupe double

Comme sur quelque vergue bas
Plongeante avec la caravelle
Écumait toujours en ébats
Un oiseau d'annonce nouvelle

Qui criait monotonement
Sans que la barre ne varie
Un inutile gisement
Nuit, désespoir et pierrerie.

Par son chant reflété jusqu'au
Sourire du pâle Vasco.

O si chère de loin et proche et blanche...

O si chère de loin et proche et blanche, si
Délicieusement toi, Mary, que je songe
A quelque baume rare émané par mensonge
Sur aucun bouquetier de cristal obscurci

Le sais-tu, oui ! pour moi voici des ans, voici
Toujours que ton sourire éblouissant prolonge
La même rose avec son bel été qui plonge
Dans autrefois et puis dans le futur aussi.

Mon cœur qui dans les nuits parfois cherche à s'entendre
Ou de quel dernier mot t'appeler le plus tendre
S'exalte en celui rien que chuchoté de sœur

N'était, très grand trésor et tête si petite,
Que tu m'enseignes bien toute une autre douceur
Tout bas par le baiser seul dans tes cheveux dite.

Toute l'âme résumée...

Toute l'âme résumée
Quand lente nous l'expirons
Dans plusieurs ronds de fumée
Abolis en autres ronds

Atteste quelque cigare
Brûlant savamment pour peu
Que la cendre se sépare
De son clair baiser de feu

Ainsi le chœur des romances
A la lèvre vole-t-il

Exclus-en si tu commences
Le réel parce que vil

Le sens trop précis rature
Ta vague littérature.

Don du Poème

Je t'apporte l'enfant d'une nuit d'Idumée !
Noire, à l'aile saignante et pâle, déplumée,
Par le verre brûlé d'aromates et d'or,
Par les carreaux glacés, hélas ! mornes encor,
L'aurore se jeta sur la lampe angélique.
Palmes ! et quand elle a montré cette relique
A ce père essayant un sourire ennemi,
La solitude bleue et stérile a frémi.
O la berceuse, avec ta fille et l'innocence
De vos pieds froids, accueille une horrible naissance :
Et ta voix rappelant viole et clavecin,
Avec le doigt fané presseras-tu le sein
Par qui coule en blancheur sibylline la femme
Pour des lèvres que l'air du vierge azur affame ?

JOSÉ-MARIA DE HEREDIA
(1842–1905)

Soir de Bataille

Le choc avait été très rude. Les tribuns
Et les centurions, ralliant les cohortes,
Humaient encor dans l'air où vibraient leurs voix fortes
La chaleur du carnage et ses âcres parfums.

D'un œil morne, comptant leurs compagnons défunts,
Les soldats regardaient, comme des feuilles mortes,
Au loin, tourbillonner les archers de Phraortes ;
Et la sueur coulait de leurs visages bruns.

C'est alors qu'apparut, tout hérissé de flèches,
Rouge du flux vermeil de ses blessures fraîches,
Sous la pourpre flottante et l'airain rutilant,

Au fracas des buccins qui sonnaient leur fanfare,
Superbe, maîtrisant son cheval qui s'effare,
Sur le ciel enflammé, l'Imperator sanglant.

Les Trophées

Antoine et Cléopâtre

Tous deux ils regardaient, de la haute terrasse,
L'Égypte s'endormir sous un ciel étouffant
Et le Fleuve, à travers le Delta noir qu'il fend,
Vers Bubaste ou Saïs rouler son onde grasse.

Et le Romain sentait sous la lourde cuirasse,
Soldat captif berçant le sommeil d'un enfant,
Ployer et défaillir sur son cœur triomphant
Le corps voluptueux que son étreinte embrasse.

Tournant sa tête pâle entre ses cheveux bruns
Vers celui qu'enivraient d'invincibles parfums,
Elle tendit sa bouche et ses prunelles claires ;

Et sur elle courbé, l'ardent Imperator
Vit dans ses larges yeux étoilés de points d'or
Toute une mer immense où fuyaient des galères.

Les Trophées

Les Conquérants

Comme un vol de gerfauts hors du charnier natal,
Fatigués de porter leurs misères hautaines,
De Palos, de Moguer, routiers et capitaines
Partaient, ivres d'un rêve héroïque et brutal.

Ils allaient conquérir le fabuleux métal
Que Cipango mûrit dans ses mines lointaines,
Et les vents alizés inclinaient leurs antennes
Aux bords mystérieux du monde occidental.

Chaque soir, espérant des lendemains épiques,
L'azur phosphorescent de la mer des Tropiques
Enchantait leur sommeil d'un mirage doré ;

Ou, penchés à l'avant des blanches caravelles,
Ils regardaient monter en un ciel ignoré
Du fond de l'Océan des étoiles nouvelles.

Les Trophées

Maris Stella

Sous les coiffes de lin, toutes, croisant leurs bras
Vêtus de laine rude ou de mince percale,
Les femmes, à genoux sur le roc de la cale,
Regardent l'Océan blanchir l'île de Batz.

Les hommes, pères, fils, maris, amants, là-bas,
Avec ceux de Paimpol, d'Audierne et de Cancale,
Vers le Nord, sont partis pour la lointaine escale.
Que de hardis pêcheurs qui ne reviendront pas !

Par-dessus la rumeur de la mer et des côtes
Le chant plaintif s'élève, invoquant à voix hautes
L'Étoile sainte, espoir des marins en péril ;

Et l'Angélus, courbant tous ces fronts noirs de hâle,
Des clochers de Roscoff à ceux de Sybiril
S'envole, tinte et meurt dans le ciel rose et pâle.

Les Trophées

PAUL VERLAINE
(1844–96)

Mon Rêve familier

J'ai fait souvent ce rêve étrange et pénétrant
D'une femme inconnue, et que j'aime, et qui m'aime,
Et qui n'est, chaque fois, ni tout à fait la même
Ni tout à fait une autre, et m'aime et me comprend.

Car elle me comprend, et mon cœur, transparent
Pour elle seule, hélas! cesse d'être un problème
Pour elle seule, et les moiteurs de mon front blême,
Elle seule les sait rafraîchir, en pleurant.

Est-elle brune, blonde ou rousse? — Je l'ignore.
Son nom? Je me souviens qu'il est doux et sonore
Comme ceux des aimés que la Vie exila.

Son regard est pareil au regard des statues,
Et, pour sa voix, lointaine, et calme, et grave, elle a
L'inflexion des voix chères qui se sont tues.

Poèmes saturniens

Chanson d'Automne

Les sanglots longs
Des violons
De l'automne

Blessent mon cœur
D'une langueur
   Monotone.

Tout suffocant
Et blême, quand
   Sonne l'heure,
Je me souviens
Des jours anciens
   Et je pleure.

Et je m'en vais
Au vent mauvais
   Qui m'emporte
Deçà, delà,
Pareil à la
   Feuille morte.

Poèmes saturniens

Le ciel est, par-dessus le toit...

Le ciel est, par-dessus le toit,
   Si bleu, si calme !
Un arbre, par-dessus le toit,
   Berce sa palme.

La cloche, dans le ciel qu'on voit,
   Doucement tinte.
Un oiseau sur l'arbre qu'on voit
   Chante sa plainte.

Mon Dieu, mon Dieu, la vie est là,
   Simple et tranquille.
Cette paisible rumeur-là
   Vient de la ville !

— Qu'as-tu fait, ô toi que voilà
　　Pleurant sans cesse,
Dis, qu'as-tu fait, toi que voilà,
　　De ta jeunesse?

Sagesse

Dialogue mystique

I

Mon Dieu m'a dit: « Mon fils, il faut m'aimer. Tu vois
Mon flanc percé, mon cœur qui rayonne et qui saigne,
Et mes pieds offensés que Madeleine baigne
De larmes, et mes bras douloureux sous le poids

« De tes péchés, et mes mains! Et tu vois la croix,
Tu vois les clous, le fiel, l'éponge, et tout t'enseigne
A n'aimer, en ce monde amer, où la chair règne,
Que ma Chair et mon Sang, ma parole et ma voix.

« Ne t'ai-je pas aimé jusqu'à la mort moi-même,
O mon frère en mon Père, ô mon fils en l'Esprit,
Et n'ai-je pas souffert, comme c'était écrit?

« N'ai-je pas sangloté ton angoisse suprême
Et n'ai-je pas sué la sueur de tes nuits,
Lamentable ami qui me cherches où je suis? »

II

J'ai répondu: « Seigneur, vous avez dit mon âme.
C'est vrai que je vous cherche et ne vous trouve pas.
Mais vous aimer! Voyez comme je suis en bas,
Vous dont l'amour toujours monte comme la flamme.

« Vous, la source de paix que toute soif réclame,
Hélas! voyez un peu tous mes tristes combats!

[370]

Oserai-je adorer la trace de vos pas,
Sur ces genoux saignants d'un rampement infâme ?

« Et pourtant je vous cherche en longs tâtonnements,
Je voudrais que votre ombre au moins vêtît ma honte,
Mais vous n'avez pas d'ombre, ô vous dont l'amour monte,

« O vous, fontaine calme, amère aux seuls amants
De leur damnation, ô vous, toute lumière,
Sauf aux yeux dont un lourd baiser tient la paupière ! »

III

— Il faut m'aimer ! Je suis l'universel Baiser,
Je suis cette paupière et je suis cette lèvre
Dont tu parles, ô cher malade, et cette fièvre
Qui t'agite, c'est moi toujours ! Il faut oser

M'aimer ! Oui, mon amour monte sans biaiser
Jusqu'où ne grimpe pas ton pauvre amour de chèvre,
Et t'emportera, comme un aigle vole un lièvre,
Vers des serpolets qu'un ciel clair vient arroser !

O ma nuit claire ! ô tes yeux dans mon clair de lune !
O ce lit de lumière et d'eau parmi la brune !
Toute cette innocence et tout ce reposoir !

Aime-moi ! Ces deux mots sont mes verbes suprêmes,
Car étant ton Dieu tout-puissant, je peux vouloir,
Mais je ne veux d'abord que pouvoir que tu m'aimes !

VI

— Seigneur, j'ai peur. Mon âme en moi tressaille toute.
Je vois, je sens qu'il faut vous aimer. Mais comment

Moi, ceci, me ferais-je, ô mon Dieu, votre amant,
O Justice que la vertu des bons redoute!

Oui, comment? car voici que s'ébranle la voûte
Où mon cœur creusait son ensevelissement
Et que je sens fluer à moi le firmament,
Et je vous dis: De vous à moi quelle est la route?

Tendez-moi votre main, que je puisse lever
Cette chair accroupie et cet esprit malade.
Mais recevoir jamais la céleste accolade,

Est-ce possible? Un jour, pouvoir la retrouver
Dans votre sein, sur votre cœur qui fut le nôtre,
La place où reposa la tête de l'apôtre?

VII

— Certes, si tu le veux mériter, mon fils, oui,
Et voici. Laisse aller l'ignorance indécise
De ton cœur vers les bras ouverts de mon Église
Comme la guêpe vole au lis épanoui.

Approche-toi de mon oreille. Épanches-y
L'humiliation d'une brave franchise.
Dis-moi tout sans un mot d'orgueil ou de reprise
Et m'offre le bouquet d'un repentir choisi.

Puis franchement et simplement viens à ma table,
Et je t'y bénirai d'un repas délectable
Auquel l'ange n'aura lui-même qu'assisté,

Et tu boiras le vin de la vigne immuable
Dont la force, dont la douceur, dont la bonté
Feront germer ton sang à l'immortalité.

★

Puis, va ! Garde une foi modeste en ce mystère
D'amour par quoi je suis ta chair et ta raison,
Et surtout reviens très souvent dans ma maison,
Pour y participer au Vin qui désaltère,

Au Pain sans qui la vie est une trahison,
Pour y prier mon Père et supplier ma Mère
Qu'il te soit accordé, dans l'exil de la terre,
D'être l'agneau sans cris qui donne sa toison,

D'être l'enfant vêtu de lin et d'innocence,
D'oublier ton pauvre amour-propre et ton essence,
Enfin, de devenir un peu semblable à moi

Qui fus, durant les jours d'Hérode et de Pilate,
Et de Judas et de Pierre, pareil à toi
Pour souffrir et mourir d'une mort scélérate !

★

Et pour récompenser ton zèle en ces devoirs
Si doux qu'ils sont encor d'ineffables délices,
Je te ferai goûter sur terre mes prémices,
La paix du cœur, l'amour d'être pauvre, et mes soirs

Mystiques, quand l'esprit s'ouvre aux calmes espoirs
Et croit boire, suivant ma promesse, au Calice
Éternel, et qu'au ciel pieux la lune glisse,
Et que sonnent les angélus roses et noirs,

En attendant l'assomption dans ma lumière,
L'éveil sans fin dans ma charité coutumière,
La musique de mes louanges à jamais,

Et l'extase perpétuelle et la science,
Et d'être en moi parmi l'aimable irradiance
De tes souffrances, enfin miennes, que j'aimais !

— Ah ! Seigneur, qu'ai-je ? Hélas ! me voici tout en larmes
D'une joie extraordinaire : votre voix
Me fait comme du bien et du mal à la fois,
Et le mal et le bien, tout a les mêmes charmes.

Je ris, je pleure, et c'est comme un appel aux armes
D'un clairon pour des champs de bataille où je vois
Des anges bleus et blancs portés sur des pavois,
Et ce clairon m'enlève en de fières alarmes.

J'ai l'extase et j'ai la terreur d'être choisi.
Je suis indigne, mais je sais votre clémence.
Ah ! quel effort, mais quelle ardeur ! Et me voici

Plein d'une humble prière, encore qu'un trouble immense
Brouille l'espoir que votre voix me révéla,
Et j'aspire en tremblant.

IX

— Pauvre âme, c'est cela !

Sagesse

Ariette

Il pleut doucement sur la ville.
ARTHUR RIMBAUD

Il pleure dans mon cœur
Comme il pleut sur la ville.
Quelle est cette langueur
Qui pénètre mon cœur ?

O doux bruit de la pluie,
Par terre et sur les toits !

Pour un cœur qui s'ennuie,
O! le chant de la pluie!

Il pleure sans raison
Dans ce cœur qui s'écœure.
Quoi! nulle trahison?
Ce deuil est sans raison.

C'est bien la pire peine
De ne savoir pourquoi,
Sans amour et sans haine,
Mon cœur a tant de peine.

Romances sans paroles

Green

Voici des fruits, des fleurs, des feuilles et des branches,
Et puis voici mon cœur, qui ne bat que pour vous.
Ne le déchirez pas avec vos deux mains blanches,
Et qu'à vos yeux si beaux l'humble présent soit doux.

J'arrive tout couvert encore de rosée
Que le vent du matin vient glacer à mon front;
Souffrez que ma fatigue, à vos pieds reposée,
Rêve des chers instants qui la délasseront.

Sur votre jeune sein laissez rouler ma tête
Toute sonore encor de vos derniers baisers;
Laissez-la s'apaiser de la bonne tempête,
Et que je dorme un peu, puisque vous reposez.

Romances sans paroles

TRISTAN CORBIÈRE
(1845–75)

Épitaphe
(*par lui-même*)

Mélange adultère de tout :
De la fortune et pas le sou,
De l'énergie et pas de force,
La liberté, mais une entorse.
Du cœur, du cœur ! de l'âme, non ! —
Des amis, pas un compagnon,
De l'idée et pas une idée,
De l'amour et pas une aimée,
La paresse et pas le repos ;
Vertus chez lui furent défauts.
Ame blasée, inassouvie ;
Mort, mais pas guéri de la vie ;
Gâcheur de vie hors de propos,
Le corps à sec et la tête ivre,
Espérant, niant l'avenir,
Il mourut en s'attendant vivre,
Et vécut s'attendant mourir.

La Fin

Oh ! combien de marins, combien de capitaines,
Qui sont partis joyeux pour des courses lointaines,
Dans ce morne horizon se sont évanouis !...
                    V. HUGO, *Oceano nox.*

Eh bien, tous ces marins — matelots, capitaines,
Dans leur grand Océan à jamais engloutis...
Partis insoucieux pour leurs courses lointaines,
Sont morts — absolument comme ils étaient partis.

Allons ! c'est leur métier ; ils sont morts dans leurs bottes !
Leur *boujaron* au cœur, tout vifs dans leurs capotes...

[376]

— *Morts*... Merci : la *Camarde* a pas le pied marin ;
Qu'elle couche avec vous : c'est votre bonne femme...
— Eux, allons donc : Entiers ! enlevés par la lame,
      Ou perdus dans un grain...

Un grain... est-ce la mort, ça ? La basse voilure
Battant à travers l'eau ! — Ça se dit *encombrer*...
Un coup de mer plombé, puis la haute mâture
Fouettant les flots ras — et ça se dit *sombrer*.

— Sombrer. — Sondez ce mot. Votre *mort* est bien pâle...
Et pas grand'chose à bord, sous la lourde rafale...
Pas grand'chose devant le grand sourire amer
Du matelot qui lutte. — Allons donc, de la place ! —
Vieux fantôme éventé, la Mort, change de face :
      La Mer !...

Noyés ? — Eh ! allons donc ! Les *noyés* sont d'eau douce.
— Coulés ! corps et biens ! Et, jusqu'au petit mousse,
Le défi dans les yeux, dans les dents le juron !
A l'écume crachant une chique râlée,
Buvant sans haut-le-cœur *la grand'tasse salée*.
    — Comme ils ont bu leur boujaron. — ...

— Pas de fond de six pieds, ni rats de cimetière :
Eux, ils vont aux requins ! L'âme d'un matelot,
Au lieu de suinter dans vos pommes de terre,
      Respire à chaque flot...

— Écoutez, écoutez la tourmente qui beugle !...
C'est leur anniversaire. — Il revient bien souvent. —
O poète, gardez pour vous vos chants d'aveugle ;
— Eux : le *De profundis* que leur corne le vent...

Qu'ils roulent infinis dans les espaces vierges !...
      Qu'ils roulent verts et nus,
Sans clous et sans sapin, sans couvercle, sans cierges...
— Laissez-les donc rouler, *terriens* parvenus !

La Rapsode foraine et le Pardon de Sainte-Anne

La Palud, 27 août, jour du Pardon.

Bénite est l'infidèle plage
Où, comme la mer, tout est nud.
Sainte est la chapelle sauvage
De Sainte-Anne-de-la-Palud,

De la Bonne Femme Sainte Anne,
Grand'tante du petit Jésus,
En bois pourri dans sa soutane
Riche... plus riche que Crésus !

Contre elle la petite Vierge,
Fuseau frêle, attend l'*Angelus*;
Au coin, Joseph, tenant son cierge,
Niche, en saint qu'on ne fête plus...

C'est le Pardon. — Liesse et mystères.
Déjà l'herbe rase a des poux...
— *Sainte Anne, Onguent des belles-mères!*
Consolation des époux !...

Des paroisses environnantes :
De Plougastel et Loc-Tudy,
Ils viennent tous planter leurs tentes,
Trois nuits, trois jours, — jusqu'au lundi.

Trois jours, trois nuits, la palud grogne,
Selon l'antique rituel,
— Chœur séraphique et chant d'ivrogne —
Le Cantique spirituel.

Mère taillée à coups de hache,
Tout cœur de chêne dur et bon;
Sous l'or de sa robe se cache
L'âme en pièce d'un franc Breton !

[378]

— Vieille verte à la face usée
Comme la pierre du torrent,
Par des larmes d'amour creusée,
Séchée avec des pleurs de sang!

— Toi, dont la mamelle tarie
S'est refait, pour avoir porté
La Virginité de Marie,
Une mâle virginité!

— Servante-maîtresse altière,
Très haute devant le Très-Haut;
Au pauvre monde, pas fière,
Dame pleine de comme-il-faut!

Bâton des aveugles! Béquille
Des vieilles! Bras des nouveau-nés!
Mère de madame ta fille!
Parente des abandonnés!

Arche de Joachim! Aïeule!
Médaille de cuivre effacé!
Gui sacré! Trèfle-quatre-feuille!
Mont d'Horeb! Souche de Jessé!

— O toi qui recouvrais la cendre,
Qui filais comme on fait chez nous,
Quand le soir venait à descendre,
Tenant l'enfant sur les genoux;

Toi qui fus là, seule, pour faire
Son maillot neuf à Bethléem,
Et là, pour coudre son suaire
Douloureux, à Jérusalem!...

Des croix profondes sont tes rides,
Tes cheveux sont blancs comme fils...

Préserve des regards arides
Le berceau de nos petits-fils!

Fais venir et conserve en joie
Ceux à naître et ceux qui sont nés,
Et verse, sans que Dieu te voie,
L'eau de tes yeux sur les damnés!

Reprends dans leur chemise blanche
Les petits qui sont en langueur...
Rappelle à l'éternel Dimanche
Les vieux qui traînent en longueur.

— Dragon-gardien de la Vierge,
Garde la crèche sous ton œil.
Que, près de toi, Joseph-concierge
Garde la propreté du seuil!

Prends pitié de la fille-mère,
Du petit au bord du chemin...
Si quelqu'un leur jette la pierre,
Que la pierre se change en pain!

— Dame bonne en mer et sur terre,
Montre-nous le ciel et le port,
Dans la tempête ou dans la guerre...
O Fanal de la bonne mort!

Humble: à tes pieds n'as point d'étoile,
Humble... et brave pour protéger!
Dans la nue apparaît ton voile,
Pâle auréole du danger.

— Aux perdus dont la vie est grise,
(— Sauf respect — perdus de boisson)
Montre le clocher de l'église
Et le chemin de la maison.

Prête ta douce et chaste flamme
Aux chrétiens qui sont ici...
Ton remède de bonne femme
Pour les bêtes-à-corne aussi!

Montre à nos femmes et servantes
L'ouvrage et la fécondité...
— Le bonjour aux âmes parentes
Qui sont bien dans l'éternité!

— Nous mettrons un cordon de cire,
De cire-vierge jaune autour
De ta chapelle et ferons dire
Ta messe basse au point du jour.

Préserve notre cheminée
Des sorts et du monde malin...
A Pâques te sera donnée
Une quenouille avec du lin.

Si nos corps sont puants sur terre,
Ta grâce est un bain de santé;
Répands sur nous, au cimetière,
Ta bonne odeur de sainteté.

— A l'an prochain! — Voici ton cierge:
(C'est deux livres qu'il a coûté)
...Respects à Madame la Vierge,
Sans oublier la Trinité.

...Et les fidèles, en chemise,
Sainte Anne, ayez pitié de nous!
Font trois fois le tour de l'église
En se traînant sur leurs genoux,

Et boivent l'eau miraculeuse
Où les Job teigneux ont lavé

Leur nudité contagieuse...
Allez: la Foi vous a sauvé!

C'est là que tiennent leurs cénacles
Les pauvres, frères de Jésus.
— Ce n'est pas la cour des miracles,
Les trous sont vrais : *Vide latus!*

Sont-ils pas divins sur leurs claies,
Qu'auréole un nimbe vermeil,
Ces propriétaires de plaies,
Rubis vivants sous le soleil !...

En aboyant, un rachitique
Secoue un moignon désossé,
Coudoyant un épileptique
Qui travaille dans un fossé.

Là, ce tronc d'homme où croît l'ulcère,
Contre un tronc d'arbre où croît le gui ;
Ici, c'est la fille et la mère
Dansant la danse de Saint-Guy.

Cet autre pare le cautère
De son petit enfant malsain :
— L'enfant se doit à son vieux père...
Et le chancre est un gagne-pain !

Là, c'est l'idiot de naissance,
Un *visité par Gabriel,*
Dans l'extase de l'innocence...
— L'innocent est près du ciel !

— Tiens, passant, regarde : tout passe.
L'œil de l'idiot est resté,
Car il est en état de grâce...
— Et la Grâce est l'éternité ! —

Parmi les autres, après vêpres,
Qui sont d'eau bénite arrosés,
Un cadavre vivant de lèpre,
Fleurit, souvenir des croisés...

Puis tous ceux que les rois de France
Guérissaient d'un toucher de doigts...
— Mais la France n'a plus de rois,
Et leur Dieu suspend sa clémence.

— Charité dans leurs écuelles !
Nos aïeux ensemble ont porté
Ces fleurs de lis en écrouelles
Dont ces *choisis* ont hérité...

Mais une note pantelante,
Écho grelottant dans le vent,
Vient battre la rumeur bêlante
De ce purgatoire ambulant.

Une forme humaine qui beugle
Contre le *calvaire* se tient ;
C'est comme une moitié d'aveugle :
Elle est borgne et n'a pas de chien...

C'est une rapsode foraine
Qui donne aux gens pour un liard
L'*Istoyre de la Magdalayne*,
Du *Juif-Errant* ou d'*Abaylar*.

Elle hale comme une plainte,
Comme une plainte de la faim,
Et, longue comme un jour sans pain,
Lamentablement, sa complainte...

— Ça chante comme ça respire,
Triste oiseau sans plume et sans nid

Vaguant où son instinct l'attire :
Autour des Bon-Dieu de granit...

Ça peut parler aussi, sans doute,
Ça peut penser comme ça voit :
Toujours devant soi la grand'route...
— Et, quand ç'a deux sous, ça les boit.

— Femme : on dirait, hélas ! — sa nippe
Lui pend, ficelée en jupon ;
Sa dent noire serre une pipe
Éteinte... — Oh ! la vie a du bon !

Son nom ?... ça se nomme Misère.
Ça s'est trouvé né par hasard.
Ça sera trouvé mort par terre...
La même chose... — quelque part.

Si tu la rencontres, Poète,
Avec son vieux sac de soldat :
C'est notre sœur... donne — c'est fête —
Pour sa pipe, un peu de tabac !...

Tu verras dans sa face creuse
Se creuser, comme dans du bois,
Un sourire ; et sa main galeuse
Te faire un vrai signe de croix.

Sonnet à Sir Bob

Chien de femme légère, braque anglais pur sang

Beau chien, quand je te vois caresser ta maîtresse,
Je grogne malgré moi — pourquoi ? — Tu n'en sais rien...
— Ah ! c'est que moi — vois-tu — jamais je ne caresse,
Je n'ai pas de maîtresse, et... ne suis pas beau chien.

— *Bob! Bob!* — Oh! le fier nom à hurler d'allégresse!...
Si je m'appelais Bob... Elle dit Bob si bien!
Mais moi je ne suis pas *pur sang.* — Par maladresse,
On m'a fait *braque aussi...* mâtiné de chrétien.

— O Bob! nous changerons, à la métempsycose:
Prends mon sonnet, moi ta sonnette à faveur rose;
Toi ma peau, moi ton poil — avec puces ou non...

Et je serai *sir Bob.* — Son seul amour fidèle!
Je mordrai les roquets, elle me mordait, Elle!
Et j'aurai le collier portant Son petit nom.

ARTHUR RIMBAUD
(1854–91)

Le Dormeur du Val

C'est un trou de verdure où chante une rivière
Accrochant follement aux herbes des haillons
D'argent, où le soleil de la montagne fière
Luit: c'est un petit val qui mousse de rayons.

Un soldat jeune, bouche ouverte, tête nue,
Et la nuque baignant dans le frais cresson bleu,
Dort; il est étendu dans l'herbe, sous la nue,
Pâle dans son lit vert où la lumière pleut;

Les pieds dans les glaïeuls, il dort. Souriant comme
Sourirait un enfant malade, il fait un somme:
Nature, berce-le chaudement: il a froid.

Les parfums ne font pas frissonner sa narine;
Il dort dans le soleil, la main sur la poitrine
Tranquille. Il a deux trous rouges au côté droit.

Bateau ivre

Comme je descendais des Fleuves impassibles,
Je ne me sentis plus guidé par les haleurs ;
Des Peaux-Rouges criards les avaient pris pour cibles,
Les ayant cloués nus aux poteaux de couleurs.

J'étais insoucieux de tous les équipages,
Porteur de blés flamands ou de cotons anglais.
Quand avec mes haleurs ont fini ces tapages,
Les Fleuves m'ont laissé descendre où je voulais.

Dans les clapotements furieux des marées,
Moi, l'autre hiver, plus sourd que les cerveaux d'enfants,
Je courus ! Et les Péninsules démarrées
N'ont pas subi tohu-bohus plus triomphants.

La tempête a béni mes éveils maritimes.
Plus léger qu'un bouchon j'ai dansé sur les flots
Qu'on appelle rouleurs éternels de victimes,
Dix nuits, sans regretter l'œil niais des falots.

Plus douce qu'aux enfants la chair des pommes sures,
L'eau verte pénétra ma coque de sapin
Et des taches de vins bleus et des vomissures
Me lava, dispersant gouvernail et grappin.

Et dès lors, je me suis baigné dans le Poème
De la Mer, infusé d'astres, et lactescent,
Dévorant les azurs verts où, flottaison blême
Et ravie, un noyé pensif, parfois, descend ;

Où, teignant tout-à-coup les bleuités, délires
Et rhythmes lents sous les rutilements du jour,
Plus fortes que l'alcool, plus vastes que nos lyres,
Fermentent les rousseurs amères de l'amour !

Je sais les cieux crevant en éclairs, et les trombes,
Et les ressacs, et les courants ; je sais le soir,
L'aube exaltée ainsi qu'un peuple de colombes,
Et j'ai vu quelquefois ce que l'homme a cru voir.

J'ai vu le soleil bas taché d'horreurs mystiques,
Illuminant de longs figements violets ;
Pareils à des acteurs de drames très antiques,
Les flots roulant au loin leurs frissons de volets.

J'ai rêvé la nuit verte aux neiges éblouies,
Baisers montant aux yeux des mers avec lenteur :
La circulation des sèves inouïes,
Et l'éveil jaune et bleu des phosphores chanteurs.

J'ai suivi des mois pleins, pareille aux vacheries
Hystériques, la houle à l'assaut des récifs,
Sans songer que les pieds lumineux des Maries
Pussent forcer le mufle aux Océans poussifs.

J'ai heurté, savez-vous, d'incroyables Florides
Mêlant aux fleurs des yeux de panthères, aux peaux
D'hommes des arcs-en-ciel tendus comme des brides,
Sous l'horizon des mers, à de glauques troupeaux.

J'ai vu fermenter les marais, énormes nasses
Où pourrit dans les joncs tout un Léviathan ;
Des écroulements d'eaux au milieu des bonaces,
Et les lointains vers les gouffres cataractant,

Glaciers, soleils d'argent, flots nacreux, cieux de braises,
Échouages hideux au fond des golfes bruns
Où les serpents géants dévorés des punaises
Choient des arbres tordus avec de noirs parfums.

J'aurais voulu montrer aux enfants ces dorades
Du flot bleu, ces poissons d'or, ces poissons chantants.

Des écumes de fleurs ont béni mes dérades,
Et d'ineffables vents m'ont ailé par instants.

Parfois, martyr lassé des pôles et des zones,
La mer, dont le sanglot faisait mon roulis doux,
Montait vers moi ses fleurs d'ombre aux ventouses jaunes
Et je restais, ainsi qu'une femme à genoux...

Presqu'île ballottant sur mes bords les querelles
Et les fientes d'oiseaux clabaudeurs aux yeux blonds ;
Et je voguais, lorsqu'à travers mes liens frêles
Des noyés descendaient dormir, à reculons !...

Or moi, bateau perdu sous les cheveux des anses,
Jeté par l'ouragan dans l'éther sans oiseau,
Moi dont les Monitors et les voiliers des Hanses
N'auraient pas repêché la carcasse ivre d'eau ;

Libre, fumant, monté de brumes violettes,
Moi qui trouais le ciel rougeoyant comme un mur
Qui porte, confiture exquise aux bons poètes,
Des lichens de soleil et des morves d'azur ;

Qui courais, taché de lunules électriques,
Planche folle, escorté des hippocampes noirs,
Quand les juillets faisaient crouler à coups de triques
Les cieux ultramarins aux ardents entonnoirs ;

Moi qui tremblais, sentant geindre à cinquante lieues
Le rut des Béhémots et des Maelstroms épais,
Fileur éternel des immobilités bleues,
Je regrette l'Europe aux anciens parapets !

J'ai vu des archipels sidéraux, et des îles
Dont les cieux délirants sont ouverts au vogueur :
— Est-ce en ces nuits sans fonds que tu dors et t'exiles,
Million d'oiseaux d'or, ô future Vigueur ? —

Mais, vrai, j'ai trop pleuré! Les Aubes sont navrantes.
Toute lune est atroce et tout soleil amer:
L'âcre amour m'a gonflé de torpeurs enivrantes.
O que ma quille éclate! O que j'aille à la mer!

Si je désire une eau d'Europe, c'est la flache
Noire et froide où vers le crépuscule embaumé
Un enfant accroupi plein de tristesse, lâche
Un bateau frêle comme un papillon de mai.

Je ne puis plus, baigné de vos langueurs, ô lames,
Enlever leur sillage aux porteurs de cotons,
Ni traverser l'orgueil des drapeaux et des flammes,
Ni nager sous les yeux horribles des pontons.

Les Chercheuses de Poux

Quand le front de l'enfant, plein de rouges tourmentes,
Implore l'essaim blanc des rêves indistincts,
Il vient près de son lit deux grandes sœurs charmantes
Avec de frêles doigts aux ongles argentins.

Elles assoient l'enfant auprès d'une croisée
Grande ouverte, où l'air bleu baigne un fouillis de fleurs,
Et, dans ses lourds cheveux où tombe la rosée,
Promènent leurs doigts fins, terribles et charmeurs.

Il écoute chanter leurs haleines craintives
Qui fleurent de longs miels végétaux et rosés
Et qu'interrompt parfois un sifflement, salives
Reprises sur la lèvre ou désirs de baisers.

Il entend leurs cils noirs battant sous les silences
Parfumés; et leurs doigts électriques et doux
Font crépiter, parmi ses grises indolences,
Sous leurs ongles royaux la mort des petits poux.

Voilà que monte en lui le vin de la Paresse,
Soupir d'harmonica qui pourrait délirer;
L'enfant se sent, selon la lenteur des caresses,
Sourdre et mourir sans cesse un désir de pleurer.

Chanson de la plus haute Tour

Oisive jeunesse
A tout asservie,
Par délicatesse
J'ai perdu ma vie.
Ah! Que le temps vienne
Où les cœurs s'éprennent.

Je me suis dit: laisse,
Et qu'on ne te voie;
Et sans la promesse
De plus hautes joies.
Que rien ne t'arrête,
Auguste retraite.

J'ai tant fait patience
Qu'à jamais j'oublie;
Craintes et souffrances
Aux cieux sont parties.
Et la soif malsaine
Obscurcit mes veines.

Ainsi la Prairie
A l'oubli livrée,
Grandie, et fleurie
D'encens et d'ivraies
Au bourdon farouche
De cent sales mouches.

Ah! Mille veuvages
De la si pauvre âme

Qui n'a que l'image
De la Notre-Dame!
Est-ce que l'on prie
La Vierge Marie?

Oisive jeunesse
A tout asservie,
Par délicatesse
J'ai perdu ma vie.
Ah! Que le temps vienne
Où les cœurs s'éprennent!

Bonheur

O saisons, ô châteaux!
Quelle âme est sans défauts?

O saisons, ô châteaux!

J'ai fait la magique étude
Du bonheur, que nul n'élude.

O vive lui, chaque fois
Que chante le coq gaulois.

Mais je n'aurai plus d'envie:
Il s'est chargé de ma vie.

Ce charme! il prit âme et corps
Et dispersa tous efforts.

Que comprendre à ma parole?
Il fait qu'elle fuit et vole!

O saisons, ô châteaux!

L'Éternité

Elle est retrouvée.
Quoi? — L'Éternité.
C'est la mer allée
Avec le soleil.

Ame sentinelle,
Murmurons l'aveu
De la nuit si nulle
Et du jour en feu.

Des humains suffrages,
Des communs élans
Là tu te dégages
Et voles selon.

Puisque de vous seules,
Braises de satin,
Le Devoir s'exhale
Sans qu'on dise: enfin.

Là pas d'espérance,
Nul orietur.
Science avec patience,
Le supplice est sûr.

Elle est retrouvée.
Quoi? — L'Éternité.
C'est la mer allée
Avec le soleil.

LAURENT TAILHADE
(1854–1919)

Ballade Mystique
sur la Douceur de Pauvreté

Par les chemins où croît l'épine affreuse,
La Vierge aux maigres flancs, la Pauvreté,
Malgré Douloir qui sa paupière creuse
Et Malefaim debout à son côté,
Franchit sans peur le roc ensanglanté.
Car elle sait, la Dame tutélaire,
Quel vêtement de gloire, et quel salaire,
Et quels joyaux faits des pleurs anciens
L'investiront d'une gloire stellaire,
Lorsque Jésus reconnaîtra les siens.

Un astre dort sous guenille poudreuse.
Amour sans fin, éternelle Beauté,
Vont rajeunir ta face, bienheureuse
Reine du simple et du déshérité !
Sur les parvis d'azur, en la Cité
Qu'un blanc soleil immarcessible éclaire,
Tes pieds lassés par la fange et par l'erre,
Malgré les cris des vils pharisiens,
Se poseront comme un aiglon sur l'aire,
Lorsque Jésus reconnaîtra les siens.

Donnez la rose avec la tubéreuse !
Et le Poète aussi, tant molesté,
Verra finir sa course douloureuse
Au matin bleu de l'Immortalité.
Son fier désir, à présent exalté,
Resplendira sur sa face très claire.
Pour ce dolent accoiter et complaire,
Des chœurs épris d'Anges musiciens

Diront ses vers à l'Agneau jubilaire,
Lorsque Jésus reconnaîtra les siens.

ENVOI

A Paul Verlaine

Prince des vers si doux, le scapulaire
Et l'humble froc, chez tels béotiens,
Ébaudit un mufle patibulaire.
Mais toi, sans peur, sans feinte, sans colère,
Sois de ton Dieu l'éternel vexillaire,
Lorsque Jésus reconnaîtra les siens.

Poèmes élégiaques

Si tu veux, prenons un fiacre...

Si tu veux, prenons un fiacre
Vert comme un chant de hautbois.
Nous ferons le simulacre
Des gens urf qui vont au Bois.

Les taillis sont pleins de sources
Fraîches sous les parasols ;
Viens ! nous risquerons aux courses
Quelques pièces de cent sols.

Allons-nous-en ! L'ombre est douce,
Le ciel est bleu ; sur la mousse
Polyte mâche du veau.

Il convient que tu t'attifes
Pour humer, près des fortiffes,
Les encens du renouveau.

Poèmes aristophanesques

Barcarolle

Sur le petit bateau-mouche,
Les bourgeois sont entassés,
Avec les enfants qu'on mouche,
Qu'on ne mouche pas assez.

Combien qu'autour d'eux la Seine
Regorge de chiens crevés,
Ils jugent la brise saine
Dans les Billancourt rêvés.

Et mesdames leurs épouses,
Plus laides que des empouses,
Affirment qu'il fait grand chaud

Et s'épaulent sans entraves
A des Japonais très graves
Dans leurs complets de Godchau.

Poèmes aristophanesques

Musée du Louvre

Cinq heures. Les gardiens en manteaux verts, joyeux
De s'évader enfin d'au milieu des chefs-d'œuvre,
Expulsent les bourgeois qu'ahurit la manœuvre,
Et les rouges Yankees écarquillant leurs yeux.

Ces voyageurs ont des waterproofs d'un gris jaune
Avec des brodequins en allés en bateau;
Devant Rubens, devant Rembrandt, devant Watteau,
Ils s'arrêtent, pour consulter le *Guide Joanne*.

Mais l'antique pucelle au turban de vizir,
Impassible, subit l'attouchement du groupe.
Ses anglaises où des lichens viennent moisir

Ondulent vers le sol ; car, sur une soucoupe,
Elle se penche pour fignoler à loisir
Les Noces de Cana qu'elle peint à la loupe.

Poèmes aristophanesques

ÉMILE VERHAEREN
(1855–1916)

Un Soir

Celui qui me lira dans les siècles, un soir,
Troublant mes vers, sous leur sommeil ou sous leur cendre,
Et ranimant leur sens lointain pour mieux comprendre
Comment ceux d'aujourd'hui s'étaient armés d'espoir,

Qu'il sache, avec quel violent élan, ma joie
S'est, à travers les cris, les révoltes, les pleurs,
Ruée au combat fier et mâle des douleurs,
Pour en tirer l'amour, comme on conquiert sa proie.

J'aime mes yeux fiévreux, ma cervelle, mes nerfs,
Le sang dont vit mon cœur, le cœur dont vit mon torse ;
J'aime l'homme et le monde et j'adore la force
Que donne et prend ma force à l'homme et l'univers.

Car vivre, c'est prendre et donner avec liesse.
Mes pairs, ce sont ceux-là qui s'exaltent autant
Que je me sens moi-même avide et haletant
Devant la vie intense et sa rouge sagesse.

Heures de chute ou de grandeur ! — tout se confond
Et se transforme en ce brasier qu'est l'existence ;
Seul importe que le désir reste en partance,
Jusqu'à la mort, devant l'éveil des horizons.

Celui qui trouve est un cerveau qui communie
Avec la fourmillante et large humanité.
L'esprit plonge et s'enivre en pleine immensité ;
Il faut aimer, pour découvrir avec génie.

Une tendresse énorme emplit l'âpre savoir,
Il exalte la force et la beauté des mondes,
Il devine les liens et les causes profondes ;
O vous qui me lirez, dans les siècles, un soir,

Comprenez-vous pourquoi mon vers vous interpelle ?
C'est qu'en vos temps quelqu'un d'ardent aura tiré
Du cœur de la nécessité même, le Vrai,
Bloc clair, pour y dresser l'entente universelle.

Les Forces tumultueuses

Vers le Futur

O race humaine aux astres d'or nouée,
As-tu senti de quel travail formidable et battant,
Soudainement, depuis cent ans,
Ta force immense est secouée ?

Du fond des mers, à travers terre et cieux,
Jusques à l'or errant des étoiles perdues,
De nuit en nuit et d'étendue en étendue,
Se prolonge là-haut le voyage des yeux.

Tandis qu'en bas les ans et les siècles funèbres,
Couchés dans les tombeaux stratifiés des temps,
Sont explorés, de continent en continent,
Et surgissent poudreux et clairs de leurs ténèbres.

L'acharnement à tout peser, à tout savoir,
Fouille la forêt drue et mouvante des êtres

Et malgré la broussaille où tel pas s'enchevêtre
L'homme conquiert sa loi des droits et des devoirs.

Dans le ferment, dans l'atome, dans la poussière,
La vie énorme est recherchée et apparaît.
Tout est capté dans une infinité de rets
Que serre ou que distend l'immortelle matière.

Héros, savant, artiste, apôtre, aventurier,
Chacun troue à son tour le mur noir des mystères
Et grâce à ces labeurs groupés ou solitaires,
L'être nouveau se sent l'univers tout entier.

Et c'est vous, vous les villes,
Debout
De loin en loin, là-bas, de l'un à l'autre bout
Des plaines et des domaines
Qui concentrez en vous assez d'humanité,
Assez de force rouge et de neuve clarté,
Pour enflammer de fièvre et de rage fécondes
Les cervelles patientes ou violentes
De ceux
Qui découvrent la règle et résument en eux,
Le monde.

L'esprit des campagnes était l'esprit de Dieu;
Il eut la peur de la recherche et des révoltes,
Il chut; et le voici qui meurt, sous les essieux
Et sous les chars en feu des nouvelles récoltes.

La ruine s'installe et souffle aux quatre coins
D'où s'acharnent les vents, sur la plaine finie,
Tandis que la cité lui soutire de loin
Ce qui lui reste encor d'ardeur dans l'agonie.

L'usine rouge éclate où seuls brillaient les champs;
La fumée à flots noirs rase les toits d'église;

L'esprit de l'homme avance et le soleil couchant
N'est plus l'hostie en or divin qui fertilise.

Renaîtront-ils, les champs, un jour, exorcisés
De leurs erreurs, de leurs affres, de leur folie;
Jardins pour les efforts et les labeurs lassés,
Coupes de clarté vierge et de santé remplies?

Referont-ils, avec l'ancien et bon soleil,
Avec le vent, la pluie et les bêtes serviles,
En des heures de sursaut libre et de réveil,
Un monde enfin sauvé de l'emprise des villes?

Ou bien deviendront-ils les derniers paradis
Purgés des dieux et affranchis de leurs présages,
Où s'en viendront rêver, à l'aube et aux midis,
Avant de s'endormir dans les soirs clairs, les sages?

En attendant, la vie ample se satisfait
D'être une joie humaine, effrénée et féconde;
Les droits et les devoirs? Rêves divers que fait
Devant chaque espoir neuf, la jeunesse du monde!

Les Villes tentaculaires

Lorsque tu fermeras...

Lorsque tu fermeras mes yeux à la lumière,
Baise-les longuement, car ils t'auront donné
Tout ce qui peut tenir d'amour passionné
Dans le dernier regard de leur ferveur dernière.

Sous l'immobile éclat du funèbre flambeau,
Penche vers leur adieu ton triste et beau visage
Pour que s'imprime et dure en eux la seule image
Qu'ils garderont dans le tombeau.

Et que je sente, avant que le cercueil se cloue,
Sur le lit pur et blanc se rejoindre nos mains
Et que près de mon front sur les pâles coussins,
Une suprême fois se repose ta joue.

Et qu'après je m'en aille au loin avec mon cœur,
Qui te conservera une flamme si forte
Que même à travers la terre compacte et morte
Les autres morts en sentiront l'ardeur !

Les Heures

JEAN MORÉAS
(1856–1910)

Stances

...Ne dites pas : la vie est un joyeux festin ;
Ou c'est d'un esprit sot ou c'est d'une âme basse.
Surtout ne dites point : elle est malheur sans fin ;
C'est d'un mauvais courage et qui trop tôt se lasse.

Riez comme au printemps s'agitent les rameaux,
Pleurez comme la bise ou le flot sur la grève,
Goûtez tous les plaisirs et souffrez tous les maux
Et dites : c'est beaucoup et c'est l'ombre d'un rêve...

Quand je viendrai m'asseoir dans le vent, dans la nuit,
        Au bout du rocher solitaire,
Que je n'entendrai plus, en t'écoutant, le bruit
        Que fait mon cœur sur cette terre,

Ne te contente pas, Océan, de jeter
        Sur mon visage un peu d'écume :
D'un coup de lame alors il te faut m'emporter
        Pour dormir dans ton amertume...

Quand reviendra l'automne avec les feuilles mortes
Qui couvriront l'étang du moulin ruiné,
Quand le vent remplira le trou béant des portes
Et l'inutile espace où la meule a tourné,

Je veux aller encor m'asseoir sur cette borne,
Contre le mur tissé d'un vieux lierre vermeil,
Et regarder longtemps dans l'eau glacée et morne
S'éteindre mon visage et le pâle soleil...

La rose du jardin que j'avais méprisée
A cause de son simple et modeste contour,
Sans se baigner d'azur, sans humer la rosée,
Dans le vase, captive, a vécu plus d'un jour,

Puis lasse, abandonnée à ses pâleurs fatales,
Ayant fini d'éclore et de s'épanouir,
Elle laissa tomber lentement ses pétales,
Indifférente au soin de vivre ou de mourir.

Lorsque l'obscur destin passe, sachons nous taire.
Pourquoi ce souvenir que j'emporte aujourd'hui?
Mon cœur est trop chargé d'ombres et de mystère;
Le spectre d'une fleur est un fardeau pour lui...

Aujourd'hui ma pensée erre sur le Céphise
        Et je soupire après
Les pâles oliviers et la cime indécise
        Qu'élance le cyprès.

Mais que me font mes yeux, qu'ai-je à marquer la trace
        De mes pas terriens?
O mon âme, ô torrent, c'est l'absence et l'espace
        Qui forment vos liens.

Mon cœur n'est plus le rameau tendre
Qui reverdit sous le ciel bleu ;
Il n'est plus même cette cendre
Qui couve encore un sombre feu.

Mais ma blessure est si profonde,
Virgile, ô Dante, mes aïeux !
Que j'envelopperai le monde
Dans un amour plus orgueilleux...

JULES LAFORGUE
(1860–87)

Litanies
des premiers Quartiers de la Lune

Lune bénie
Des insomnies,

Blanc médaillon
Des Endymions,

Astre fossile
Que tout exile,

Jaloux tombeau
De Salammbô,

Embarcadère
Des grands Mystères,

Madone et miss
Diane-Artémis,

Sainte Vigie
De nos orgies,

Jettatura
Des baccarats,

Dame très lasse
De nos terrasses,

Philtre attisant
Les vers-luisants,

Rosace et dôme
Des derniers psaumes,

Bel œil-de-chat
De nos rachats,

Sois l'Ambulance
De nos croyances,

Sois l'édredon
Du Grand-Pardon!

L'Imitation de Notre-Dame la Lune

Clair de Lune

Penser qu'on vivra jamais dans cet astre,
Parfois me flanque un coup dans l'épigastre.

Ah! tout pour toi, Lune, quand tu t'avances
Aux soirs d'août par les féeries du silence!

Et quand tu roules, démâtée, au large
A travers les brisants noirs des nuages!

Oh! monter, perdu, m'étancher à même
Ta vasque de béatifiants baptêmes!

[403]

Astre atteint de cécité, fatal phare
Des vols migrateurs des plaintifs Icares !

Œil stérile comme le suicide,
Nous sommes le congrès des las, préside ;

Crâne glacé, raille les calvities
De nos incurables bureaucraties ;

O pilule des léthargies finales,
Infuse-toi dans nos durs encéphales !

O Diane à la chlamyde très dorique,
L'Amour cuve, prend ton carquois et pique,

Ah ! d'un trait inoculant l'être aptère,
Les cœurs de bonne volonté sur terre !

Astre lavé par d'inouïs déluges,
Qu'un de tes chastes rayons fébrifuges,

Ce soir, pour inonder mes draps, dévie,
Que je m'y lave les mains de la vie !

L'Imitation de Notre-Dame la Lune

Complainte
de l'Oubli des Morts

Mesdames et Messieurs,
Vous dont la mère est morte,
C'est le bon fossoyeux
Qui gratte à votre porte.

Les morts
C'est sous terre ;
Ça n'en sort
Guère.

[404]

Vous fumez dans vos bocks,
Vous soldez quelque idylle,
Là-bas chante le coq,
Pauvres morts hors des villes !

Grand-papa se penchait,
Là, le doigt sur la tempe,
Sœur faisait du crochet,
Mère montait la lampe.

Les morts
C'est discret,
Ça dort
Trop au frais.

Vous avez bien dîné.
Comment va cette affaire ?
Ah ! les petits morts-nés
Ne se dorlotent guère !

Notez, d'un trait égal,
Au livre de la caisse,
Entre deux frais de bal :
Entretien tombe et messe.

C'est gai,
Cette vie ;
Hein, ma mie,
O gué ?

Mesdames et Messieurs,
Vous dont la sœur est morte,
Ouvrez au fossoyeux
Qui claque à votre porte ;

Si vous n'avez pitié,
Il viendra (sans rancune)

Vous tirer par les pieds,
Une nuit de grand'lune !

    Importun
    Vent qui rage !
    Les défunts ?
    Ça voyage...

Les Complaintes

L'Hiver qui vient

Blocus sentimental ! Messageries du Levant !...
Oh, tombée de la pluie ! Oh ! tombée de la nuit,
Oh ! le vent !...
La Toussaint, la Noël et la Nouvelle Année,
Oh, dans les bruines, toutes mes cheminées !...
D'usines...

On ne peut plus s'asseoir, tous les bancs sont mouillés ;
Crois-moi, c'est bien fini jusqu'à l'année prochaine,
Tous les bancs sont mouillés, tant les bois sont rouillés,
Et tant les cors ont fait ton ton, ont fait ton taine !...
Ah ! nuées accourues des côtes de la Manche,
Vous nous avez gâté notre dernier dimanche.

Il bruine ;
Dans la forêt mouillée, les toiles d'araignées
Ploient sous les gouttes d'eau, et c'est leur ruine.
Soleils plénipotentiaires des travaux en blonds Pactoles
Des spectacles agricoles,
Où êtes-vous ensevelis ?
Ce soir un soleil fichu gît au haut du coteau,
Gît sur le flanc, dans les genêts, sur son manteau.
Un soleil blanc comme un crachat d'estaminet
Sur une litière de jaunes genêts,
De jaunes genêts d'automne.

Et les cors lui sonnent !
Qu'il revienne...
Qu'il revienne à lui !
Taïaut ! Taïaut ! et hallali !
O triste antienne, as-tu fini !...
Et font les fous !...
Et il gît là, comme une glande arrachée dans un cou,
Et il frissonne, sans personne !...

Allons, allons, et hallali !
C'est l'Hiver bien connu qui s'amène ;
Oh ! les tournants des grandes routes,
Et sans petit Chaperon Rouge qui chemine !...
Oh ! leurs ornières des chars de l'autre mois,
Montant en don quichottesques rails
Vers les patrouilles des nuées en déroute
Que le vent malmène vers les transatlantiques bercails !...
Accélérons, accélérons, c'est la saison bien connue, cette fois.
Et le vent, cette nuit, il en a fait de belles !
O dégâts, ô nids, ô modestes jardinets !
Mon cœur et mon sommeil : ô échos des cognées !...

Tous ces rameaux avaient encor leurs feuilles vertes,
Les sous-bois ne sont plus qu'un fumier de feuilles mortes ;
Feuilles, folioles, qu'un bon vent vous emporte
Vers les étangs par ribambelles,
Ou pour le feu du garde-chasse,
Ou les sommiers des ambulances
Pour les soldats loin de la France.

C'est la saison, c'est la saison, la rouille envahit les masses,
La rouille ronge en leurs spleens kilométriques
Les fils télégraphiques des grandes routes où nul ne passe.

Les cors, les cors, les cors — mélancoliques !...
Mélancoliques !...
S'en vont, changeant de ton,
Changeant de ton et de musique,

Ton ton, ton taine, ton ton!...
Les cors, les cors, les cors!...
S'en sont allés au vent du Nord.

Je ne puis quitter ce ton : que d'échos!...
C'est la saison, c'est la saison, adieu vendanges!...
Voici venir les pluies d'une patience d'ange,
Adieu vendanges, et adieu tous les paniers,
Tous les paniers Watteau des bourrées sous les marronniers.
C'est la toux dans les dortoirs du lycée qui rentre,
C'est la tisane sans le foyer,
La phtisie pulmonaire attristant le quartier,
Et toute la misère des grands centres.

Mais, lainages, caoutchoucs, pharmacie, rêve,
Rideaux écartés du haut des balcons des grèves
Devant l'océan de toitures des faubourgs,
Lampes, estampes, thé, petits-fours,
Serez-vous pas mes seules amours!...
(Oh! et puis, est-ce que tu connais, outre les pianos,
Le sobre et vespéral mystère hebdomadaire
Des statistiques sanitaires
Dans les journaux?)

Non, non! c'est la saison et la planète falote!
Que l'autan, que l'autan
Effiloche les savates que le temps se tricote!
C'est la saison, oh déchirements! c'est la saison!
Tous les ans, tous les ans,
J'essaierai en chœur d'en donner la note.

Derniers Vers

Solo de Lune

Je fume, étalé face au ciel.
Sur l'impériale de la diligence,

Ma carcasse est cahotée, mon âme danse
Comme un Ariel;
Sans miel, sans fiel, ma belle âme danse,
O routes, coteaux, ô fumées, ô vallons,
Ma belle âme, ah! récapitulons.

Nous nous aimions comme deux fous,
On s'est quitté sans en parler,
Un spleen me tenait exilé,
Et ce spleen me venait de tout. Bon.

Ses yeux disaient: « Comprenez-vous?
« Pourquoi ne comprenez-vous pas? »
Mais nul n'a voulu faire le premier pas,
Voulant trop tomber *ensemble* à genoux
(Comprenez-vous?)

Où est-elle à cette heure?
Peut-être qu'elle pleure...
Où est-elle à cette heure?
Oh! du moins, soigne-toi, je t'en conjure!

O fraîcheur des bois le long de la route,
O châle de mélancolie, toute âme est un peu aux écoutes,
Que ma vie
Fait envie!
Cette impériale de diligence tient de la magie.

Accumulons l'irréparable!
Renchérissons sur notre sort!
Les étoiles sont plus nombreuses que le sable
Des mers où d'autres ont vu se baigner son corps;
Tout n'en va pas moins à la Mort.
Y a pas de port.

Des ans vont passer là-dessus,
On s'endurcira chacun pour soi,
Et bien souvent et déjà je m'y vois,

On se dira : « Si j'avais su... »
Mais mariés de même, ne se fût-on pas dit :
« Si j'avais su, si j'avais su !... » ?
Ah ! rendez-vous maudit !
Ah ! mon cœur sans issue !...
Je me suis mal conduit.

Maniaques de bonheur,
Donc, que ferons-nous ? Moi de mon âme.
Elle de sa faillible jeunesse ?
O vieillissante pécheresse,
Oh ! que de soirs je vais me rendre infâme
En ton honneur !

Ses yeux clignaient : « Comprenez-vous ?
Pourquoi ne comprenez-vous pas ? »
Mais nul n'a fait le premier pas
Pour tomber ensemble à genoux. Ah !...

La Lune se lève,
O route en grand rêve !...
On a dépassé les filatures, les scieries,
Plus que les bornes kilométriques,
De petits nuages d'un rose de confiserie,
Cependant qu'un fin croissant de lune se lève,
O route de rêve, ô nulle musique...
Dans ces bois de pins où depuis
Le commencement du monde
Il fait toujours nuit,
Que de chambres propres et profondes !
Oh ! pour un soir d'enlèvement !
Et je les peuple et je m'y vois,
Et c'est un beau couple d'amants,
Qui gesticulent hors la loi.

Et je passe et les abandonne,
Et me recouche face au ciel.
La route tourne, je suis Ariel,

Nul ne m'attend, je ne vais chez personne,
Je n'ai que l'amitié des chambres d'hôtel.

La lune se lève,
O route en grand rêve,
O route sans terme,
Voici le relais,
Où l'on allume les lanternes,
Où l'on boit un verre de lait,
Et fouette postillon,
Dans le chant des grillons,
Sous les étoiles de juillet.

O clair de Lune,
Noce de feux de Bengale noyant mon infortune,
Les ombres des peupliers sur la route...
Le gave qui s'écoute,...
Qui s'écoute chanter...
Dans ces inondations du fleuve du Léthé...

O Solo de lune,
Vous défiez ma plume.
Oh! cette nuit sur la route;
O Étoiles, vous êtes à faire peur,
Vous y êtes toutes! toutes!
O fugacité de cette heure...
Oh! qu'il y eût moyen
De m'en garder l'âme pour l'automne qui vient!...

Voici qu'il fait très, très frais,
Oh! si la même heure,
Elle va de même le long des forêts,
Noyer son infortune
Dans les noces du clair de lune!...
(Elle aime tant errer tard!)
Elle aura oublié son foulard,
Elle va prendre mal, vu la beauté de l'heure!

Oh ! soigne-toi, je t'en conjure !
Oh ! je ne veux plus entendre cette toux !

Ah ! que ne suis-je tombé à tes genoux !
Ah ! que n'as-tu défailli à mes genoux !
J'eusse été le modèle des époux !
Comme le frou-frou de ta robe est le modèle des frou-frou.

Derniers Vers

Dimanches

J'aurai passé ma vie à faillir m'embarquer
      Dans de bien funestes histoires,
      Pour l'amour de mon cœur de Gloire !...
      — Oh ! qu'ils sont chers, les trains manqués
Où j'ai passé ma vie à faillir m'embarquer !...

Mon cœur est vieux d'un tas de lettres déchirées,
      Oh ! Répertoire en un cercueil
      Dont la Poste porte le deuil !...
      — Oh ! ces veilles d'échauffourées
Où mon cœur s'entraînait par lettres déchirées !...

Tout n'est pas dit encor, et mon sort est bien vert.
      O Poste, automatique Poste,
      O yeux passants fous d'holocaustes,
      Oh ! qu'ils sont là, vos airs ouverts !...
Oh ! comme vous guettez mon destin encor vert !

      (Une, pourtant, je me rappelle,
        Aux yeux grandioses
        Comme des roses,
        Et puis si belle !
        Sans nulle pose.
Une voix me criait : « C'est elle ! Je le sens ;

Et puis, elle te trouve si intéressant ! »
— Ah ! que n'ai-je prêté l'oreille à ses accents !...)

Des Fleurs de bonne Volonté

FRANCIS VIÉLÉ-GRIFFIN
(1864–1937)

Chanson

J'ai pris de la pluie dans mes mains tendues
— De la pluie chaude comme des larmes —
Je l'ai bue comme un philtre, défendu
A cause d'un charme ;
Afin que mon âme en ton âme dorme.

J'ai pris du blé dans la grange obscure
— Du blé qui choit comme la grêle aux dalles —
Et je l'ai semé sur le labour dur
A cause du givre matinal ;
Afin que tu goûtes à la moisson sûre.

J'ai pris des herbes et des feuilles rousses
— Des feuilles et des herbes longtemps mortes —
J'en ai fait une flamme haute et douce
A cause de l'essence des sèves fortes ;
Afin que ton attente d'aube fût douce.

Et j'ai pris la pudeur de tes joues et ta bouche
Et tes gais cheveux et tes yeux de rire,
Et je m'en suis fait une aurore farouche
Et des rayons de joie et des cordes de lyre
— Et le jour est sonore comme un chant de ruche !

Poèmes et Poésies

[413]

Matinée d'Hiver

Ouvre plus grande la fenêtre;
L'air est si calme, pur et frais,
Que les ormeaux et que les hêtres
Sont tout vêtus et tout drapés,
De branche en branche, de neige blanche
Et que la haie et la forêt
Emmêlent des dentelles frêles,
Et le grand chêne ouvre des ailes
De cygne blanc contre le ciel…

Sous le voile vierge de l'an neuf,
Le labour s'unit à la friche
Et la colline se mêle au fleuve,
L'arpent du pauvre au champ du riche;
Un même manteau de silence
Vêt, de ses longs plis blancs et bleus,
La grand'route et le clos de Dieu.

— Soudain, le carillon s'élance
Et glisse sur la plaine, joyeux,
Comme un patineur matineux
Tournoie et vire et recommence,
Rose d'aurore et de son jeu;

Et l'hymne rose de tes joues,
Fleuries au seul baiser de l'air,
Chante en la voix des cloches claires;
La neige rayonne autour de nous
Et t'encercle d'une lumière
Si froide que tes cheveux blonds
Brûlent — comme un or scintille et fond
Au creuset crayeux de l'orfèvre —
Et que nos rires autour de nous
Montent, comme un encens, de nos lèvres.

Car je t'ai chaussée, à genoux,
D'ailes légères comme une aile d'aronde,
Et tu vas effleurant la vierge glace bleue
Comme une aronde effleure l'onde,
Avant la pluie, à la Dame-d'Août,
Quand l'ombre même a soif et l'air lourd est de feu;

Et je cherche l'été au fond de tes yeux bleus.

La Clarté de Vie

PAUL-JEAN TOULET
(1867–1920)

Contrerimes

Toi qu'empourprait l'âtre d'hiver
    Comme une rouge nue
Où déjà te dessinait nue
    L'arôme de ta chair;

Ni vous, dont l'image ancienne
    Captive encor mon cœur,
Ile voilée, ombres en fleurs,
    Nuit océanienne;

Non plus ton parfum, violier,
    Sous la main qui t'arrose,
Ne valent la brûlante rose
    Que midi fait plier.

★

Comme à ce roi laconien
    Près de sa dernière heure,
D'une source à l'ombre, et qui pleure,
    Faustine, il me souvient;

De la nymphe limpide et noire
Qui frémissait tout bas
— Avec mon cœur — quand tu courbas
Tes hanches, pour y boire.

★

Molle rive dont le dessin
Est d'un bras qui se plie,
Colline de brume embellie
Comme se voile un sein,

Filaos au chantant ramage —
Que je meure et, demain
Vous ne serez plus, si ma main
N'a fixé votre image.

★

Quand l'âge, à me fondre en débris,
Vous-même aura glacée
Qui n'avez su de ma pensée
Vous sacrer les abris;

Qui du saut des boucs profanée,
Pareille sécherez
A l'herbe dont tous les attraits,
C'est une matinée;

Quand vous direz : « Où est celui
De qui j'étais aimée? »
Embrasserez-vous la fumée
D'un nom qui passe et luit?

★

La vie est plus vaine une image
Que l'ombre sur le mur.

Pourtant l'hiéroglyphe obscur
　Qu'y trace ton passage

M'enchante, et ton rire pareil
　Au vif éclat des armes;
Et jusqu'à ces menteuses larmes
　Qui miraient le soleil.

Mourir non plus n'est ombre vaine.
　La nuit, quand tu as peur,
N'écoute pas battre ton cœur:
　C'est une étrange peine.

Les Contrerimes

FRANCIS JAMMES
(1868–1938)

Prière pour aller au Paradis avec les Anes

Lorsqu'il faudra aller vers vous, ô mon Dieu, faites
que ce soit par un jour où la campagne en fête
poudroiera. Je désire, ainsi que je fis ici-bas,
choisir un chemin pour aller, comme il me plaira,
au Paradis, où sont en plein jour les étoiles.
Je prendrai mon bâton et sur la grande route
j'irai, et je dirai aux ânes, mes amis:
Je suis Francis Jammes et je vais au Paradis,
car il n'y a pas d'enfer au pays du Bon Dieu.
Je leur dirai: Venez, doux amis du ciel bleu,
pauvres bêtes chéries qui, d'un brusque mouvement d'oreille,
chassez les mouches plates, les coups et les abeilles...

Que je Vous apparaisse au milieu de ces bêtes
que j'aime tant parce qu'elles baissent la tête
doucement, et s'arrêtent en joignant leurs petits pieds
d'une façon bien douce et qui vous fait pitié.

J'arriverai suivi de leurs milliers d'oreilles,
suivi de ceux qui portèrent au flanc des corbeilles,
de ceux traînant des voitures de saltimbanques
ou des voitures de plumeaux et de fer-blanc,
de ceux qui ont au dos des bidons bossués,
des ânesses pleines comme des outres, aux pas cassés,
de ceux à qui l'on met de petits pantalons
à cause des plaies bleues et suintantes que font
les mouches entêtées qui s'y groupent en ronds.
Mon Dieu, faites qu'avec ces ânes je Vous vienne.
Faites que, dans la paix, des anges nous conduisent
vers des ruisseaux touffus où tremblent des cerises
lisses comme la chair qui rit des jeunes filles,
et faites que, penché dans ce séjour des âmes,
sur vos divines eaux, je sois pareil aux ânes
qui mireront leur humble et douce pauvreté
à la limpidité de l'amour éternel.

Le Deuil des Primevères

PAUL CLAUDEL
(1868–1955)

Tout arrive par la secrète volonté de Dieu...

VIOLAINE. Tout arrive par la secrète volonté de Dieu. Il est des fruits qui mûrissent à leur aise
  Du printemps jusqu'à l'automne dans le soleil clément.
  Et d'autres comme la grappe de raisin
  Dont l'on tord la queue pour qu'elle soit noire plus tôt
  Et qu'elle soit mise dans la main de la Vierge au jour de la Bonne-Dame.
  Mara, tu as coupé le lien qui me tenait, et je ne repose plus que dans la main de Dieu même.
  Et qui connaîtra le mieux un homme, celui qui de temps en temps

Lui rend visite par honnêteté ou par intérêt, ou la servante
Qui attend son pain de son maître?
Celle-là le sait par cœur.
Non point seulement dans son extérieur,
Mais dans ses secrètes habitudes domestiques...

Qui donc, en nous, autre que nous-mêmes, a dit *Je*? a dit ce *je*
étrange et plus mûr?
Y a-t-il donc chez nous
Quelqu'un, et depuis quand est-il là?
De quelle manière nous faut-il fermer les yeux pour le voir?
Il ne faut point dire que l'époux obscur m'appelait,
Mais je me sentais comme lourde et enivrée de sa présence.
Et alors il arriva que je devins aveugle, sans qu'il y eût de ma
faute.
Et, d'abord, je me trouvai éperdue, comme quelqu'un qui ne
sait plus où il est,
Toute sanglotante et chevelue, pauvre brebis de femme attrapée
aux ronces par sa laine.
(Et je n'étais plus nulle part, mais quelqu'un était en moi.)
Et je criai vers Dieu comme s'il était bien loin.
Qu'aurais-je pu faire? A qui demander le secours?
Ce qu'on lit dans les histoires, l'enfant chassé
Qui demande la pitié de lion,
Est-ce que c'est de son plein gré qu'il s'en va vers l'être inconnu,
vers la bête énorme et terrible?
Et moi, pauvre fille, je n'avais plus de père, mais puisque de
vivre est une même chose que naître,
A tout moment, ainsi qu'il ne naît point sans père, chacun a le
père avec lui.
Et je me tournai vers celui-ci, tel que l'aïeul alors que le père
est mort.
Le Vieillard que nous ne voyons point, et qui est là, parce
qu'il est.
Et j'ai dit: « Vous voyez que ceux que vous aviez chargés de
prendre soin de moi
Me rejettent, pauvre fille, et me voici sans père et sans mère,
sans maison, sans yeux, sans mains!

Mais moi, je ne doute point de vous. Et je n'ai point peur de vous, et je n'ai pas besoin que vous mettiez d'autres à votre place.

Faites-moi une place à votre côté, je ne vous gênerai point beaucoup. »

Et je m'attendais à une réponse, mais je reçus dans mon âme et dans mon corps

Plus qu'une réponse, le tirement de toute ma substance,

Comme le secret enfermé au cœur des planètes, le rapport propre

De mon être à un être plus grand.

C'est ainsi que comme les astres par les chemins de la nuit, tout brillants d'une lumière qu'ils ignorent,

Il me mène parmi les hommes avenge et close...

Quand la religion ne serait point, Dieu existe ;

S'il y a des hommes, c'est parce qu'il est, et tout leur bien provient de ce qu'il est bon.

Mara, le trésor des richesses divines

N'est point semblable à un magasin où chaque acheteur, plein de prudence, éprouvant tout,

Vient faire choix de ce qui lui convient.

Ce n'est point nous qui choisissons, c'est nous qui sommes choisis.

Au-dessous de la raison, au-dessous de la conscience, au-dessous du sens,

Au-dessous de l'instinct, et de toute la part allumée de nous-mêmes,

De l'attraction disproportionnée de celui qui est comme l'abîme et le silence,

Voici que, tout éperdus, dans une révolte comme celle de la conception,

Nous sentons que nous ne pouvons plus défendre ceci en nous

Qui est comme le noyau germinal, le grain intime, la semence de notre propre nom.

L'arbre occupé à pousser ne raisonne point sur ce qui lui est bon ou mauvais ; il pousse, il pense,

Il invente dans son cœur ses fruits dans l'expansion de ses branches !

Heureux qui sur tous ses membres ressent l'aimable fardeau, la pesanteur délicieuse de ses fruits !

Il ne peut plus bouger, cassé sous le faix trop riche,

Mûr lui-même pour le feu inextinguible.

Mara, je revois souvent cette allée, à ce jour plus beau qu'un jour de fiançailles,

Où Jacques et moi nous nous sommes séparés. Mais ce n'est plus Avril, mais Octobre !

Au lieu de fleurs, il n'y a plus que des fruits et la terre en est jonchée…

Qui mange le fruit, il faut qu'il l'aime, et avant d'y mordre, l'ayant reconnu, qu'il le cueille.

Mais que nul ne le tâte de ses mains curieuses, car les lèvres tendres et confiantes, seule la bouche obscure

Le peut recevoir ; la chair

Aveugle et savoureuse, l'enveloppe de nuit

Ne peut fondre que dans la bouche seule, afin que le cœur accueille le germe bienfaisant.

Et ainsi ce fruit échappe à ceux qui le cherchent avec les mains,

Et non point avec leur cœur, et non point pour son goût, mais pour son utilité.

La Jeune Fille Violaine (2e Version) (Acte III)

Courage, mon âme…

MESA. …Courage, mon âme ! à quoi est-ce que je servais ici-bas ?

Je n'ai point su,

Nous ne savons point, Ysé, nous donner par mesure ! Donnons-nous donc d'un seul coup !

Et déjà je sens en moi

Toutes les vieilles puissances de mon être qui s'ébranlent pour un ordre nouveau.

Et d'une part au delà de la tombe j'entends se former le clairon de l'Exterminateur,

La citation de l'instrument judiciaire dans la solitude incommensurable,

Et d'autre part à la voix de l'airain incorruptible,

Tous les événements de ma vie à la fois devant mes yeux

Se déploient comme les sons d'une trompette fanée !

(Ysé se lève et se tient debout devant lui, les yeux fermés, toute blanche dans le rayon de la lune, les bras en croix. Un grand coup de vent lui soulève les cheveux.)

Ysé. Maintenant regarde mon visage car il en est temps encore.

Et regarde-moi debout et étendue comme un grand olivier dans le rayon de la lune terrestre, lumière de la nuit,

Et prends image de ce visage mortel car le temps de notre résolution approche et tu ne me verras plus de cet œil de chair !

Et je t'entends et ne t'entends point, car déjà voici que je n'ai plus d'oreilles ! Ne te tais point, mon bien-aimé, tu es là !

Et donne-moi seulement l'accord, que je

Jaillisse, et m'entende avec mon propre son d'or pour oreilles

Commencer, affluer comme un chant pur et comme une voix véritable à ta voix ton éternelle Ysé mieux que le cuivre et la peau d'âne !

J'ai été sous toi la chair qui plie et comme un cheval entre tes genoux, comme une bête qui n'est pas poussée par la raison,

Comme un cheval qui va où tu lui tournes la tête, comme un cheval emporté, plus vite et plus loin que tu ne le veux !

Vois-la maintenant dépliée, ô Mesa, la femme pleine de beauté déployée dans la beauté plus grande !

Que parles-tu de la trompette perçante ? lève-toi, ô forme brisée, et vois-moi comme une danseuse écoutante,

Dont les petits pieds jubilants sont cueillis par la mesure irrésistible !

Suis-moi, ne tarde plus !

Grand Dieu ! me voici, riante, roulante, déracinée, le dos sur la subsistance même de la lumière comme sur l'aile par-dessous de la vague !

O Mesa, voici le partage de minuit ! et me voici, prête à être libérée,

Le signe pour la dernière fois de ces grands cheveux déchaînés dans le vent de la Mort !

MESA. Adieu ! je t'ai vue pour la dernière fois !

Par quelles routes longues, pénibles,

Distants encore que ne cessant de peser

L'un sur l'autre, allons-nous

Mener nos âmes en travail ?

Souviens-toi, souviens-toi du signe !

Et le mien, ce n'est pas de vains cheveux dans la tempête, et le petit mouchoir un moment,

Mais, tous voiles dissipés, moi-même, la forte flamme fulminante, le grand mâle dans la gloire de Dieu,

L'homme dans la splendeur de l'août, l'Esprit vainqueur dans la transfiguration de Midi !

Partage de Midi (*Acte III*)

Les Muses[1]

Les Neuf Muses, et au milieu Terpsichore !

Je te reconnais, Ménade ! Je te reconnais, Sibylle ! Je n'attends avec ta main point de coupe ou ton sein même

Convulsivement dans tes ongles, Cuméenne dans le tourbillon des feuilles dorées !

Mais cette grosse flûte tout entrouée de bouches à tes doigts indique assez

Que tu n'as plus besoin de la joindre au souffle qui t'emplit

Et qui vient de te mettre, ô vierge, debout !

Point de contorsions : rien du cou ne dérange les beaux plis de ta robe jusqu'aux pieds qu'elle ne laisse point voir !

Mais je sais assez ce que veulent dire cette tête qui se tourne vers le côté, cette mine enivrée et close, et ce visage qui écoute, tout fulgurant de la jubilation orchestrale !

Un seul bras est ce que tu n'as point pu contenir ! Il se relève, il se crispe,

Tout impatient de la fureur de frapper la première mesure !

[1] Inspired by a sarcophagus found on the Ostia road, now in the Louvre.

Secrète voyelle! animation de la parole qui naît! modulation
à qui tout l'esprit consonne!

Terpsichore, trouveuse de la danse! où serait le chœur sans la
danse? quelle autre captiverait

Les huit sœurs farouches ensemble, pour vendanger l'hymne
jaillissante, inventant la figure inextricable?

Chez qui, si d'abord te plantant dans le centre de son esprit,
vierge vibrante,

Tu ne perdais sa raison grossière et basse flambant tout de l'aile
de ta colère dans le sel du feu qui claque,

Consentiraient d'entrer les chastes sœurs?

Les Neuf Muses! aucune n'est de trop pour moi!

Je vois sur ce marbre l'entière neuvaine. A ta droite, Polymnie!
et à la gauche de l'autel où tu t'accoudes!

Les hautes vierges égales, la rangée des sœurs éloquentes

Je veux dire sur quel pas je les ai vues s'arrêter et comment elles
s'enguirlandaient l'une à l'autre

Autrement que par cela que chaque main

Va cueillir aux doigts qui lui sont tendus.

Et d'abord, je t'ai reconnue, Thalie!

Du même côté j'ai reconnu Clio, j'ai reconnu Mnémosyne, je
t'ai reconnue, Thalie!

Je vous ai reconnu, ô conseil complet des neuf Nymphes
intérieures!

Phrase mère! engin profond du langage et peloton des femmes
vivantes!

Présence créatrice! Rien ne naîtrait si vous n'étiez neuf!

Voici soudain, quand le poète nouveau comblé de l'explosion
intelligible,

La clameur noire de toute la vie nouée par le nombril dans la
commotion de la base,

S'ouvre, l'accès

Faisant sauter la clôture, le souffle de lui-même

Violentant les mâchoires coupantes,

Le frémissant Novénaire avec un cri!

Maintenant il ne peut plus se taire ! L'interrogation sortie de lui-même, comme du chanvre

Aux femmes de journée, il l'a confiée pour toujours

Au savant chœur de l'inextinguible Écho !

Jamais toutes ne dorment ensemble ! mais avant que la grande Polymnie se redresse,

Ou bien c'est, ouvrant à deux mains le compas, Uranie, à la ressemblance de Vénus,

Quand elle enseigne, lui bandant son arc, l'Amour ;

Ou la rieuse Thalie du pouce de son pied marque doucement la mesure ; ou dans le silence du silence

Mnémosyne soupire.

L'aînée, celle qui ne parle pas ! l'aînée, ayant le même âge ! Mnémosyne qui ne parle jamais !

Elle écoute, elle considère.

Elle ressent (étant le sens intérieur de l'esprit),

Pure, simple, inviolable ! elle se souvient.

Elle est le poids spirituel. Elle est le rapport exprimé par un chiffre très beau. Elle est posée d'une manière qui est ineffable

Sur le pouls même de l'Être.

Elle est l'heure intérieure ; le trésor jaillissant et la source emmagasinée ;

La jointure à ce qui n'est point temps du temps exprimé par le langage.

Elle ne parlera pas ; elle est occupée à ne point parler. Elle coïncide.

Elle possède, elle se souvient, et toutes ses sœurs sont attentives au mouvement de ses paupières.

Pour toi, Mnémosyne, ces premiers vers, et la déflagration de l'Ode soudaine !

Ainsi subitement du milieu de la nuit que mon poème de tous côtés frappe comme l'éclat de la foudre trifourchue !

Et nul ne peut prévoir où soudain elle fera fumer le soleil,

Chêne, ou mât de navire, ou l'humble cheminée, liquéfiant le pot comme un astre !

O mon âme impatiente! nous n'établirons aucun chantier! nous
ne pousserons, nous ne roulerons aucune trirème

Jusqu'à une grande Méditerranée de vers horizontaux,

Pleine d'îles, praticable aux marchands, entourée par les ports
de tous les peuples!

Nous avons une affaire plus laborieuse à concerter

Que ton retour, patient Ulysse!

Toute route perdue! sans relâche pourchassé et secouru

Par les dieux chauds sur la piste, sans que tu voies rien d'eux
que parfois

La nuit un rayon d'or sur la Voile, et dans la splendeur du
matin, un moment,

Une face radieuse aux yeux bleus, une tête couronnée de
persil,

Jusqu'à ce jour que tu restas seul!

Quel combat soutenaient la mère et l'enfant, dans Ithaque
là-bas,

Cependant que tu reprisais ton vêtement, cependant que tu
interrogeais les Ombres,

Jusque la longue barque Phéacienne te ramenât, accablé d'un
sommeil profond!

Et toi aussi, bien que ce soit amer,

Il me faut enfin délaisser les bords de ton poème, ô Enée, entre
les deux mondes l'étendue de ses eaux pontificales!

Quel calme s'est fait dans le milieu des siècles, cependant qu'en
arrière la patrie et Didon brûlent fabuleusement!

Tu succombes à la main ramifère! tu tombes, Palinure, et ta
main ne retient plus le gouvernail.

Et d'abord on ne voyait que leur miroir infini, mais soudain
sous la propagation de l'immense sillage,

Elles s'animent et le monde entier se peint sur l'étoffe magique.

Car voici que par le grand clair de lune

Le Tibre entend venir la nef chargée de la fortune de Rome

Mais maintenant, quittant le niveau de la mer liquide,

O rimeur Florentin! nous ne te suivrons point, pas après pas,
dans ton investigation,

Descendant, montant jusqu'au ciel, descendant jusque dans
l'Enfer,

Comme celui qui assurant un pied sur le sol logique avance l'autre en une ferme enjambée.

Et comme quand en automne on marche dans des flaques de petits oiseaux,

Les ombres et les images par tourbillons s'élèvent sous ton pas suscitateur !

Rien de tout cela ! toute route à suivre nous ennuie ! toute échelle à escalader !

O mon âme ! le poème n'est point fait de ces lettres que je plante comme des clous, mais du blanc qui reste sur le papier.

O mon âme, il ne faut concerter aucun plan ! ô mon âme sauvage, il faut nous tenir libres et prêts,

Comme les immenses bandes fragiles d'hirondelles quand sans voix retentit l'appel automnal !

O mon âme impatiente, pareille à l'aigle sans art ! comment ferions-nous pour ajuster aucun vers ? à l'aigle qui ne sait pas faire son nid même ?

Que mon vers ne soit rien d'esclave ! mais tel que l'aigle marin qui s'est jeté sur un grand poisson,

Et l'on ne voit rien qu'un éclatant tourbillon d'ailes et l'éclaboussement de l'écume !

Mais vous ne m'abandonnerez point, ô Muses modératrices.

Et toi entre toutes, pourvoyeuse, infatigable Thalie !

Toi, tu ne demeures pas au logis ! Mais comme le chasseur dans la luzerne bleue

Suit sans le voir son chien dans le fourrage, c'est ainsi qu'un petit frémissement dans l'herbe du monde

A l'œil toujours préparé indique la quête que tu mènes ;

O batteuse de buissons, on t'a bien représentée avec ce bâton à la main !

Et de l'autre, prête à y puiser le rire inextinguible, comme on étudie une bête bizarre,

Tu tiens le Masque énorme, le mufle de la Vie, la dépouille grotesque et terrible !

Maintenant tu l'as arraché, maintenant tu empoignes le grand Secret Comique, le piège adaptateur, la formule transmutatrice !

Mais Clio, le style entre les trois doigts, attend, postée au coin du coffre brillant,

Clio, le greffier de l'âme, pareille à celle qui tient les comptes.

On dit que ce berger fut le premier peintre,

Qui, sur la paroi du roc observant l'ombre de son bouc,

Avec un tison pris à son feu contourna la tache cornue.

Ainsi, qu'est la plume, pareille au style sur le cadran solaire?

Que l'extrémité aiguë de notre ombre humaine promenée sur le papier blanc.

Écris, Clio! confère à toute chose le caractère authentique. Point de pensée

Que notre opacité personnelle ne réserve le moyen de circonscrire.

O observatrice, ô guide, ô inscriptrice de notre ombre!

J'ai dit les Nymphes nourricières; celles qui ne parlent point et qui ne se font point voir; j'ai dit les Muses respiratrices, et maintenant je dirai les Muses inspirées.

Car le poète pareil à un instrument où l'on souffle

Entre sa cervelle et ses narines pour une conception pareille à l'acide conscience de l'odeur

N'ouvre pas autrement que le petit oiseau son âme,

Quand prêt à chanter de tout son corps il s'emplit d'air jusqu'à l'intérieur de tous ses os!

Mais maintenant je dirai les grandes Muses intelligentes…

Tu ne romps point le silence! tu ne mêles pas à rien le bruit de la parole humaine. O poète, tu ne chanterais pas bien

Ton chant si tu ne chantais en mesure.

Mais ta voix est nécessaire au chœur quand ton tour est venu de prendre ta partie.

O grammairien dans mes vers! Ne cherche point le chemin, cherche le centre! mesure, comprends l'espace compris entre ces feux solitaires!

Que je ne sache point ce que je dis! que je sois une note en travail! que je sois anéanti dans mon mouvement! (rien que la petite pression de la main pour gouverner).

Que je maintienne mon poids comme une lourde étoile à travers l'hymne fourmillante !

Et à l'autre extrémité du long coffre, vide de la capacité d'un corps d'homme
On a placé Melpomène, pareille à un chef militaire et à une constructrice de cités,
Car, le visage tragique relevé sur la tête comme un casque,
Accoudée sur son genou, le pied sur une pierre équarrie, elle considère ses sœurs ;
Clio à l'un des bouts est postée et Melpomène se tient à l'autre.
Quand les Parques ont déterminé,
L'action, le signe qui va s'inscrire sur le cadran du Temps comme l'heure par l'opération de son chiffre,
Elles embauchent à tous les coins du monde les ventres
Qui leur fourniront les acteurs dont elles ont besoin,
Au temps marqué ils naissent.
Non point à la ressemblance seulement de leurs pères, mais dans un secret nœud
Avec leurs comparses inconnus, ceux qu'ils connaîtront et ceux qu'ils ne connaîtront pas, ceux du prologue et ceux de l'acte dernier.
Ainsi un poème n'est point comme un sac de mots, il n'est point seulement
Ces choses qu'il signifie, mais il est lui-même un signe, un acte imaginaire, créant
Le temps nécessaire à sa résolution,
A l'imitation de l'action humaine étudiée dans ses ressorts et dans ses poids.
Et maintenant, chorège, il faut recruter tes acteurs, afin que chacun joue son rôle, entrant et se retirant quand il faut.
César monte au prétoire, le coq chante sur son tonneau ; tu les entends, tu les comprends très bien tous les deux,
A la fois l'acclamation de la classique et le latin du coq ;
Tous les deux te sont nécessaires, tu sauras les engager tous les deux ; tu sauras employer tout le chœur.
Le chœur autour de l'autel
Accomplit son évolution : il s'arrête,

Il attend, et l'annonciateur lauré apparaît, et Clytemnestre, la hache à la main, les pieds dans le sang de son époux, la semelle sur la bouche de l'homme,

Et Œdipe avec ses yeux arrachés, le devineur d'énigmes !

Se dresse dans la porte Thébaine.

Mais le radieux Pindare ne laisse à sa troupe jubilante pour pause

Qu'un excès de lumière et ce silence, d'y boire !

O la grande journée des jeux !

Rien ne sait s'en détacher, mais toute chose y rentre tour à tour.

L'ode pure comme un beau corps nu tout brillant de soleil et d'huile

Va chercher tous les dieux par la main pour les mêler à son chœur,

Pour accueillir le triomphe à plein rire, pour accueillir dans un tonnerre d'ailes la victoire

De ceux qui par la force du moins de leurs pieds ont fui le poids du corps inerte.

Et maintenant, Polymnie, ô toi qui te tiens au milieu de tes sœurs, enveloppée dans ton long voile comme une cantatrice,

Accoudée sur l'autel, accoudée sur le pupitre,

C'est assez attendu, maintenant tu peux attaquer le chant nouveau ! maintenant je puis entendre ta voix, ô mon unique !

Suave est le rossignol nocturne ! Quand le violon puissant et juste commence,

Le corps soudainement nettoyé de sa surdité, tous nos nerfs sur la table d'harmonie de notre corps sensible en une parfaite gamme

Se tendent, comme sous les doigts agiles de l'accordeur.

Mais quand il fait entendre sa voix, lui-même,

Quand l'homme est à la fois l'instrument et l'archet,

Et que l'animal raisonnable résonne dans la modulation de son cri,

O phrase de l'alto juste et fort, ô soupir de la forêt Hercynienne, ô trompettes sur l'Adriatique !

Moins essentiellement en vous retentit l'Or premier qu'alors cela infus dans la substance humaine !

L'Or, ou connaissance intérieure que chaque chose possède d'elle-même,

Enfoui au sein de l'élément, jalousement sous le Rhin gardé par la Nixe et le Nibelung !

Qu'est le chant que la narration que chacun

Fait de l'enclos de lui, le cèdre et la fontaine.

Mais ton chant, ô Muse du poète,

Ce n'est point le bourdon de l'avette, la source qui jase, l'oiseau de paradis dans les girofliers !

Mais comme le Dieu saint a inventé chaque chose, ta joie est dans la possession de son nom,

Et comme il a dit dans le silence « *Qu'elle soit !* », c'est ainsi que, pleine d'amour, tu répètes, selon qu'il l'a appelée,

Comme un petit enfant qui épelle « *Qu'elle est* ».

O servante de Dieu, pleine de grâce !

Tu l'approuves substantiellement, tu contemples chaque chose dans ton cœur, de chaque chose tu cherches *comment la dire !*

Quand Il composait l'Univers, quand Il disposait avec beauté le Jeu, quand Il déclenchait l'énorme cérémonie,

Quelque chose de nous avec lui, voyant tout, se réjouissant dans son œuvre,

Sa vigilance dans son jour, son acte dans son sabbat !

Ainsi quand tu parles, ô poète, dans une énumération délectable

Proférant de chaque chose le nom,

Comme un père tu l'appelles mystérieusement dans son principe, et selon que jadis

Tu participas à sa création, tu coopères à son existence !

Toute parole une répétition.

Tel est le chant que tu chantes dans le silence, et telle est la bienheureuse harmonie

Dont tu nourris en toi-même le rassemblement et la dissolution. Et ainsi,

O poète, je ne dirai point que tu reçois de la nature aucune leçon, c'est toi qui lui imposes ton ordre.

Toi, considérant toutes choses !

Pour voir ce qu'elle répondra tu t'amuses à appeler l'une après l'autre par son nom.

O Virgile sous la Vigne! la terre large et féconde

N'était pas pour toi de l'autre côté de la haie comme une vache

Bienveillante qui instruit l'homme à l'exploiter tirant le lait de son pis.

Mais pour premier discours, ô Latin,

Tu légiféras. Tu racontes tout! il t'explique tout, Cybèle, il formule ta fertilité,

Il est substitué à la nature pour dire ce qu'elle pense, mieux qu'un bœuf! Voici le printemps de la parole, voici la température de l'été!

Voici que sue du vin l'arbre d'or! Voici que dans tous les cantons de ton âme

Se résout le Génie, pareil aux eaux de l'hiver!

Et moi, je produis dans le labourage, les saisons durement travaillent ma terre forte et difficile.

Foncier, compact,

Je suis assigné aux moissons, je suis soumis à l'agriculture.

J'ai mes chemins d'un horizon jusqu'à l'autre; j'ai mes rivières; j'ai en moi une séparation de bassins.

Quand le vieux Septentrion paraît au-dessus de mon épaule,

Plein une nuit, je sais lui dire le même mot, j'ai une accoutumance terrestre de sa compagnie.

J'ai trouvé le secret; je sais parler; si je veux, je saurai vous dire

Cela que chaque chose *veut dire*.

Je suis initié au silence; il y a l'inexhaustible cérémonie vivante, il y a un monde à envahir, il y a un poème insatiable à remplir par la production des céréales et de tous les fruits.

— Je laisse cette tâche à la terre; je refuis vers l'Espace ouvert et vide.

O sages Muses! sages, sages sœurs! et toi-même, ivre Terpsichore!

Comment avez-vous pensé captiver cette folle, la tenir par l'une et l'autre main,

La garrotter avec l'hymne comme un oiseau qui ne chante que dans la cage?

O Muses patiemment sculptées sur le dur sépulcre, la vivante, la palpitante! que m'importe la mesure interrompue de votre chœur? je vous reprends ma folle, mon oiseau!

Voici celle qui n'est point ivre d'eau pure et d'air subtil!

Une ivresse comme celle du vin rouge et d'un tas de roses! du raisin sous le pied nu qui gicle, de grandes fleurs toutes gluantes de miel!

La Ménade affolée par le tambour! au cri perçant du fifre, la Bacchante roidie dans le dieu tonnant!

Toute brûlante! toute mourante! toute languissante! Tu me tends la main, tu ouvres les lèvres,

Tu ouvres les lèvres, tu me regardes d'un œil chargé de désirs. « Ami!

C'est trop, c'est trop attendre! prends-moi! que faisons-nous ici?

Combien de temps vas-tu t'occuper encore, bien régulièrement, entre mes sages sœurs,

Comme un maître au milieu de son équipe d'ouvrières? Mes sages et actives sœurs! Et moi je suis chaude et folle, impatiente et nue!

Que fais-tu ici encore? Baise-moi et viens!

Brise, arrache tous les liens! prends-moi ta déesse avec toi!

Ne sens-tu point ma main sur ta main? »

(Et en effet je sentis sa main sur ma main.)

« Ne comprends-tu point mon ennui, et que mon désir est de toi-même? ce fruit à dévorer entre nous deux, ce grand feu à faire de nos deux âmes! C'est trop durer!

C'est trop durer! Prends-moi, car je n'en puis plus! C'est trop, c'est trop attendre! »

Et en effet je regardai et je me vis tout seul tout à coup.
Détaché, refusé, abandonné,
Sans devoir, sans tâche, dehors dans le milieu du monde,
Sans droit, sans cause, sans force, sans admission.
« Ne sens-tu point ma main sur ta main? » (Et en effet je sentis, je sentis sa main sur ma main!)

O mon amie sur le navire! (Car l'année qui fut celle-là,

Quand je commençai à voir le feuillage se décomposer et l'incendie du monde prendre,

Pour échapper aux saisons le soir frais me parut une aurore, l'automne le printemps d'une lumière plus fixe,

Je le suivis comme une armée qui se retire en brûlant tout derrière elle. Toujours

Plus avant, jusqu'au cœur de la mer luisante!)

O mon amie! car le monde n'était plus là

Pour nous assigner notre place dans la combinaison de son mouvement multiplié,

Mais décollés de la terre, nous étions seuls l'un avec l'autre,

Habitants de cette noire miette mouvante, noyés,

Perdus dans le pur Espace, là où le sol même est lumière.

Et chaque soir, à l'arrière, à la place où nous avions laissé le rivage, vers l'Ouest,

Nous allions retrouver la même conflagration

Nourrie de tout le présent bondé, la Troie du monde réel en flammes!

Et moi, comme la mèche allumée d'une mine sous la terre, ce feu secret qui me ronge,

Ne finira-t-il point par flamber dans le vent? qui contiendra la grande flamme humaine?

Toi-même, amie, tes grands cheveux blonds dans le vent de la mer,

Tu n'as pas su les tenir bien serrés sur ta tête; ils s'effondrent! les lourds anneaux

Roulent sur tes épaules, la grande chose joconde

S'enlève, tout part dans le clair de la lune!

Et les étoiles ne sont-elles point pareilles à des têtes d'épingles luisantes? et tout l'édifice du monde ne fait-il pas une splendeur aussi fragile

Qu'une royale chevelure de femme prête à crouler sous le peigne!

O mon amie! ô Muse dans le vent de la mer! ô idée chevelue à la proue!

O grief! ô revendication!

Érato! tu me regardes, et je lis une résolution dans tes yeux!

Je lis une réponse, je lis une question dans tes yeux ! Une réponse et une question dans tes yeux !

Le hourra qui prend en toi de toutes parts comme de l'or, comme du feu dans le fourrage !

Une réponse dans tes yeux ! Une réponse et une question dans tes yeux.

Cinq grandes Odes

PAUL VALÉRY
(1871–1945)

La jeune Parque

...Tout-puissants étrangers, inévitables astres
Qui daignez faire luire au lointain temporel
Je ne sais quoi de pur et de surnaturel ;
Vous qui dans les mortels plongez jusques aux larmes
Ces souverains éclats, ces invincibles armes,
Et les élancements de votre éternité,
Je suis seule avec vous, tremblante, ayant quitté
Ma couche ; et sur l'écueil mordu par la merveille,
J'interroge mon cœur quelle douleur l'éveille,
Quel crime par moi-même ou sur moi consommé ?...

Que si ma tendre odeur grise ta tête creuse,
O mort, respire enfin cette esclave de roi :
Appelle-moi, délie !... Et désespère-moi,
De moi-même si lasse, image condamnée !
Écoute... N'attends plus... La renaissante année
A tout mon sang prédit de secrets mouvements :
Le gel cède à regret ses derniers diamants...
Demain, sur un soupir des bontés constellées,
Le printemps vient briser les fontaines scellées :
L'étonnant printemps rit, viole... on ne sait d'où
Venu ? Mais la candeur ruisselle à mots si doux
Qu'une tendresse prend la terre à ses entrailles...

[435]

Les arbres regonflés et recouverts d'écailles
Chargés de tant de bras et de trop d'horizons,
Meuvent sur le soleil leurs tonnantes toisons,
Montent dans l'air amer avec toutes leurs ailes
De feuilles par milliers qu'ils se sentent nouvelles...
N'entends-tu pas frémir ces noms aériens,
O Sourde!... Et dans l'espace accablé de liens,
Vibrant de bois vivace infléchi par la cime,
Pour et contre les dieux ramer l'arbre unanime,
La flottante forêt de qui les rudes troncs
Portent pieusement à leurs fantasques fronts,
Aux déchirants départs des archipels superbes,
Un fleuve tendre, ô mort, et caché sous les herbes?...

Grands dieux! Je perds en vous mes pas déconcertés!

Je n'implorerai plus que tes faibles clartés,
Longtemps sur mon visage envieuse de fondre,
Très imminente larme, et seule à me répondre,
Larme qui fais trembler à mes regards humains
Une variété de funèbres chemins;
Tu procèdes de l'âme, orgueil du labyrinthe.
Tu me portes du cœur cette goutte contrainte,
Cette distraction de mon suc précieux
Qui vient sacrifier mes ombres sur mes yeux,
Tendre libation de l'arrière-pensée!
D'une grotte de crainte au fond de moi creusée
Le sel mystérieux suinte muette l'eau.
D'où nais-tu? Quel travail toujours triste et nouveau
Te tire avec retard, larme, de l'ombre amère?
Tu gravis mes degrés de mortelle et de mère,
Et déchirant ta route, opiniâtre faix,
Dans le temps que je vis, les lenteurs que tu fais
M'étouffent... Je me tais, buvant ta marche sûre...
— Qui t'appelle au secours de ma jeune blessure?...

Cantique des Colonnes

...Si froides et dorées
Nous fûmes de nos lits
Par le ciseau tirées
Pour devenir ces lys !

De nos lits de cristal
Nous fûmes éveillées,
Des griffes de métal
Nous ont appareillées.

Pour affronter la lune,
La lune et le soleil,
On nous polit chacune
Comme ongle de l'orteil !

Servantes sans genoux,
Sourires sans figures,
La belle devant nous
Se sent les jambes pures.

Pieusement pareilles,
Le nez sous le bandeau
Et nos riches oreilles
Sourdes au blanc fardeau,

Un temple sur les yeux
Noirs pour l'éternité,
Nous allons sans les dieux
A la divinité !

Nos antiques jeunesses,
Chair mate et belles ombres,
Sont fières des finesses
Qui naissent par les nombres !

[437]

Filles des nombres d'or,
Fortes des lois du ciel,
Sur nous tombe et s'endort
Un dieu couleur de miel.

Il dort content, le Jour,
Que chaque jour offrons
Sur la table d'amour
Étale sur nos fronts.

Incorruptibles sœurs,
Mi-brûlantes, mi-fraîches,
Nous prîmes pour danseurs
Brises et feuilles sèches,

Et les siècles par dix
Et les peuples passés,
C'est un profond jadis,
Jadis jamais assez !

Sous nos mêmes amours
Plus lourdes que le monde,
Nous traversons les jours
Comme une pierre l'onde !

Nous marchons dans le temps
Et nos corps éclatants
Ont des pas ineffables
Qui marquent dans les fables...

La Fileuse

Lilia..., neque nent.

Assise, la fileuse au bleu de la croisée
Où le jardin mélodieux se dodeline ;
Le rouet ancien qui ronfle l'a grisée.

Lasse, ayant bu l'azur, de filer la câline
Chevelure, à ses doigts si faibles évasive,
Elle songe, et sa tête petite s'incline.

Un arbuste et l'air pur font une source vive
Qui suspendue au jour, délicieuse arrose
De ses pertes de fleurs le jardin de l'oisive.

Une tige, où le vent vagabond se repose,
Courbe le salut vain de sa grâce étoilée,
Dédiant magnifique, au vieux rouet, sa rose.

Mais la dormeuse file une laine isolée;
Mystérieusement l'ombre frêle se tresse
Au fil de ses doigts longs et qui dorment, filée.

Le songe se dévide avec une paresse
Angélique, et sans cesse, au doux fuseau crédule,
La chevelure ondule au gré de la caresse...

Derrière tant de fleurs, l'azur se dissimule,
Fileuse de feuillage et de lumière ceinte:
Tout le ciel vert se meurt. Le dernier arbre brûle.

Ta sœur, la grande rose où sourit une sainte,
Parfume ton front vague au vent de son haleine
Innocente, et tu crois languir... Tu es éteinte

Au bleu de la croisée où tu filais la laine.

Les Pas

Tes pas, enfants de mon silence,
Saintement, lentement placés,
Vers le lit de ma vigilance
Procèdent, muets et glacés.

Personne pure, ombre divine,
Qu'ils sont doux, tes pas retenus !
Dieux !... tous les dons que je devine
Viennent à moi sur ces pieds nus !

Si, de tes lèvres avancées,
Tu prépares pour l'apaiser,
A l'habitant de mes pensées
La nourriture d'un baiser,

Ne hâte pas cet acte tendre,
Douceur d'être et de n'être pas,
Car j'ai vécu de vous attendre,
Et mon cœur n'était que vos pas.

L'Abeille

Quelle, et si fine, et si mortelle,
Que soit ta pointe, blonde abeille,
Je n'ai, sur ma tendre corbeille,
Jeté qu'un songe de dentelle.

Pique du sein la gourde belle,
Sur qui l'Amour meurt ou sommeille,
Qu'un peu de moi-même vermeille
Vienne à la chair ronde et rebelle !

J'ai grand besoin d'un prompt tourment:
Un mal vif et bien terminé
Vaut mieux qu'un supplice dormant !

Soit donc mon sens illuminé
Par cette infime alerte d'or
Sans qui l'Amour meurt ou s'endort !

Le Cimetière marin

Ce toit tranquille, où marchent des colombes,
Entre les pins palpite, entre les tombes ;
Midi le juste y compose de feux
La mer, la mer, toujours recommencée !
O récompense après une pensée
Qu'un long regard sur le calme des dieux !

Quel pur travail de fins éclairs consume
Maint diamant d'imperceptible écume,
Et quelle paix semble se concevoir !
Quand sur l'abîme un soleil se repose,
Ouvrages purs d'une éternelle cause,
Le Temps scintille et le Songe est savoir.

Stable trésor, temple simple à Minerve,
Masse de calme, et visible réserve,
Eau sourcilleuse, Œil qui gardes en toi
Tant de sommeil sous un voile de flamme,
O mon silence !... Édifice dans l'âme,
Mais comble d'or aux mille tuiles, Toit !

Temple du Temps, qu'un seul soupir résume,
A ce point pur je monte et m'accoutume,
Tout entouré de mon regard marin ;
Et comme aux dieux mon offrande suprême,
La scintillation sereine sème
Sur l'altitude un dédain souverain.

Comme le fruit se fond en jouissance,
Comme en délice il change son absence
Dans une bouche où sa forme se meurt,
Je hume ici ma future fumée,
Et le ciel chante à l'âme consumée
Le changement des rives en rumeur.

Beau ciel, vrai ciel, regarde-moi qui change !
Après tant d'orgueil, après tant d'étrange
Oisiveté, mais pleine de pouvoir,
Je m'abandonne à ce brillant espace,
Sur les maisons des morts mon ombre passe
Qui m'apprivoise à son frêle mouvoir.

L'âme exposée aux torches du solstice,
Je te soutiens, admirable justice
De la lumière aux armes sans pitié !
Je te rends pure à ta place première :
Regarde-toi !... Mais rendre la lumière
Suppose d'ombre une morne moitié.

O pour moi seul, à moi seul, en moi-même,
Auprès d'un cœur, aux sources du poème,
Entre le vide et l'événement pur,
J'attends l'écho de ma grandeur interne,
Amère, sombre et sonore citerne,
Sonnant dans l'âme un creux toujours futur !

Sais-tu, fausse captive des feuillages,
Golfe mangeur de ces maigres grillages,
Sur mes yeux clos, secrets éblouissants,
Quel corps me traîne à sa fin paresseuse,
Quel front l'attire à cette terre osseuse ?
Une étincelle y pense à mes absents.

Fermé, sacré, plein d'un feu sans matière,
Fragment terrestre offert à la lumière,
Ce lieu me plaît, dominé de flambeaux,
Composé d'or, de pierre et d'arbres sombres,
Où tant de marbre est tremblant sur tant d'ombres ;
La mer fidèle y dort sur mes tombeaux !

Chienne splendide, écarte l'idolâtre !
Quand solitaire au sourire de pâtre,
Je pais longtemps, moutons mystérieux,

Le blanc troupeau de mes tranquilles tombes,
Éloignes-en les prudentes colombes,
Les songes vains, les anges curieux !

Ici venu, l'avenir est paresse.
L'insecte net gratte la sécheresse ;
Tout est brûlé, défait, reçu dans l'air
A je ne sais quelle sévère essence...
La vie est vaste, étant ivre d'absence,
Et l'amertume est douce, et l'esprit clair.

Les morts cachés sont bien dans cette terre
Qui les réchauffe et sèche leur mystère.
Midi là-haut, Midi sans mouvement
En soi se pense et convient à soi-même...
Tête complète et parfait diadème,
Je suis en toi le secret changement.

Tu n'as que moi pour contenir tes craintes !
Mes repentirs, mes doutes, mes contraintes
Sont le défaut de ton grand diamant...
Mais dans leur nuit toute lourde de marbres,
Un peuple vague aux racines des arbres
A pris déjà ton parti lentement.

Ils ont fondu dans une absence épaisse,
L'argile rouge a bu la blanche espèce,
Le don de vivre a passé dans les fleurs !
Où sont des morts les phrases familières,
L'art personnel, les âmes singulières ?
La larve file où se formaient des pleurs.

Les cris aigus des filles chatouillées,
Les yeux, les dents, les paupières mouillées,
Le sein charmant qui joue avec le feu,
Le sang qui brille aux lèvres qui se rendent,
Les derniers dons, les doigts qui les défendent,
Tout va sous terre et rentre dans le jeu !

Et vous, grande âme, espérez-vous un songe
Qui n'aura plus ces couleurs de mensonge
Qu'aux yeux de chair l'onde et l'or font ici?
Chanterez-vous quand serez vaporeuse?
Allez! Tout fuit! Ma présence est poreuse,
La sainte impatience meurt aussi!

Maigre immortalité noire et dorée,
Consolatrice affreusement laurée,
Qui de la mort fais un sein maternel,
Le beau mensonge et la pieuse ruse!
Qui ne connaît, et qui ne les refuse,
Ce crâne vide et ce rire éternel!

Pères profonds, têtes inhabitées,
Qui sous le poids de tant de pelletées,
Êtes la terre et confondez nos pas,
Le vrai rongeur, le ver irréfutable
N'est point pour vous qui dormez sous la table,
Il vit de vie, il ne me quitte pas!

Amour, peut-être, ou de moi-même haine?
Sa dent secrète est de moi si prochaine
Que tous les noms lui peuvent convenir!
Qu'importe! Il voit, il veut, il songe, il touche!
Ma chair lui plaît, et jusque sur ma couche,
A ce vivant je vis d'appartenir!

Zénon! Cruel Zénon! Zénon d'Élée!
M'as-tu percé de cette flèche ailée
Qui vibre, vole, et qui ne vole pas!
Le son m'enfante et la flèche me tue!
Ah! le soleil... Quelle ombre de tortue
Pour l'âme, Achille immobile à grands pas!

Non, non!... Debout! Dans l'ère successive!
Brisez, mon corps, cette forme pensive!
Buvez, mon sein, la naissance du vent!

Une fraîcheur, de la mer exhalée,
Me rend mon âme... O puissance salée!
Courons à l'onde en rejaillir vivant!

Oui! Grande mer de délires douée,
Peau de panthère et chlamyde trouée
De mille et mille idoles du soleil,
Hydre absolue, ivre de ta chair bleue,
Qui te remords l'étincelante queue
Dans un tumulte au silence pareil,

Le vent se lève!... Il faut tenter de vivre!
L'air immense ouvre et referme mon livre,
La vague en poudre ose jaillir des rocs!
Envolez-vous, pages tout éblouies!
Rompez, vagues! Rompez d'eaux réjouies
Ce toit tranquille où picoraient des focs!

CHARLES GUÉRIN
(1873–1907)

L'hiver a, cette nuit...

L'hiver a, cette nuit, une odeur de printemps.
J'ai pour rêver ouvert ma fenêtre. J'entends
Le vent qui semble fuir sur un voile de soie.
Les pins murmurent, l'air embaume, un chien aboie.
Le silence est une urne où tombe chaque bruit.
Et mon cœur sans amour se gonfle, ô tendre nuit!
Je les bénis, ceux-là qui, dans cette même heure,
Ont poussé les volets chantants de leur demeure,
Et respirent l'espace et regardent le ciel,
Et goûtent à s'aimer un moment éternel.
Leur âme en se mêlant aux étoiles s'enivre:
« Ah! disent-ils, qu'il est, cette nuit, bon de vivre!... »
Et le vent caressant traverse leurs cheveux.

Sainte mélancolie heureuse où l'on est deux,
Où la vierge sur qui l'amant en pleurs s'appuie
Succombe comme un lys accablé par la pluie !
Je me souviens de vous ce soir amèrement,
De vous, et d'un grand rêve et du pieux serment
Que des lèvres scellaient sur ma bouche tremblante.
La douce nuit planait sur nous d'une aile lente,
Vous soupiriez, ma triste enfant, et j'étais las.
Nous nous tûmes, l'amour parla longtemps.

Hélas !

Le Semeur de Cendres

Ce soir, mon Dieu...

Ce soir, mon Dieu, je viens pleurer, je viens prier
Et rompre sur ta croix les reins d'un ouvrier
Dont le labeur stérile a négligé ta gloire.
La nuit du monde autour de ton église est noire ;
Je viens puiser de l'huile à tes feux éternels,
Loin de la joie humaine et des hommes charnels.
Mon Dieu, je viens jeter à tes pieds cette vie,
Dont chaque jour d'un clou haineux te crucifie.
Je suis le plus méchant des mauvais serviteurs.
O Jésus qui prêchais la sagesse aux docteurs,
J'ai détourné le sens divin des paraboles ;
J'ai, d'un grain vil, semé le champ de tes paroles.
Malheur à moi ! Car dans les vers que j'ai chantés
La prière se mêle au cri des voluptés.
J'ai baisé tes pieds nus comme une chair de femme
Et posé sur ton cœur ouvert un cœur infâme.
L'iniquité fut ma maîtresse. Et me voilà.
Tes yeux que le Péché de l'univers scella
Me brûlent de leurs pleurs de sang. Quoique tu l'aies
Senti mettre ses mains cruelles dans tes plaies,
O Seigneur, prends enfin en pitié ton enfant !
Son cœur comme un vitrail qu'on étoile se fend.

Sois-lui clément, permets le retour du prodigue;
Rends l'eau du ciel à la citerne, et que la figue
Encor pèse aux rameaux du figuier desséché !
Ah ! ne le laisse pas mourir dans son péché;
Cet errant qui s'enlace à ta croix et qui pleure,
Las d'avoir tant cherché l'amour qui seul demeure.

Le Semeur de Cendres

CHARLES PÉGUY
(1873-1914)

Femmes, vous rangez tout

O vous qui pourchassez jusqu'au fin fond des coins
La poussière, et l'ordure, et toute impureté,
Toute disconvenance et toute improbité,
Maîtresse des labeurs, des veilles et des soins...

Vous qui prenez ce bois pour allumer la lampe
Et la mettre au milieu de la table servie,
Et qui prenez ce lin pour essuyer la rampe,
Et qui rangez les fleurs, et qui rangez la vie...

O femme qui rangez les travaux et les jours,
Et les alternements et les vicissitudes,
Et les gouvernements et les sollicitudes,
Et la vieille charrue et les nouveaux labours...

O femme qui rangez les palais et les tours,
Et les retournements et les iniquités,
Et la jeune détresse et les antiquités,
Et la vieille tendresse et les nouveaux amours...

Vous qui savez ranger, vigilante bergère,
Et compter les brebis et les jeunes agneaux,

Vous qui savez ranger, savante boulangère,
Le pain de chaque jour et les jeunes gâteaux...

Vous qui savez ranger sur la frêle étagère
Les fleurs du souvenir et les fleurs du regret,
Vous qui savez ranger dans le creux d'un coffret
La cendre et les débris d'une peine étrangère...

Vous qui savez compter dans le nombre des fleurs
La rose suspendue au cerceau du rosier,
Vous qui savez compter dans le nombre des pleurs
Une enfant suspendue en un berceau d'osier...

Éternelle économe, éternelle ouvrière,
Vous rangez le salut quand il est écoulé,
O femme médicale et femme infirmière
Vous épongez le sang après qu'il a coulé....

Femmes, je vous le dis, vous rangeriez Dieu même
Et vous l'avez rangé la fois qu'il est venu.
Vous l'avez salué, vous l'avez reconnu,
Vous avez recueilli le nouveau diadème...

Vous avez pu ranger la charrue et le glaive,
Rangerez-vous jamais nos nouveaux armements?
Pourrez-vous refouler dans les casernements
Le monstrueux effort du monde qui se lève?...

Ève

Présentation de la Beauce à Notre-Dame-de-Chartres

Étoile de la mer, voici la lourde nappe
Et la profonde houle et l'océan des blés
Et la mouvante écume et nos greniers comblés,
Voici votre regard sur cette immense chape

Et voici votre voix sur cette lourde plaine
Et nos amis absents et nos cœurs dépeuplés,

Voici le long de nous nos poings désassemblés
Et notre lassitude et notre force pleine.

Étoile du matin, inaccessible reine,
Voici que nous marchons vers votre illustre cour,
Et voici le plateau de notre pauvre amour,
Et voici l'océan de notre immense peine.

Un sanglot rôde et court par-delà l'horizon.
A peine quelques toits font comme un archipel.
Du vieux clocher retombe une sorte d'appel.
L'épaisse église semble une basse maison.

Ainsi nous naviguons vers votre cathédrale.
De loin en loin surnage un chapelet de meules,
Rondes comme des tours, opulentes et seules
Comme un rang de châteaux sur la barque amirale.

Deux mille ans de labeur ont fait de cette terre
Un réservoir sans fin pour les âges nouveaux.
Mille ans de votre grâce ont fait de ces travaux
Un reposoir sans fin pour l'âme solitaire.

Vous nous voyez marcher sur cette route droite,
Tout poudreux, tout crottés, la pluie entre les dents.
Sur ce large éventail ouvert à tous les vents
La route nationale est notre porte étroite.

Nous allons devant nous, les mains le long des poches,
Sans aucun appareil, sans fatras, sans discours,
D'un pas toujours égal, sans hâte ni recours,
Des champs les plus présents vers les champs les plus proches.

Vous nous voyez marcher, nous sommes la piétaille.
Nous n'avançons jamais que d'un pas à la fois.
Mais vingt siècles de peuple et vingt siècles de rois,
Et toute leur séquelle et toute leur volaille

Et leurs chapeaux à plume avec leur valetaille
Ont appris ce que c'est que d'être familiers,
Et comme on peut marcher, les pieds dans ses souliers,
Vers un dernier carré le soir d'une bataille.

Nous sommes nés pour vous au bord de ce plateau,
Dans le recourbement de notre blonde Loire,
Et ce fleuve de sable et ce fleuve de gloire
N'est là que pour baiser votre auguste manteau.

Nous sommes nés au bord de ce vaste plateau,
Dans l'antique Orléans, sévère et sérieuse,
Et la Loire coulante et souvent limoneuse
N'est là que pour laver les pieds de ce coteau.

Nous sommes nés au bord de votre plate Beauce
Et nous avons connu dès nos plus jeunes ans
Le portail de la ferme et les durs paysans
Et l'enclos dans le bourg et la bêche et la fosse.

Nous sommes nés au bord de votre Beauce plate
Et nous avons connu dès nos premiers regrets
Ce que peut recéler de désespoirs secrets
Un soleil qui descend dans un ciel écarlate

Et qui se couche au ras d'un sol inévitable
Dur comme une justice, égal comme une barre,
Juste comme une loi, fermé comme une mare,
Ouvert comme un beau socle et plan comme une table.

Un homme de chez nous, de la glèbe féconde
A fait jaillir ici d'un seul enlèvement,
Et d'une seule source et d'un seul portement,
Vers votre assomption la flèche unique au monde.

Tour de David, voici votre tour beauceronne.
C'est l'épi le plus dur qui soit jamais monté

Vers un ciel de clémence et de sérénité,
Et le plus beau fleuron dedans votre couronne.

Un homme de chez nous a fait ici jaillir,
Depuis le ras du sol jusqu'au pied de la croix,
Plus haut que tous les saints, plus haut que tous les rois,
La flèche irréprochable et qui ne peut faillir...

C'est la gerbe et le blé qui ne périra point,
Qui ne fanera point au soleil de septembre,
Qui ne gèlera point aux rigueurs de décembre,
C'est votre serviteur et c'est votre témoin.

C'est la tige et le blé qui ne pourrira pas,
Qui ne flétrira point aux ardeurs de l'été,
Qui ne moisira point dans un hiver gâté,
Qui ne transira point dans le commun trépas.

C'est la pierre sans tache et la pierre sans faute,
La plus haute oraison qu'on ait jamais portée,
La plus droite raison qu'on ait jamais jetée,
Et vers un ciel sans bord la ligne la plus haute...

ANNA DE NOAILLES
(1876–1933)

Le Pays

Ma France, quand on a nourri son cœur latin
    Du lait de votre Gaule,
Quand on a pris sa vie en vous, comme le thym,
    La fougère et le saule,

Quand on a bien aimé vos forêts et vos eaux,
    L'odeur de vos feuillages,
La couleur de vos jours, le chant de vos oiseaux,
    Dès l'aube de son âge,

Quand amoureux du goût de vos bonnes saisons
Chaudes comme la laine,
On a fixé son âme et bâti sa maison
Au bord de votre Seine,

Quand on n'a jamais vu se lever le soleil
Ni la lune renaître
Ailleurs que sur vos champs, que sur vos prés vermeils,
Vos chênes et vos hêtres,

Quand jaloux de goûter le vin de vos pressoirs,
Vos fruits et vos châtaignes,
On a bien médité dans la paix de vos soirs
Les livres de Montaigne,

Quand pendant vos étés luisants, où les lézards
Sont verts comme des fèves,
On a senti fleurir les chansons de Ronsard
Au jardin de son rêve,

Quand on a respiré les automnes sereins
Où coulent vos résines,
Quand on a senti vivre et pleurer dans son sein
Le cœur de Jean Racine,

Quand votre nom, miroir de toute vérité,
Émeut comme un visage,
Alors on a conclu avec votre beauté
Un si fort mariage

Que l'on ne sait plus bien, quand l'azur de votre œil
Sur le monde flamboie,
Si c'est dans sa tendresse ou bien dans son orgueil
Qu'on a le plus de joie...

Les Éblouissements

L'Empreinte

Je m'appuierai si bien et si fort à la vie,
D'une si rude étreinte et d'un tel serrement,
Qu'avant que la douceur du jour me soit ravie
Elle s'échauffera de mon enlacement.

La mer, abondamment sur le monde étalée,
Gardera dans la route errante de son eau
Le goût de ma douleur qui est âcre et salée
Et sur les jours mouvants roule comme un bateau.

Je laisserai de moi dans le pli des collines
La chaleur de mes yeux qui les ont vu fleurir,
Et la cigale assise aux branches de l'épine
Fera vibrer le cri strident de mon désir.

Dans les champs printaniers la verdure nouvelle,
Et le gazon touffu sur le bord des fossés
Sentiront palpiter et fuir comme des ailes
Les ombres de mes mains qui les ont tant pressés.

La nature qui fut ma joie et mon domaine
Respirera dans l'air ma persistante ardeur,
Et sur l'abattement de la tristesse humaine
Je laisserai la forme unique de mon cœur.

Le Cœur innombrable

Il fera longtemps clair ce soir...

Il fera longtemps clair ce soir, les jours allongent,
La rumeur du jour vif se disperse et s'enfuit,
Et les arbres, surpris de ne pas voir la nuit,
Demeurent éveillés dans le soir blanc, et songent...

[453]

Les marronniers, sur l'air plein d'or et de lourdeur,
Répandent leurs parfums et semblent les étendre;
On n'ose pas marcher ni remuer l'air tendre
De peur de déranger le sommeil des odeurs.

De lointains roulements arrivent de la ville…
La poussière qu'un peu de brise soulevait,
Quittant l'arbre mouvant et las qu'elle revêt,
Redescend doucement sur les chemins tranquilles.

Nous avons tous les jours l'habitude de voir
Cette route si simple et si souvent suivie,
Et pourtant quelque chose est changé dans la vie,
Nous n'aurons plus jamais notre âme de ce soir…

Le Cœur innombrable

MAX JACOB
(1876–1944)

Villonelle

Dis-moi quelle fut la chanson
Que chantaient les belles sirènes
Pour faire pencher des trirèmes
Les Grecs qui lâchaient l'aviron.

Achille qui prit Troie, dit-on,
Dans un cheval bourré de son
Achille fut grand capitaine
Or, il fut pris par des chansons
Que chantaient des vierges hellènes
Dis-moi, Vénus, je t'en supplie
Ce qu'était cette mélodie

Un prisonnier dans sa prison
En fit une en Tripolitaine

Et si belle que sans rançon
On le rendit à sa marraine
Qui pleurait contre la cloison

Nausicaa à la fontaine
Pénélope en tissant la laine
Zeuxis peignant sur les maisons
Ont chanté la faridondaine !...
Et les chansons des échansons ?

Échos d'échos des longues plaines
Et les chansons des émigrants !
Où sont les refrains d'autres temps
Que l'on a chantés tant et tant ?
Où sont les filles aux belles dents
Qui l'amour par les chants retiennent ?
Et mes chansons ? qu'il m'en souvienne !

Le Laboratoire central

Agonie

Ce qui s'en va par toutes mes jointures
ma vie s'en va par mes essieux de voitures
cailloux de mes genoux ! c'est l'âge
ce qui pousse de lèpre sur mes étages.
Je suis mortel et mort sous l'eau de mes plafonds.
Écarte-toi, ô vie, ouate griffue
que je voie Dieu dans un sanglot lame de fond,
fureter les tiroirs de la vie : Je préfère mourir !
Je voudrais je voudrais que le taureau d'Europe
mît les pattes à la Lune et moi sur ses métopes.
Je suis à base d'azur et j'aspire
aux colonnes du Saint-Esprit.
La nuit ! craquements des humains
dans les boiseries de mes côtes.
Ah ! si je savais me désaltérer en Dieu !

[455]

L'Accord

Ici, l'orgie funèbre secoue ses chaînes d'or,
Et, pourri sous la grâce de tes jupes curules,
Hétaïre, en ces caves, perfides ergastules,
Le vieux tapis d'Orient ne connaît pas l'aurore.

La famille du gérant, séant à son couvert,
Pour finir son souper, attaque le gruyère.
Une femme belle danse et pleure, triste Ophélie.
La musique et l'amour redoublent sa folie.

Heurté par une larve, sortie tard de coulisse,
Un poète ivre-mort parle de la police...
Mon cœur effeuillé, mon cœur de douleur,
Mon cœur pétrifié, mon pauvre cœur tari,

Que viens-tu chercher près des Zingaris?
Parmi ces fous aux gueules de fer
Cœur dévasté comme un désert.

Cœur de remords, et de lueur,
Que cherches-tu cœur solitaire?
— Je prends l'accord, l'accord mineur.

LÉON PAUL FARGUE
(1878–1947)

Au Fil de l'Heure pâle

Un jour, au crépuscule, on passe, après la pluie,
Le long des murs d'un parc où songent de beaux arbres...
On les suit longtemps. L'heure passe
Que les mains de la nuit faufilent aux vieux murs...

Mais qu'est-ce qui vous trouble au fil de l'heure pâle
Qui s'ourle aux mains noires des grilles?
Ce soir, calme après la pluie, a quelque chose
Qui fait songer à de l'exil et à la nuit...

On entend le bruit nombreux
Des feuilles partout
Comme un feu qui prend...
Des branches clignent. Le silence
Épie
Et il passe des odeurs si pénétrantes
Qu'on oublie qu'il y en ait d'autres
Et qu'elles semblent l'odeur même de la vie...

Plus tard un peu de soleil dore
Une feuille, et deux et puis tout.
Alors, l'oiseau nouveau qui l'ose le premier
Après la pluie
Chante.
Et comme une âcre fleur sort d'une lampe éteinte
Il monte de mon cœur l'offrande d'un vieux rêve...
Un rayon rôde encore à la crête du mur,
Glisse d'une main calme et nous conduit vers l'ombre...
Est-ce la pluie? Est-ce la nuit?
Au loin, des pas vieux et noirs
S'en vont
Le long des murs du parc où les vieux arbres songent...

Poèmes

Nocturne

Un long bras timbré d'or glisse du haut des arbres
Et commence à descendre et tinte dans les branches.
Les feuilles et les fleurs se pressent et s'entendent.
J'ai vu l'orvet glisser dans la douceur du soir.
Diane sur l'étang se penche et met son masque.

Un soulier de satin court dans la clairière
Comme un rappel du ciel qui rejoint l'horizon.
Les barques de la nuit sont prêtes à partir.

D'autres viendront s'asseoir sur la chaise de fer.
D'autres verront cela quand je ne serai plus.
La lumière oubliera ceux qui l'ont tant aimée.
Nul appel ne viendra rallumer nos visages.
Nul sanglot ne fera retentir notre amour.
Nos fenêtres seront éteintes.
Un couple d'étrangers longera la rue grise.
Les voix
D'autres voix chanteront, d'autres yeux pleureront
Dans une maison neuve.
Tout sera consommé, tout sera pardonné,
La peine sera fraîche et la forêt nouvelle,
Et peut-être qu'un jour, pour de nouveaux amis,
Dieu tiendra ce bonheur qu'il nous avait promis.

Sous la Lampe

GUILLAUME APOLLINAIRE
(1880–1918)

Les Collines

…Maintenant je suis à ma table
J'écris ce que j'ai ressenti
Et ce que j'ai chanté là-haut
Un arbre élancé que balance
Le vent dont les cheveux s'envolent

Un chapeau haut de forme est sur
Une table chargée de fruits
Les gants sont morts près d'une pomme
Une dame se tord le cou
Auprès d'un monsieur qui s'avale

Le bal tournoie au fond du temps
J'ai tué le beau chef d'orchestre
Et je pèle pour mes amis
L'orange dont la saveur est
Un merveilleux feu d'artifice

Tous sont morts le maître d'hôtel
Leur verse un champagne irréel
Qui mousse comme un escargot
Ou comme un cerveau de poète
Tandis que chantait une rose

L'esclave tient une épée nue
Semblable aux sources et aux fleuves
Et chaque fois qu'elle s'abaisse
Un univers est éventré
Dont il sort des mondes nouveaux

Le chauffeur se tient au volant
Et chaque fois que sur la route
Il corne en passant le tournant
Il paraît à perte de vue
Un univers encore vierge

Et le tiers nombre c'est la dame
Elle monte dans l'ascenseur
Elle monte monte toujours
Et la lumière se déploie
Et ces clartés la transfigurent

Mais ce sont de petits secrets
Il en est d'autres plus profonds
Qui se dévoileront bientôt
Et feront de vous cent morceaux
A la pensée toujours unique

Mais pleure et repleurons
Et soit que la lune soit pleine

Ou soit qu'elle n'ait qu'un croissant
Ah! pleure pleure et repleurons
Nous avons tant ri au soleil...

Calligrammes

C'est Lou qu'on la nommait

Il est des loups de toute sorte
Je connais le plus inhumain
Mon cœur que le diable l'emporte
Et qu'il le dépose à sa porte
N'est plus qu'un jouet dans sa main

Les loups jadis étaient fidèles
Comme sont les petits toutous
Et les soldats amants des belles
Galamment en souvenir d'elles
Ainsi que les loups étaient doux

Mais aujourd'hui les temps sont pires
Les loups sont tigres devenus
Et les soldats et les Empires
Les Césars devenus Vampires
Sont aussi cruels que Vénus

J'en ai pris mon parti Rouveyre
Et monté sur un grand cheval
Je vais bientôt partir en guerre
Sans pitié chaste et l'œil sévère
Comme ces guerriers qu'Épinal

Vendait images populaires
Que Georgin gravait dans le bois
Où sont-ils ces beaux militaires
Soldats passés Où sont les guerres
Où sont les guerres d'autrefois

Calligrammes

Tristesse d'une Étoile

Une belle Minerve est l'enfant de ma tête
Une étoile de sang me couronne à jamais
La raison est au fond et le ciel est au faîte
Du chef où dès longtemps Déesse tu t'armais

C'est pourquoi de mes maux ce n'était pas le pire
Ce trou presque mortel et qui s'est étoilé
Mais le secret malheur qui nourrit mon délire
Est bien plus grand qu'aucune âme ait jamais celé

Et je porte avec moi cette ardente souffrance
Comme le ver luisant tient son corps enflammé
Comme au cœur du soldat il palpite la France
Et comme au cœur du lys le pollen parfumé

Calligrammes

La jolie Rousse

Me voici devant tous un homme plein de sens
Connaissant la vie et de la mort ce qu'un vivant peut connaître
Ayant éprouvé les douleurs et les joies de l'amour
Ayant su quelquefois imposer ses idées
Connaissant plusieurs langages
Ayant pas mal voyagé
Ayant vu la guerre dans l'Artillerie et l'Infanterie
Blessé à la tête trépané sous le chloroforme
Ayant perdu ses meilleurs amis dans l'effroyable lutte
Je sais d'ancien et de nouveau autant qu'un homme seul pour-
    rait des deux savoir
Et sans m'inquiéter aujourd'hui de cette guerre
Entre nous et pour nous mes amis
Je juge cette longue querelle de la tradition et de l'invention
    De l'Ordre de l'Aventure

Vous dont la bouche est faite à l'image de celle de Dieu
Bouche qui est l'ordre même
Soyez indulgents quand vous nous comparez
A ceux qui furent la perfection de l'ordre
Nous qui quêtons partout l'aventure

Nous ne sommes pas vos ennemis
Nous voulons nous donner de vastes et d'étranges domaines
Où le mystère en fleurs s'offre à qui veut le cueillir
Il y a là des feux nouveaux des couleurs jamais vues
Mille phantasmes impondérables
Auxquels il faut donner de la réalité
Nous voulons explorer la bonté contrée énorme où tout se tait
Il y a aussi le temps qu'on peut chasser ou faire revenir
Pitié pour nous qui combattons toujours aux frontières
De l'illimité et de l'avenir
Pitié pour nos erreurs pitié pour nos péchés

Voici que vient l'été la saison violente
Et ma jeunesse est morte ainsi que le printemps
O Soleil c'est le temps de la Raison ardente
    Et j'attends
Pour la suivre toujours la forme noble et douce
Qu'elle prend afin que je l'aime seulement
Elle vient et m'attire ainsi qu'un fer l'aimant
    Elle a l'aspect charmant
    D'une adorable rousse

Ses cheveux sont d'or on dirait
Un bel éclair qui durerait
Ou ces flammes qui se pavanent
Dans les roses-thé qui se fanent

Mais riez riez de moi
Hommes de partout surtout gens d'ici
Car il y tant de choses que je n'ose vous dire

Tant de choses que vous ne me laisseriez pas dire
Ayez pitié de moi

La Chanson du Mal-aimé

Un soir de demi-brume à Londres
Un voyou qui ressemblait à
Mon amour vint à ma rencontre
Et le regard qu'il me jeta
Me fit baisser les yeux de honte

Je suivis ce mauvais garçon
Qui sifflotait mains dans les poches
Nous semblions entre les maisons
Onde ouverte de la Mer Rouge
Lui les Hébreux moi Pharaon

Que tombent ces vagues de brique
Si tu ne fus pas bien aimée
Je suis le souverain d'Égypte
Sa sœur-épouse son armée
Si tu n'es pas l'amour unique

Au tournant d'une rue brûlant
De tous les feux de ses façades
Plaies du brouillard sanguinolent
Où se lamentaient les façades
Une femme lui ressemblant

C'était son regard d'inhumaine
La cicatrice à son cou nu
Sortit saoule d'une taverne
Au moment où je reconnus
La fausseté de l'amour même

[463]

Lorsqu'il fut de retour enfin
Dans sa patrie le sage Ulysse
Son vieux chien de lui se souvint
Près d'un tapis de haute lisse
Sa femme attendait qu'il revînt

L'époux royal de Sacontale
Las de vaincre se réjouit
Quand il la retrouva plus pâle
D'attente et d'amour yeux pâlis
Caressant sa gazelle mâle

J'ai pensé à ces rois heureux
Lorsque le faux amour et celle
Dont je suis encore amoureux
Heurtant leurs ombres infidèles
Me rendirent si malheureux

Regrets sur quoi l'enfer se fonde
Qu'un ciel d'oubli s'ouvre à mes vœux
Pour son baiser les rois du monde
Seraient morts les pauvres fameux
Pour elle eussent vendu leur ombre

J'ai hiverné dans mon passé
Revienne le soleil de Pâques
Pour chauffer un cœur plus glacé
Que les quarante de Sébaste
Moins que ma vie martyrisée

Mon beau navire ô ma mémoire
Avons-nous assez navigué
Dans une onde mauvaise à boire
Avons-nous assez divagué
De la belle aube au triste soir

Adieu faux amour confondu
Avec la femme qui s'éloigne

Avec celle que j'ai perdue
L'année dernière en Allemagne
Et que je ne reverrai plus

Voie lactée ô sœur lumineuse
Des blancs ruisseaux de Chanaan
Et des corps blancs des amoureuses
Nageurs morts suivrons-nous d'ahan
Ton cours vers d'autres nébuleuses

Je me souviens d'une autre année
C'était l'aube d'un jour d'avril
J'ai chanté ma joie bien-aimée
Chanté l'amour à voix virile
Au moment d'amour de l'année...

L'amour est mort, j'en suis tremblant
J'adore de belles idoles
Les souvenirs lui ressemblant
Comme la femme de Mausole
Je reste fidèle et dolent...

Mais en vérité je l'attends
Avec mon cœur avec mon âme
Et sur le pont des Reviens-t'en
Si jamais revient cette femme
Je lui dirai Je suis content

Mon cœur et ma tête se vident
Tout le ciel s'écoule par eux
O mes tonneaux des Danaïdes
Comment faire pour être heureux
Comme un petit enfant candide

Je ne veux jamais l'oublier
Ma colombe ma blanche rade
O marguerite exfoliée

Mon île au loin ma Désirade
Ma rose mon giroflier

Les satyres et les pyraustes
Les égypans les feux follets
Et les destins damnés ou faustes
La corde au cou comme à Calais
Sur ma douleur quel holocauste

Douleur qui doubles les destins
La licorne et le capricorne
Mon âme et mon corps incertain
Te fuient ô bûcher divin qu'ornent
Des astres des fleurs du matin

Malheur dieu pâle aux yeux d'ivoire
Tes prêtres fous t'ont-ils paré
Tes victimes en robe noire
Ont-elles vainement pleuré
Malheur dieu qu'il ne faut pas croire

Et toi qui me suis en rampant
Dieu de mes dieux morts en automne
Tu mesures combien d'empans
J'ai droit que la terre me donne
O mon ombre ô mon vieux serpent.

Au soleil parce que tu l'aimes
Je t'ai menée souviens-t'en bien
Ténébreuse épouse que j'aime
Tu es à moi en n'étant rien
O mon ombre en deuil de moi-même.

L'hiver est mort tout enneigé
On a brûlé les ruches blanches
Dans les jardins et les vergers
Les oiseaux chantent sur les branches
Le printemps clair l'avril léger...

Voie lactée ô sœur lumineuse
Des blancs ruisseaux de Chanaan
Et des corps blancs des amoureuses
Nageurs morts suivrons-nous d'ahan
Ton cours vers d'autres nébuleuses...

Juin ton soleil ardente lyre
Brûle mes doigts endoloris
Triste et mélodieux délire
J'erre à travers mon beau Paris
Sans avoir le cœur d'y mourir

Les dimanches s'y éternisent
Et les orgues de Barbarie
Y sanglotent dans les cours grises
Les fleurs aux balcons de Paris
Penchent comme la tour de Pise

Soirs de Paris ivres du gin
Flambant de l'électricité
Les tramways feux verts sur l'échine
Musiquent au long des portées
De rails leur folie de machines

Les cafés gonflés de fumée
Crient tout l'amour de leurs tziganes
De tous leurs siphons enrhumés
De leurs garçons vêtus d'un pagne
Vers toi toi que j'ai tant aimée

Moi qui sais des lais pour des reines
Les complaintes de mes années
Des hymnes d'esclave aux murènes
La romance du mal-aimé
Et des chansons pour les sirènes

Alcools

Le Pont Mirabeau

Sous le pont Mirabeau coule la Seine
Et nos amours
Faut-il qu'il m'en souvienne
La joie venait toujours après la peine

Vienne la nuit sonne l'heure
Les jours s'en vont je demeure

Les mains dans les mains restons face à face
Tandis que sous
Le pont de nos bras passe
Des éternels regards l'onde si lasse

Vienne la nuit sonne l'heure
Les jours s'en vont je demeure

L'amour s'en va comme cette eau courante
L'amour s'en va
Comme la vie est lente
Et comme l'Espérance est violente

Vienne la nuit sonne l'heure
Les jours s'en vont je demeure

Passent les jours et passent les semaines
Ni temps passé
Ni les amours reviennent
Sous le pont Mirabeau coule la Seine

Vienne la nuit sonne l'heure
Les jours s'en vont je demeure

Alcools

CATHERINE POZZI
(1882–1934)

Ave

Très haut amour, s'il se peut que je meure
Sans avoir su d'où je vous possédais,
En quel soleil était votre demeure,
En quel passé votre temps, en quelle heure
    Je vous aimais,

Très haut amour qui passez la mémoire,
Feu sans foyer dont j'ai fait tout mon jour,
En quel destin vous traciez mon histoire,
En quel sommeil se voyait votre gloire,
    O mon séjour...

Quand je serai pour moi-même perdue
Et divisée à l'abîme infini,
Infiniment, quand je serai rompue,
Quand le présent dont je suis revêtue
    Aura trahi,

Par l'univers en mille corps brisée,
De mille instants non rassemblés encor
De cendre aux cieux jusqu'au néant vannée,
Vous referez pour une étrange année
    Un seul trésor.

Vous referez mon nom et mon image
De mille corps emportés par le jour,
Vive unité sans nom et sans visage,
Cœur de l'esprit, ô centre du mirage,
    Très haut amour.

Vale

La grande amour que vous m'aviez donnée
Le vent des jours a rompu ses rayons —
Où fut la flamme, où fut la destinée
Où nous étions, où par la main serrée
Nous nous tenions.

Notre soleil, dont l'ardeur fut pensée
L'orbe pour nous de l'être sans second
Le second ciel d'une âme divisée
Le double exil où le double se fond

Son lieu pour vous apparaît cendre et crainte
Vos yeux vers lui ne l'ont pas reconnu
L'astre enchanté qui portait hors d'atteinte
L'extrême instant de notre seule étreinte
Vers l'inconnu.

Mais le futur dont vous attendiez vivre
Est moins présent que le bien disparu.
Toute vendange à la fin qu'il vous livre
Vous la boirez sans pouvoir être qu'ivre
Du vin perdu...

Maya

Je descends les degrés de siècles et de sable
Qui retournent à vous l'instant désespéré
Terre des temples d'or, j'entre dans votre fable
Atlantique adoré.

D'un corps qui ne m'est plus que fuie enfin la flamme
L'Ame est un nom chéri détesté du destin —
Que s'arrête le temps, que s'affaisse la flamme,
Je reviens sur mes pas vers l'abîme enfantin.

Les oiseaux sur le vent dans l'ouest marin s'engagent,
Il faut voler, bonheur, à l'ancien été
Tout endormi profond où cesse le rivage

Rochers, le chant, le roi, l'arbre longtemps bercé,
Astres longtemps liés à mon premier visage,
Singulier Soleil de calme couronné.

JULES SUPERVIELLE
(1884–   )

Hommage à la Vie

C'est beau d'avoir élu
Domicile vivant
Et de loger le temps
Dans un cœur continu,
Et d'avoir vu ses mains
Se poser sur le monde
Comme sur une pomme
Dans un petit jardin
D'avoir aimé la terre,
La lune et le soleil,
Comme des familiers
Qui n'ont pas leurs pareils,
Et d'avoir confié
Le monde à sa mémoire
Comme un clair cavalier
A sa monture noire,
D'avoir donné visage
A ces mots : femme, enfants,
Et servi de rivage
A d'errants continents,
Et d'avoir atteint l'âme
A petits coups de rame

Pour ne l'effaroucher
D'une brusque approchée.
C'est beau d'avoir connu
L'ombre sous le feuillage
Et d'avoir senti l'âge
Ramper sur le corps nu,
Accompagné la peine
Du sang noir dans nos veines
Et doré son silence
De l'étoile Patience,
Et d'avoir tous ces mots
Qui bougent dans la tête,
De choisir les moins beaux
Pour leur faire un peu fête,
D'avoir senti la vie
Hâtive et mal aimée,
De l'avoir enfermée
Dans cette poésie.

Poèmes, 1939–1945

Figures

Je bats comme des cartes
Malgré moi, des visages,
Et tous, ils me sont chers.
Parfois l'un tombe à terre
Et j'ai beau le chercher
La carte a disparu.
Je n'en sais rien de plus.
C'était un beau visage,
Pourtant, je l'aimais bien.
Je bats les autres cartes.
L'inquiet de ma chambre,
Je veux dire mon cœur,
Continue à brûler
Mais non pour cette carte,

Qu'une autre a remplacée.
C'est un nouveau visage,
Le jeu reste complet
Mais toujours mutilé.
C'est tout ce que je sais,
Nul n'en sait davantage.

Les Amis inconnus

Le Pommier

A force de mourir et de n'en dire rien
Vous aviez fait un jour jaillir, sans y songer,
Un grand pommier en fleurs au milieu de l'hiver
Et des oiseaux gardaient de leurs becs inconnus
L'arbre non saisonnier, comme en plein mois de mai,
Et des enfants joyeux de soleil ou de brume
Faisaient la ronde autour, à vivre résolus.
Ils étaient les témoins de sa vitalité.
Et l'arbre de donner ses fruits sans en souffrir
Comme un arbre ordinaire, et, sous un ciel de neige,
De passer vos espoirs de toute sa hauteur.
Et son humilité se voyait de tout près.
Oui, craintive, souvent, vous vous en approchiez.

Les Amis inconnus

Le Portrait

Mère, je sais très mal comme l'on cherche les morts,
Je m'égare dans mon âme, ses visages escarpés,
Ses ronces et ses regards.
Aide-moi à revenir
De mes horizons qu'aspirent des lèvres vertigineuses,
Aide-moi à être immobile,
Tant de gestes nous séparent, tant de lévriers cruels !
Que je penche sur la source où se forme ton silence

[473]

Dans un reflet de feuillage que ton âme fait trembler.
Ah ! sur ta photographie
Je ne puis pas même voir de quel côté souffle ton regard.
Nous nous en allons pourtant, ton portrait avec moi-même,
Si condamnés l'un à l'autre
Que notre pas est semblable
Dans ce pays clandestin
Où nul ne passe que nous.
Nous montons bizarrement les côtes et les montagnes
Et jouons dans les descentes comme des blessés sans mains.
Un cierge coule chaque nuit, gicle à la face de l'aurore,
L'aurore qui tous les jours sort des draps lourds de la mort,
A demi asphyxiée,
Tardant à se reconnaître.

Je te parle durement, ma mère,
Je parle durement aux morts parce qu'il faut leur parler dur,
Pour dominer le silence assourdissant
Qui voudrait nous séparer, nous les morts et les vivants.
J'ai de toi quelques bijoux comme des fragments de l'hiver
Qui descendent les rivières.
Ce bracelet fut de toi qui brille en la nuit d'un coffre
En cette nuit écrasée où le croissant de la lune
Tente en vain de se lever
Et recommence toujours, prisonnier de l'impossible.

J'ai été toi si fortement, moi qui le suis si faiblement,
Et si rivés tous les deux que nous eussions dû mourir en-
    semble,
Comme deux matelots mi-noyés, s'empêchant l'un l'autre
    de nager,
Se donnant des coups de pied dans les profondeurs de
    l'Atlantique
Où commencent les poissons aveugles
Et les horizons verticaux.

Parce que tu as été moi
Je puis regarder un jardin sans penser à autre chose,

Choisir parmi mes regards,
M'en aller à ma rencontre.
Peut-être reste-t-il encore
Un ongle de tes mains parmi les ongles de mes mains,
Un de tes cils mêlé aux miens;
Un de tes battements s'égare-t-il parmi les battements de
    mon cœur,
Je le reconnais entre tous
Et je sais le retenir.

Mais ton cœur bat-il encore? Tu n'as plus besoin de cœur,
Tu vis séparée de toi comme si tu étais ta propre sœur,
Ma morte de vingt-huit ans,
Me regardant de trois-quarts,
Avec l'âme en équilibre et pleine de retenue.
Tu portes la même robe que rien n'usera plus,
Elle est entrée dans l'éternité avec beaucoup de douceur
Et change parfois de couleur, mais je suis seul à savoir.
Anges de marbre, lions de bronze, et fleurs de pierre,
C'est ici que rien ne respire.
Et voici à mon poignet
Le pouls minéral des morts,
Celui-là que l'on entend si l'on approche le corps
Des strates du cimetière.

Gravitations

Tristesse de Dieu

(DIEU PARLE)

Je vous vois aller et venir sur le tremblement de la Terre
Comme aux premiers jours du monde, mais grande est la
    différence,
Mon œuvre n'est plus en moi, je vous l'ai toute donnée.
Hommes, mes bien-aimés, je ne puis rien dans vos malheurs,

[475]

Je n'ai pu que vous donner votre courage et les larmes;
C'est la preuve chaleureuse de l'existence de Dieu.
L'humidité de votre âme, c'est ce qui vous reste de moi.
Je n'ai rien pu faire d'autre.
Je ne puis rien pour la mère dont va s'éteindre le fils
Sinon vous faire allumer, chandelles de l'espérance.
S'il n'en était pas ainsi, est-ce que vous connaîtriez,
Petits lits mal défendus, la paralysie des enfants?
Je suis coupé de mon œuvre,
Ce qui est fini est lointain et s'éloigne chaque jour.
Quand la source descend du mont comment revenir là-dessus?
Je ne sais pas plus vous parler qu'un potier ne parle à son pot,
Des deux il en est un de sourd, l'autre muet devant son œuvre
Et je vous vois avancer vers d'aveuglants précipices
Sans pouvoir vous les nommer,
Et je ne peux vous souffler comment il faudrait s'y prendre,
Il faut vous en tirer tout seuls comme des orphelins dans la
        neige.
Je ne puis rien pour vous, hélas si je me répète
C'est à force d'en souffrir.
Je suis un souvenir qui descend, vous vivez dans un souvenir,
L'espoir qui gravit vos collines, vous vivez dans une espérance.
Secoué par les prières et les blasphèmes des hommes,
Je suis partout à la fois et ne peux pas me montrer,
Sans bouger je déambule et je vais de ciel en ciel,
Je suis l'errant en soi-même, le foisonnant solitaire,
Habitué des lointains, je suis très loin de moi-même,
Je m'égare au fond de moi comme un enfant dans les bois,
Je m'appelle, je me hale, je me tire vers mon centre.
Homme, si je t'ai créé, c'est pour y voir un peu clair,
Et pour vivre dans un corps, moi qui n'ai mains ni visage.
Je veux te remercier de faire avec sérieux
Tout ce qui n'aura qu'un temps sur la Terre bien-aimée,
O mon enfant, mon chéri, ô courage de ton Dieu,
Mon fils qui t'en es allé courir le monde à ma place
A l'avant-garde de moi dans ton corps si vulnérable
Avec sa grande misère. Pas un petit coin de peau
Où ne puisse se former la profonde pourriture.

Chacun de vous sait faire un mort sans avoir eu besoin
    d'apprendre,
Un mort parfait qu'on peut tourner et retourner dans tous les
    sens,
Où il n'y a rien à redire.
Dieu vous survit, lui seul survit entouré par un grand massacre
D'hommes, de femmes et d'enfants.
Même vivants, vous mourez un peu continuellement,
Arrangez-vous avec la vie, avec vos tremblantes amours.
Vous avez un cerveau, des doigts pour faire le monde à votre
    goût,
Vous avez des facilités pour faire vivre la raison
Et la folie en votre cage,
Vous avez tous les animaux qui forment la Création,
Vous pouvez courir et nager comme le chien et le poisson,
Avancer comme le tigre ou comme l'agneau de huit jours,
Vous pouvez vous donner la mort comme le renne, le scorpion,
Et moi je reste l'invisible, l'introuvable sur la Terre,
Ayez pitié de votre Dieu qui n'a pas su vous rendre heureux,
Petites parcelles de moi, ô palpitantes étincelles,
Je ne vous offre qu'un brasier où vous retrouverez du feu.

La Fable du Monde

PIERRE-JEAN JOUVE
(1887–)

Le bois des Pauvres

Aux poètes Aragon
Paul Éluard
Pierre Emmanuel
Jules Supervielle

I

Élancé de Larchant l'oiseau tirait son vol
Il se posait bientôt, c'était le bois des Pauvres

[477]

Une lumière immense emportant le grand sol
Jusqu'aux fins d'horizon sous des nuages fauves.

Ces arbres-là petits avaient l'ombre commune
Étendus sur des chemins brisés d'ornières
Les chemins sans histoire et toujours simples nus
Les lieux dans la tranquillité d'herbe et de boue
Les villages de tapisserie perdus;

Bien loin bien près, les forêts de la gloire
La frange de cheveux des villes capitales
Les grands hêtres royaux et penchés
Ou drapés et pieux comme dans les églises
L'arête de pierre pure;

Ici l'oiseau ne voyait rien qu'un bois des Pauvres
Ici c'était l'humanité l'arbre des Pauvres
Ici c'était la pauvreté nation pauvre.

II

Je me souviens et je hurle de souvenir!
Des routes des banlieues après l'appartement
Dans le mystère et attendant le coup de mort!
Je me souviens d'avoir connu d'anciens lions

Et d'avoir vu les viels poussiéreux descendants
Camper dans les tableaux dorés et de ramures
Et séparer toute ombre et tout soleil
Par le souffle agile de la trahison

Je me souviens de mes malheurs! et je me tiens
Dans toi dit l'oiseau noir: mon bois des pauvres
Le seul qui nous convienne à nous braves d'antan
A nous inexplicable honte à nous parents
Des bêtes aveuglées
Que Dieu laisse mourir en sang et à peu près.

O haine ! ô haine verdoyante ! et de l'été
Le spectacle futur. O haine toujours verte
Poussée du sol humide et de larmes trempé
Après l'épreuve lente et sinueuse de la terre.

Ils ont noyé ce cœur prenant de déshonneur
Fait tomber l'arme qui défendait le sol pauvre
La liberté des pensives ornières
A vu passer le pas affreux du faux berger
Ils ont rempli de sang la mairie et l'église
Ils ont forcé les femmes ils ont tué
Cent hommes pour un seul et retiré la viande
De la bouche enlevé le trésor emmené les
Tribus entières torturé les cœurs
Torturé l'homme juste et le prisonnier.

Ils ont couvert les colonnades d'ombre
De mensonge, ils ont tapissé les espoirs
De mensonge, ils ont mis le mensonge en les songes
Ils ont rempli le ciel d'aérien mensonge.

III

L'esprit du cœur de division
A soufflé sur les opéras et les cathédrales
Sur les hautes rues dans les vieilles masures
Les monts déserts les plus sinistres marécages ;

L'esprit de misère a terrassé l'enfant
A vidé l'homme et fait pleurer l'épouse
L'esprit de honte a tordu le cœur des amants
Qui cherchent dans l'ombre des armes

Mais l'esprit de chagrin les a soudés ensemble
Comme les bois sous le vent pauvre
L'espoir leur a rendu la chair, nouvelles mains
Pour se tenir s'unir écorchés mais humains

Nouvelles mains pour chérir la guerre
Ne plus faire une économie de la mort
Et tous ressuscités par le martyre
Écorcher comme il le faut la terre!

IV

O Haine! Haine verdoyante aux feuilles vraies
Arbre, jeune arbre vert, arbre de Liberté!
Nous unirons vos formes d'été sur l'ornière
D'un grand bois de douceur né pour la pauvreté.

Haine, verdoie! Amour, gonfle le bois!
Triste vent fou, fais abonder le sol auguste
Rends le cœur aux moissons,
Fais-nous trembler de ton désir océan fruste,
Écoute-nous encore ô terre,
Appelez-nous aux chartes neuves de la mer
Et remplissez par nous la loi du Christ.

SAINT-JOHN PERSE
(1889–)

Pluies

V

Que votre approche fût pleine de grandeur, nous le savions,
    hommes des villes, sur nos maigres scories,
Mais nous avions rêvé de plus hautaines confidences au premier
    souffle de l'averse,
Et vous nous restituez, ô Pluies! à notre instance humaine, avec
    ce goût d'argile sous nos masques.

En de plus hauts parages chercherons-nous mémoire?... ou s'il
    nous faut chanter l'oubli aux bibles d'or des basses feuil-
    laisons?...

Nos fièvres peintes aux tulipiers du songe, la taie sur l'œil des pièces d'eau et la pierre roulée sur la bouche des puits, voilà-t-il pas beaux thèmes à reprendre,

Comme roses anciennes aux mains de l'invalide de guerre?... La ruche encore est au verger, l'enfance aux fourches du vieil arbre, et l'échelle interdite aux beaux veuvages de l'éclair...

Douceur d'agave, d'aloès... fade saison de l'homme sans méprise! C'est la terre lassée des brûlures de l'esprit.

Les pluies vertes se peignent aux glaces des banquiers. Aux linges tièdes des pleureuses s'effacera la face des dieux-filles.

Et des idées nouvelles viennent en compte des bâtisseurs d'Empire sur leur table. Tout un peuple muet se lève dans mes phrases, aux grandes marges du poème.

Dressez, dressez, à bout de caps, les catafalques du Habsbourg, les hauts bûchers de l'homme de guerre, les hauts ruchers de l'imposture.

Vannez, vannez, à bout de caps, les grands ossuaires de l'autre guerre, les grands ossuaires de l'homme blanc sur qui l'enfance fut fondée.

Et qu'on évente sur sa chaise, sur sa chaise de fer, l'homme en proie aux visions dont s'irritent les peuples.

Nous n'en finirons pas de voir traîner sur l'étendue des mers la fumée des hauts faits où charbonne l'histoire,

Cependant qu'aux Chartreuses et aux Maladreries, un parfum de termites et de framboises blanches fait lever sur leurs claies les Princes grabataires:

« J'avais, j'avais ce goût de vivre chez les hommes, et voici que la terre exhale son âme d'étrangère... »

VI

Un homme atteint de telle solitude, qu'il aille et qu'il suspende aux sanctuaires le masque et le bâton de commandement!

Moi je portais l'éponge et le fiel aux blessures d'un vieil arbre
chargé des chaînes de la terre.
« J'avais, j'avais ce goût de vivre loin des hommes, et voici que
les Pluies... »

Transfuges sans message, ô Mimes sans visage, vous meniez aux
confins de si belles semailles !
Pour quels beaux feux d'herbages chez les hommes détournez-
vous un soir vos pas, pour quelles histoires dénouées
Au feu des roses dans les chambres, dans les chambres où vit la
sombre fleur du sexe ?
Convoitiez-vous nos femmes et nos filles derrière la grille de
leurs songes ? (Il est des soins d'aînées
Au plus secret des chambres, il est de purs offices et tels qu'on
en rêverait aux palpes des insectes...)
N'aviez-vous mieux à faire, chez nos fils, d'épier l'amer parfum
viril aux buffleteries de guerre ? (comme un peuple de
Sphinges, lourdes du chiffre et de l'énigme, disputent du
pouvoir aux portes des élus...)

O Pluies par qui les blés sauvages envahissent la Ville, et les
chaussées de pierre se hérissent d'irascibles cactées.
Sous mille mas nouveaux sont mille pierres nouvelles fraîche-
ment visitées... Aux éventaires rafraîchis d'une invisible
plume, faites vos comptes, diamantaires !
Et l'homme dur entre les hommes, au milieu de la foule, se
surprend à rêver de l'élyme des sables... « J'avais, j'avais ce
goût de vivre sans douceur, et voici que les Pluies... »
(La vie monte aux orages sur l'aile du refus.)
Passez, Métisses, et nous laissez à notre guet... Tel s'abreuve au
divin dont le masque est d'argile.
Toute pierre lavée des signes de voierie, toute feuille lavée des
signes de latrie, c'est la terre abluée des encres du copiste...
Passez et nous laissez à nos plus vieux usages. Que ma parole
encore aille devant moi ! et nous chanterons encore un chant
des hommes pour qui passe, un chant du large pour qui
veille :

VII

« Innombrables sont nos voies et nos demeures incertaines. Tel s'abreuve au divin dont la lèvre est d'argile. Vous, laveuses des morts dans les eaux-mères du matin — et c'est la terre encore aux ronces de la guerre — lavez aussi la face des vivants ; lavez, ô Pluies ! la face triste des violents, la face douce des violents... car leurs voies sont étroites, et leurs demeures incertaines.

« Lavez, ô Pluies ! un lieu de pierre pour les forts. Aux grandes tables s'assiéront sous l'auvent de leur force, ceux que n'a point grisés le vin des hommes, ceux que n'a point souillés le goût des larmes ni du songe, ceux-là qui n'ont point cure de leur nom dans les trompettes d'os... aux grandes tables s'assiéront, sous l'auvent de leur force, en lieu de pierre pour les forts.

« Lavez le doute et la prudence au pas de l'action, lavez le doute et la décence au champ de la vision. Lavez la taie sur l'œil de l'homme de bon goût, sur l'œil de l'homme de bon ton ; la taie de l'homme de mérite, la taie de l'homme de talent ; lavez l'écaille sur l'œil du Maître et du Mécène, sur l'œil du Juste et du Notable... sur l'œil des hommes qualifiés, par la prudence et la décence.

« Lavez, lavez la bienveillance au cœur des grands Intercesseurs, la bienséance au front des grands Éducateurs, et la souillure du langage sur les lèvres publiques. Lavez, ô Pluies, la main du Juge et du Prévôt, la main de l'accoucheuse et de l'ensevelisseuse, les mains léchées d'infirmes et d'aveugles, et la main basse, au front des hommes, qui rêve encore de rênes et du fouet... avec l'assentiment des grands Intercesseurs, des grands Éducateurs.

« Lavez, lavez l'histoire des peuples aux hautes tables de mémoire : les grandes annales officielles, les grandes chroniques du Clergé et les bulletins académiques. Lavez les bulles et les chartes, et les Cahiers du Tiers-Etat; les Covenants, les Pactes d'alliance et les grands actes fédératifs; lavez, lavez, ô Pluies! tous les vélins et tous les parchemins, couleur de murs d'asiles et de léproseries, couleur d'ivoire fossile et de vieilles dents de mules... Lavez, lavez, ô Pluies! les hautes tables de mémoire.

« O Pluies! lavez au cœur de l'homme les plus beaux dits de l'homme: les plus belles sentences, les plus belles séquences; les phrases les mieux faites, les pages les mieux nées. Lavez, lavez, au cœur des hommes, leur goût de cantilènes, d'élégies; leur goût de villanelles et de rondeaux; leurs grands bonheurs d'expression; lavez le sel de l'atticisme et le miel de l'euphuisme; lavez, lavez la literie du songe et la litière du savoir: au cœur de l'homme sans refus, au cœur de l'homme sans dégoût, lavez, lavez, ô Pluies! les plus beaux dons de l'homme... au cœur des hommes les mieux doués, pour les grandes œuvres de raison. »

VIII

...C'est la terre plus fraîche au cœur des fougeraies, l'affleurement des grands fossiles aux marnes ruisselantes,

Et dans la chair navrée des roses après l'orage, la terre, encore au goût de femme faite femme...

C'est la Ville plus vive aux feux de mille glaives, le vol des sacres sur les marbres, le ciel encore aux vasques des fontaines.

Et la truie d'or à bout de stèle sur les places désertes. C'est la splendeur encore aux porches de cinabre; la bête noire ferrée d'argent à la plus basse porte des jardins;

C'est le désir encore au flanc des jeunes veuves, des jeunes veuves de guerriers, comme de grandes urnes rescellées...

C'est la fraîcheur courant aux crêtes du langage, l'écume encore
    aux lèvres du poème,

Et l'homme encore de toutes parts pressé d'idées nouvelles, qui
    cède au soulèvement des grandes houles de l'esprit :

« Le beau chant, le bleu chant que voilà sur la dissipation des
    eaux !... » et mon poème, ô Pluies ! qui ne sera pas écrit !

IX

La nuit venue, les grilles closes, que pèse l'eau du ciel au bas-
    empire des taillis ?
A la pointe des lances le plus clair de mon bien !... Et toutes
    choses égales au fléau de l'esprit,

Seigneur terrible de mon rire, vous porterez ce soir l'esclandre
    au plus haut lieu...

Car telles sont vos délices, Seigneur, au seuil aride du poème, où
    mon rire épouvante les paons verts de la gloire.

Exil

PIERRE REVERDY
(1889–)

Galeries

Un entonnoir immense où se tordait la nuit
    Des lambeaux s'échappaient par moments
Des lueurs qui allaient s'éteindre bien plus loin
    Tout était pâle
    L'aube
    Le soleil naissant
    Une boule à peine ronde
    Le reflet du monde
    Sur l'écran

Une ligne horizontale se tendait
             L'air se mettait à vibrer
             Il fallait attendre
Les voix qui revenaient de loin
             Rappelaient ta vie en arrière
Mais le chemin qu'il aurait fallu refaire était trop long
Les voix familières trop tristes
Les yeux qui te regardent sont sinistres
             On ne peut plus avancer
Toutes les portes sont fermées
Derrière quelqu'un écoute plaqué contre le mur
             Et le rideau qui tremble
                          retombe
Il te ressemble
             Le centre se déplace
Les parois inclinées rendent le ciel plus grand
             L'ombre déborde
                   La tête se penchait
C'est celle d'un malade
                          Et la seule qui existait
                          Une étoile se déclouait
                   Tout près
La main lentement se soulève
Le front plissé a dissipé son rêve
Et tout ce qui derrière était passé
                   Une seule fois
                   dans le temps qui s'amasse
On ne regarde pas
             C'est à recommencer
Mais quand pourra-t-on revenir
Au moment où tout peut finir
             La vie entière est en jeu
Constamment
Nous passons à côté du vide élégamment
                   sans tomber
Mais parfois quelque chose en nous fait tout trembler
Et le monde n'existe plus
             Nos yeux se trompent

[486]

L'on n'entend plus le même son
La même voix
C'est derrière l'univers soi-même que l'on voit
    Une silhouette qui danse
La série de portraits qui ne rappellent rien
        De ceux que l'on ne connaît pas
Ce sont des gens qui vous regardent
       Des cadres éclatants les gardent
Au milieu de ces visages immobiles
Le seul qui soit vivant
         Paraît le plus tranquille
Il part pour ne plus revenir
Dans la salle où les murs se sont mis à sourire
Il n'y a plus que la nuit qui monte pour sortir
    Un pas résonnant sur la dalle
Il fait froid
Ton regard levé vers les étoiles

JEAN COCTEAU
(1891–)

Plain-chant

Je n'aime pas dormir quand ta figure habite
    La nuit, contre mon cou ;
Car je pense à la mort, laquelle vient si vite
    Nous endormir beaucoup.

Je mourrai, tu vivras et c'est ce qui m'éveille !
    Est-il une autre peur ?
Un jour ne plus entendre auprès de mon oreille
    Ton haleine et ton cœur.

Quoi ? Ce timide oiseau, replié par le songe
    Déserterait son nid,

[487]

Son nid d'où notre corps à deux têtes s'allonge
      Par quatre pieds fini.

Puisse durer toujours une si grande joie
      Qui cesse le matin,
Et dont l'ange chargé de me faire ma voie
      Allège mon destin.

Léger, je suis léger sous cette tête lourde
      Qui semble de mon bloc,
Et reste en mon abri, muette, aveugle, sourde,
      Malgré le chant du coq.

Cette tête coupée, allée en d'autres mondes
      Où règne une autre loi,
Plongeant dans le sommeil des racines profondes,
      Loin de moi, près de moi.

Ah! je voudrais, gardant ton profil sur ma gorge,
      Par ta bouche qui dort
Entendre de tes seins la délicate forge
      Souffler jusqu'à ma mort.

Lit d'amour, faites halte. Et, sous cette ombre haute,
Reposons-nous : partons ; laissons là-bas au bout
Nos pieds sages, chevaux endormis côte à côte,
Et quelquefois mettant l'un sur l'autre le cou.

Rien ne m'effraye plus que la fausse accalmie
      D'un visage qui dort ;
Ton rêve est une Égypte et toi c'est la momie
      Avec son masque d'or.

Où ton regard va-t-il sous cette riche empreinte
      D'une reine qui meurt,
Lorsque la nuit d'amour t'a défaite et repeinte
      Comme un noir embaumeur?

Abandonne, ô ma reine, ô mon canard sauvage,
  Les siècles et les mers ;
Reviens flotter dessus, regagne ton visage
  Qui s'enfonce à l'envers.

Les sœurs, comme un cheval, nous savent la main mordre,
  Et nous jeter au sol,
Lorsque nous essayons de différer leur ordre,
  En leur flattant le col.

Elles portent au but celui-là qui les aide,
  Et se met de côté,
Même s'il en a peur, même s'il trouve laide
  Leur terrible beauté.

Or moi, j'ai secondé si bien leur force brute,
  Travaillé tant et tant,
Que si je dois mourir la prochaine minute
  Je peux mourir content...

PAUL ÉLUARD

(1895–1952)

Comme deux Gouttes d'eau

De tout ce que j'ai dit de moi que reste-t-il
J'ai conservé de faux trésors dans des armoires vides
Un navire inutile joint mon enfance à mon ennui
Mes jeux à la fatigue
Un départ à mes chimères
La tempête à l'arceau des nuits où je suis seul
Une île sans animaux aux animaux que j'aime
Une femme abandonnée à la femme toujours nouvelle
En veine de beauté
La seule femme réelle

Ici ailleurs
Donnant des rêves aux absents
Sa main tendue vers moi
Se reflète dans la mienne
Je dis bonjour en souriant
On ne pense pas à l'ignorance
Et l'ignorance règne
Oui j'ai tout espéré
Et j'ai désespéré de tout
De la vie de l'amour de l'oubli du sommeil
Des forces des faiblesses
On ne me connaît plus
Mon nom mon ombre sont des loups.

Filles de rien prêtes à tout
Sœurs des fleurs sans racines
Sœurs des enfants rebelles
Minuscules
Indifférentes
Réduites à l'intelligence
A la raison à en mourir
Réduites dans vos secrets
Étrangères délaissées
Mes lointaines compagnes
Aux chairs sentimentales
Belles à peine belles mais toujours belles
Plus simples que le malheur
Plus précieuses que la beauté
De vos lèvres abattues
De votre sourire effondré
Vous me confiez vos poisons
O mithridatisées

Et j'oppose à l'amour
Des images toutes faites
Au lieu d'images à faire.

La Rose publique

Intimes

I

Tu glisses dans le lit
De lait glacé tes sœurs les fleurs
Et tes frères les fruits
Par le détour de leurs saisons
A l'aiguille irisée
Au flanc qui se répète
Tes mains tes yeux et tes cheveux
S'ouvrent aux croissances nouvelles
Perpétuelles

Espère espère espère
Que tu vas te sourire
Pour la première fois

Espère
Que tu vas te sourire
A jamais
Sans songer à mourir.

II

A toutes brides toi dont le fantôme
Piaffe la nuit sur un violon
Viens régner dans les bois
Les verges de l'ouragan
Cherchent leur chemin par chez toi
Tu n'es pas de celles
Dont on invente les désirs

Tes soifs sont plus contradictoires
Que des noyées

Viens boire un baiser par ici
Cède au feu qui te désespère.

III

Quel soleil dans la glace qui fait fondre un œuf
Quelle aubaine insensée le printemps tout de suite.

IV

Figure de force brûlante et farouche
Cheveux noirs où l'or coule vers le sud
Aux nuits corrompues
Or englouti étoile impure
Dans un lit jamais partagé

Aux veines des tempes
Comme aux bouts des seins
La vie se refuse
Les yeux nul ne peut les crever
Boire leur éclat ni leurs larmes
Le sang au-dessus d'eux triomphe pour lui seul
Intraitable démesurée
Inutile
Cette santé bâtit une prison.

V

Je n'ai envie que de t'aimer
Un orage emplit la vallée
Un poisson la rivière

Je t'ai faite à la taille de ma solitude
Le monde entier pour se cacher
Des jours des nuits pour se comprendre

Pour ne plus rien voir dans tes yeux
Que ce que je pense de toi
Et d'un monde à ton image

Et des jours et des nuits réglés par tes paupières.

Les Yeux fertiles

« Je veux qu'elle soit Reine ! »

A Nusch

Un village une ville et l'écho de ma voix

L'oreille fascinée efface le silence
Écoute sur le toit les voleurs de beau temps
Gorgés de vent de pluie
Ils venaient de la mer ils allaient vers le ciel
Ils sont restés en route
Écoute pour apprendre à dire les raisons
De ce que tu entends

Dans la rue
D'un homme on en fait deux
Et de toutes les femmes on dégage l'unique
A qui je parle
A toi écoute je réponds
A toutes tes paroles aux premières aux dernières
Aux murmures aux cris à la source au sommet
Je te réponds mon amour sans limites

Un village une ville et l'écho de ta voix
Taillant les villages les villes les partageant
La grande règle
Ce qui est digne d'être aimé
Contre ce qui s'anéantit

Sans songer à d'autres soleils
Que celui qui brille en mes bras
Sans t'appeler d'un autre nom
Que notre amour
Je vis et règne entre des murs
Je vis et règne hors des murs
Sur les bois sur la mer sur les champs sur les monts
Et sur les yeux et sur les voix qui les répètent

Habitante d'un monde où sans toi je n'ai rien
Ton cœur qui déjà dort oublie tout sauf mon cœur
Dehors nos souvenirs nuits à flanc de journées
Agitent nos liens sans pouvoir les briser.

Le Livre ouvert

Chant du dernier Délai

Noir c'est mon nom quand je m'éveille
Noir le singe qui me tracasse
Qui grimace moule à manies
Devant le miroir de ma nuit
Noir c'est mon poids de déraison
C'est ma moitié froide pourrie

Noir où la flèche s'est plantée
Où le tison a prospéré
Noir le gentil corps foudroyé
Noir le cœur pur de mon amour
Noire la rage aux cheveux blancs
A la bouche basse et baveuse

Cette envie folle de hurler
Ne cessera qu'avec ma voix
Que sur les charmes de ma tombe
Où viendront pleurer mes complices
Tous ceux qui m'approuvaient d'aimer
Et qui voudraient fêter mon deuil

J'étais construit les mains ensemble
Doublé de deux mains dans les miennes
J'étais construit avec deux yeux
Qui se chargeaient des miens pour voir
Mais aujourd'hui je sens mes os
Se fendre sous le froid parfait

Je sens le monde disparaître
Rien ne demeure de nos rires
Ni de nos nuits ni de nos rêves
Et la rosée est charbonneuse
J'ai trop pleuré la coque est vide
Où nous ne pouvions qu'être deux

Écartez-vous de ma douleur
Elle vient droit de la poussière
Elle nie tous les sacrifices
La mort n'est jamais vertueuse
Écartez-vous si vous avez
Envie de vivre sans mourir

Sous vos paupières desséchées
Et dans la boue de vos désirs
Noir un zéro s'arrondirait
Zéro petit et très immense
Qui est capable de gagner
La souveraine part de l'homme

Noir c'est moi seul soyez plus clairs.

Poèmes politiques

Notre Vie

Notre vie tu l'as faite elle est ensevelie
Aurore d'une ville un beau matin de mai
Sur laquelle la terre a refermé son poing
Aurore en moi dix-sept années toujours plus claires
Et la mort entre en moi comme dans un moulin

Notre vie disais-tu si contente de vivre
Et de donner la vie à ce que nous aimions
Mais la mort a rompu l'équilibre du temps
La mort qui vient la mort qui va la mort vécue
La mort visible boit et mange à mes dépens

Morte visible Nusch invisible et plus dure
Que la soif et la faim à mon corps épuisé
Masque de neige sur la terre et sous la terre
Source des larmes dans la nuit masque d'aveugle
Mon passé se dissout je fais place au silence.

Le Temps déborde

LOUIS ARAGON
(1897–   )

Richard II quarante

Ma patrie est comme une barque
Qu'abandonnèrent ses haleurs
Et je ressemble à ce monarque
Plus malheureux que le malheur
Qui restait roi de ses douleurs

Vivre n'est plus qu'un stratagème
Le vent sait mal sécher les pleurs
Il faut haïr tout ce que j'aime
Ce que je n'ai plus donnez-leur
Je reste roi de mes douleurs

Le cœur peut s'arrêter de battre
Le sang peut couler sans chaleur
Deux et deux ne fassent plus quatre
Au Pigeon-Vole des voleurs
Je reste roi de mes douleurs

Que le soleil meure ou renaisse
Le ciel a perdu ses couleurs
Tendre Paris de ma jeunesse
Adieu printemps du Quai-aux-fleurs
Je reste roi de mes douleurs

Fuyez les bois et les fontaines
Taisez-vous oiseaux querelleurs
Vos chants sont mis en quarantaine
C'est le règne de l'oiseleur
Je reste roi de mes douleurs

Il est temps pour la souffrance
Quand Jeanne vint à Vaucouleurs
Ah coupez en morceaux la France
Le jour avait cette pâleur
Je reste roi de mes douleurs.

Le Crève-Cœur

Les Lilas et les Roses

O mois des floraisons mois des métamorphoses
Mai qui fut sans nuage et Juin poignardé
Je n'oublierai jamais les lilas ni les roses
Ni ceux que le printemps dans ses plis a gardés

Je n'oublierai jamais l'illusion tragique
Le cortège les cris la foule et le soleil
Les chars chargés d'amour les dons de la Belgique
L'air qui tremble et la route à ce bourdon d'abeilles
Le triomphe imprudent qui prime la querelle
Le sang que préfigure en carmin le baiser
Et ceux qui vont mourir debout dans les tourelles
Entourés de lilas par un peuple grisé

Je n'oublierai jamais les jardins de la France
Semblables aux missels des siècles disparus
Ni le trouble des soirs l'énigme du silence
Les roses tout le long du chemin parcouru
Le démenti des fleurs au vent de la panique
Aux soldats qui passaient sur l'aile de la peur
Aux vélos délirants aux canons ironiques
Au pitoyable accoutrement des faux campeurs

Mais je ne sais pourquoi ce tourbillon d'images
Me ramène toujours au même point d'arrêt
A Sainte-Marthe Un général De noirs ramages
Une villa normande au bord de la forêt
Tout se tait L'ennemi dans l'ombre se repose
On nous a dit ce soir que Paris s'est rendu
Je n'oublierai jamais les lilas ni les roses
Et ni les deux amours que nous avons perdus

Bouquets du premier jour lilas lilas des Flandres
Douceur de l'ombre dont la mort farde les joues
Et vous bouquets de la retraite roses tendres
Couleur de l'incendie au loin roses d'Anjou

Le Crève-Cœur

HENRI MICHAUX
(1899–   )

Ecce Homo

A Madame Mayrisch Saint-Hubert

Qu'as-tu fait de ta vie, pitance de roi?

J'ai vu l'homme.

Je n'ai pas vu l'homme comme la mouette, vague au ventre, qui file rapide sur la mer indéfinie.

J'ai vu l'homme à la torche faible, ployé et qui cherchait. Il avait le sérieux de la puce qui saute, mais son saut était rare et réglementé.

Sa cathédrale avait la flèche molle. Il était préoccupé.

Je n'ai pas entendu l'homme les yeux humides de piété dire au serpent qui le pique mortellement : « Puisses-tu renaître homme et lire les Vedas ! ». Mais j'ai entendu l'homme comme un char lourd sur sa lancée écrasant mourants et morts, et il ne se retournait pas.

Son nez était relevé comme la proue des embarcations Vikings, mais il ne regardait pas le ciel, demeure des dieux ; il regardait le ciel suspect, d'où pouvaient sortir à tout instant des machines implacables, porteuses de bombes puissantes.

Il avait plus de cerne que d'yeux, plus de barbe que de peau, plus de boue que de capote, mais son casque était toujours dur.

Sa guerre était grande, avait des avants et des arrières, avait des avants et des après. Vite partait l'homme, vite partait l'obus. L'obus n'a pas de chez soi. Il est pressé quand même.

Je n'ai pas vu paisible, l'homme au fabuleux trésor de chaque soir pouvoir s'endormir dans le sein de sa fatigue amie.

Je l'ai vu agité et sourcilleux. Sa façade de rires et de nerfs était grande, mais elle mentait. Son ornière était tortueuse. Ses soucis étaient ses vrais enfants.

Depuis longtemps le soleil ne tournait plus autour de la Terre. Tout le contraire.

Puis il lui avait encore fallu descendre du singe.

Il continuait à s'agiter comme fait une flamme brûlante, mais le torse du froid, il était là sous sa peau.

Je n'ai pas vu l'homme comptant pour homme. J'ai vu « Ici, l'on brise les hommes ». Ici, on les brise, là on les coiffe et toujours il sert. Piétiné comme une route, il sert.

Je n'ai pas vu l'homme recueilli, méditant sur son être admirable. Mais j'ai vu l'homme recueilli comme un crocodile qui de ses yeux de glace regarde venir sa proie et en effet il l'attendait bien protégé au bout d'un fusil long. Cependant les obus tombant autour de lui étaient encore beaucoup mieux protégés. Ils avaient une coiffe à leur bout qui avait été spécialement étudiée pour sa dureté, pour sa dureté implacable.

Je n'ai pas vu l'homme répandant autour de lui l'heureuse conscience de la vie. Mais j'ai vu l'homme comme un bon bimoteur de combat répandant la terreur et les maux atroces.

Il avait quand je le connus à peu près cent mille ans et faisait aisément le tour de la Terre. Il n'avait pas encore appris à être bon voisin.

Il courait parmi eux des vérités locales, des vérités nationales. Mais l'homme vrai je ne l'ai pas rencontré.

Et c'étaient les philosophies de l'animal le moins philosophique du monde, des ies et des ismes ensevelissant de jeunes corps dans de vieilles draperies, mais quelque chose d'alerte aussi et c'était

l'homme nouveau, l'homme insatisfait, à la pensée caféinée, in-
fatigablement espérant qui tendait les bras. (Vers quoi les bras
ne peuvent-ils se tendre?)

Et c'était la paix, la paix assurément, un jour, bientôt, la paix
comme il y en eut déjà des millions, une paix d'hommes, une paix
qui n'obturerait rien.

Voici que la paix s'avance semblable à un basset pleurétique et
l'homme planckton, l'homme plus nombreux que jamais,
l'homme un instant excédé, qui attend toujours et voudrait un
peu de lumière...

Épreuves et Exorcismes

RENÉ CHAR
(1907–)

Redonnez-leur...

Redonnez-leur ce qui n'est plus présent en eux,
Ils reverront le grain de la moisson s'enfermer dans l'épi et s'agiter
    sur l'herbe.
Apprenez-leur, de la chute à l'essor, les douze mois de leur visage,
Ils chériront le vide de leur cœur jusqu'au désir suivant;
Car rien ne fait naufrage ou ne se plaît aux cendres;
Et qui sait voir la terre aboutir à des fruits,
Point ne l'émeut l'échec quoiqu'il ait tout perdu.

I

    Dans l'urne des temps secondaires
    L'enfant à naître était de craie.
    La marche fourchue des saisons
    Abritait d'herbe l'inconnu.

    La connaissance divisible
    Pressait d'averses le printemps.
    Un aromate de pays
    Prolongeait la fleur apparue.

Communication qu'on outrage,
Écorce ou givre déposés ;
L'air investit, le sang attise ;
L'œil fait mystère du baiser.

Donnant vie à la route ouverte,
Le tourbillon vint aux genoux ;
Et cet élan, le lit des larmes
S'en emplit d'un seul battement.

II

La seconde crie et s'évade
De l'abeille ambiante et du tilleul vermeil.
Elle est un jour de vent perpétuel,
Le dé bleu du combat, le guetteur qui sourit
Quand sa lyre profère : « Ce que je veux, sera ».

C'est l'heure de se taire,
De devenir la tour
Que l'avenir convoite.

Le chasseur de soi fuit sa maison fragile :
Son gibier le suit n'ayant plus peur.

Leur clarté est si haute, leur santé si nouvelle,
Que ces deux qui s'en vont sans rien signifier
Ne sentent pas les sœurs les ramener à elles
D'un long bâillon de cendre aux forêts blanches.

III

Cet enfant sur ton épaule
Est ta chance et ton fardeau.
Terre en quoi l'orchidée brûle,
Ne le fatiguez pas de vous.

Restez fleur et frontière,
Restez manne et serpent;
Ce que la chimère accumule
Bientôt délaisse le refuge.

Meurent les yeux singuliers
Et la parole qui découvre.
La plaie qui rampe au miroir
Est maîtresse des deux bouges.

Violente l'épaule s'entr'ouvre;
Muet apparaît le volcan.
Terre sur quoi l'olivier brille,
Tout s'évanouit en passage.

Les loyaux Adversaires

Les trois Sœurs

Mon amour à la robe de phare bleu,
je baise la fièvre de ton visage
où couche la lumière qui jouit en secret.

J'aime et je sanglote. Je suis vivant
et c'est ton cœur cette Étoile du Matin
à la durée victorieuse qui rougit avant
de rompre le combat des Constellations.

Hors de toi, que ma chair devienne la voile
qui répugne au vent.

Le Poème pulvérisé

PATRICE DE LA TOUR DU PIN
(1911–)

Les Laveuses

Il aurait fallu voir les arbres de plus haut,
A leurs crêtes, le vent qui joue parmi les branches,
Ce vent du Sud qui d'ordinaire est gonflé d'eau
Et qui rejoint, si lentement, l'autre lisière ;
Tu l'entendras monter, Annie, si tu te penches,
Car j'ai le nez d'un chien de chasse, pour prévoir
Les tempêtes qui font déborder ma rivière :
Nous n'avons plus le temps de battre avant ce soir
Les nippes d'un village qui va disparaître...

Mais ce n'est pas le vent qui roule de la sorte,
Nous l'aurions reconnu d'une peur instinctive :
Les barrages ont dû se rompre, les eaux mortes
Vont s'engouffrer à perdre haleine devant nous :
Annie, ne pense pas du mal de ma rivière,
C'est toute la vallée en hiver, les remous
Qui tressaillent dans un frisson perpétuel :
Annie, c'est beaucoup plus qu'un lavoir solitaire
Si doucement porté qu'on le croit immobile,
Mais devant nous des formes mouvantes défilent,
Et le vent qui déploie tes cheveux sur le ciel !

Tu perçois maintenant le bruit des eaux qui montent,
Nous sommes entraînées au milieu des courants :
Tu vas revivre la légende qu'on raconte
Le soir, dans les hameaux que la tempête isole :
Une maison de bois dérivant vers la mer,
Qui passe avec des chants et des rires de folles,
Et jamais retrouvée dans le vallon désert...

Te souviens-tu, Annie, d'une telle tempête ?
Elle est gonflée de tant de rumeurs de là-bas,

Celles des villages que l'eau gagne, des bêtes
Bousculées d'une peur que tu ne comprends pas :
Elles se sont enfuies sur les hautes jachères
Avec les hommes, tout un monde immobile et traqué
Qui regarde d'en haut déborder ma rivière
Où deux êtres s'en vont sans vouloir débarquer !

Et nous sommes les seules des âmes vivantes
Que les eaux mêleront aux choses irréelles
Dans l'émerveillement de retrouver en elles
Des régions aimées que leur passage enchante,
Les herbes des prairies qu'on connaît une à une,
Et les hameaux, tous feux éteints, au clair de lune
Où va rôder la grande peur, en pleine nuit !

Et nous serons si loin parmi d'autres villages,
Nous passerons avant la vague qui détruit,
Pour voir les champs perdus dans une nuit d'hiver,
Et les aubes givrées au fond des paysages,

Et dans l'aurore les premiers oiseaux de mer...

La Quête de Joie

Regains

Regains... tout le reste de la plaine est fauché ;
Ce vague de l'esprit qui montait sur les chaumes
S'en ira balayé par le vent ; le fantôme
De l'éternelle inquiétude est desséché.

Regain... je vais pouvoir nager dans le vert tendre
Des prairies, le fouillis des odeurs végétales,
Et lécher la rosée à même les pétales...
Regain... ne pas s'abandonner mais tout comprendre.

Laisse couler en toi l'ambiance dorée;
Puisque le désir vient d'embrasser ces collines,
Caresse-les des mains : elles sont féminines,
Toutes tremblantes, comme des vagues nacrées.

Où vas-tu, battant l'air divin avec fureur?
Je te croyais gonflé de calme et d'espérance,
Mûri pour la sagesse et pour la renaissance...
— Peut-être la renaissance de la douleur...

La Quête de Joie

PIERRE EMMANUEL
(1916–)

Arbres d'artères...

Arbre d'artères
En moi planté
Un oiseau-lierre
T'a ligoté

Dans la poitrine
Siffle l'azur
On assassine
Même les murs

Aiguë, la balle
Vrille le cœur
Le ciel spirale
Et l'ombre meurt

Soleil, hélice
D'éternité
D'une si lisse
Vélocité

Le sang qui gicle
Dore l'été
De ses magiques
Rayons blessés.

Chanson du Dé à coudre

Je chante un feu parfait...

Je chante un feu parfait sur ma légère cendre,
un parfait abandon de plaines à Tes pieds
Seigneur : la saison sobre où les eaux se recueillent
à peine loin m'effleure-t-elle que je meurs

Heureux d'être étendu selon Ta Face, ô Père
du voyageur ! s'il m'est laissé cet arbre seul
ce peuplier qui m'attendait depuis l'enfance,
pour gage que je surgirai d'entre les morts.

Un arbre, une fontaine : ô plaie vive ! j'écoute
mort, d'un autre que moi sourdre à jamais le sang
et le murmure emplit mon épaisseur de terre.

Il me garde poreux et souple dans la Mort.
Un jour, après des siècles d'astres, le silence
reviendra sur mes lèvres nues, et le printemps.

Sodome

Hymne de l'Amour humain

Un soir, ayant porté tout le jour le soleil
Ils avaient inventé la femme. Un creux de terre
Un peu de mousse ayant l'odeur de l'eau première
Une barque au sillage blond dans le sommeil.

Cette couche qui prit l'empreinte de leur songe
S'arrondit en épaule tendre sous leur front
Devint un fruit laiteux dans leur paume, et selon
Leur flanc, un fleuve frais où la fatigue plonge.

[506]

Puis, le beau corps s'ouvrant sous le soc : le labour
Matinal, les taureaux du vent sur les collines !
Un soleil aux poils roux flambait sur la poitrine
Des hommes dont les reins se cambraient dans l'amour.

Et voici qu'ils se virent nus. Un ciel étrange
Depuis toujours les regardait. Un ciel ? une eau
Sans ride, où leur désir était comme un défaut
Dans un vide que l'œil de Dieu même dérange.

Alors ils prirent peur et peignirent ce corps
De toutes les couleurs dont la terre est parée :
Mais quand, par mille noms te croyant conjurée
Femme qui ne réponds qu'au seul nom de la mort,

Leurs yeux où s'éveillait la puissance des larmes
Cherchèrent dans tes yeux à reposer leur ciel
Ils n'y lurent qu'un bleu verdissant et cruel
Une limpidité monotone de charme,

Le regard oxydé d'une idole ! Cela
Jetait sous l'éventail des cils ses flammes feintes
Jouait de la paupière au désir, à la crainte
Sans que sa fixité de métal se troublât.

Ils pleurèrent, pour pénétrer ces yeux de cuivre :
Ce fut le ciel majeur qui s'en approfondit.
L'ombre qui fait miséricorde en plein midi
La bonté de la nuit qui les absout de vivre

Vainement désormais s'offriront à leur cœur.
Dans ce corps qu'ils ont modelé de leurs caresses
Le néant sous leurs mains se fait chair : il se laisse
Cerner par une gauche et hâtive douceur.

Ils tiennent l'absolu, maintenant ! Ils consentent
Sans retour à se perdre au désert de ces yeux

Où les poussent l'espoir et l'effroi merveilleux
De voir se peindre leur image encore absente

— Pour rien — sur la rétine insensible du Rien.

Toi, femme, qui connais le sens de leur folie
Tu les laisses laper ton corps jusqu'à la lie
Et s'abreuver du sel dont leur soif a besoin.

Mais ton regard toujours fixé sur leur absence
Les jette à se nier pour être vus enfin
A tout sacrifier pour atteindre le Rien
A n'être plus pour être emplis de ta présence.

Babel

Celui qui fait comme une fille...

Celui qui fait comme une fille le trottoir
Espérant raccrocher la joie au coin des rues
Celui dont les putains se rient tout haut le soir
Le voyant s'obstiner aux pistes rebattues

Christ élimé par les passants, râpant son cœur
Contre les pierres : où est-elle, sa tunique
Sans couture, l'aube des mondes ? Sa douleur
Est habillée comme une apprentie de fabrique

Aux bouches du métro ils se retrouvent, las
L'un de l'autre, damnés sans recours l'un dans l'autre
Voués à la chambre d'hôtel, aux gestes bas
Deux silex méchamment frottés d'où jaillit l'aube

Sentant la pierre et la rancune et le brouillard.
Ecce homo, voilà le prêtre dont la messe
Présente aux crachats de la suie et du cafard
Le pain azyme, le soleil d'une détresse

Que rien, mon Dieu, que rien ne saurait apaiser
Surtout pas l'autre monde et son espoir factice
Ses faux ors en vitrine et ses saintes fardées
Dans la pénombre aux cierges louches des églises.

C'est à Toi que j'en ai, Seigneur, d'être si loin
D'être l'Absent que notre absence éloigne encore.
Pour ceux d'ici dont le mutisme crie la faim
N'as-tu que les reliefs de ta miséricorde

L'aumône d'un Éden auquel ils ne croient point?
Prends en pitié l'éclair de cette gueule blanche
La foule qui ne sait que mordre. Son besoin
Est si jaloux qu'au seul espoir d'une présence

Tu la vois qui s'apprête à la curée. Seigneur
Sois avec nous, car la souffrance de la terre
Si tu n'en souffres parmi nous, est le majeur
Scandale: punirais-Tu l'homme de se taire

Quand Toi-même T'absous de Te taire, Seigneur?

Babel

YVES BONNEFOY
(1923–   )

Vrai Nom

Je nommerai désert ce château que tu fus,
Nuit cette voix, absence ton visage,
Et quand tu tomberas dans la terre stérile
Je nommerai néant l'éclair qui t'a porté.

Mourir est un pays que tu aimais. Je viens
Mais éternellement par tes sombres chemins.

Je détruis ton désir, ta forme, ta mémoire,
Je suis ton ennemi qui n'aura de pitié.

Je te nommerai guerre et je prendrai
Sur toi les libertés de la guerre et j'aurai
Dans mes mains ton visage obscur et traversé,
Dans mon cœur ce pays qu'illumine l'orage.

Vrai Corps

Close la bouche et lavé le visage,
Purifié le corps, enseveli
Ce destin éclairant dans la terre du verbe,
Et le mariage le plus bas s'est accompli.

Tue cette voix qui criait à ma face
Que nous étions hagards et séparés,
Murés ces yeux : et je tiens Douve morte
Dans l'âpreté de soi avec moi refermée.

Et si grand soit le froid qui monte de ton être,
Si brûlant soit le gel de notre intimité,
Douve, je parle en toi ; et je t'enserre
Dans l'acte de connaître et de nommer.

Douve parle

I

Quelquefois, disais-tu, errante à l'aube
Sur des chemins noircis,
Je partageais l'hypnose de la pierre,
J'étais aveugle comme elle.
Or est venu ce vent par quoi mes comédies
Se sont élucidées en l'acte de mourir.

Je désirais l'été,
Un furieux été pour assécher mes larmes,
Or est venu ce froid qui grandit dans mes membres,
Et je fus éveillée et je souffris.

II

O fatale saison,
O terre la plus nue comme une lame !
Je désirais l'été,
Qui a rompu ce fer dans le vieux sang ?

Vraiment je fus heureuse
A ce point de mourir.
Les yeux perdus, mes mains s'ouvrant à la souillure
D'une éternelle pluie.

Je criais, j'affrontais de ma face le vent...
Pourquoi haïr, pourquoi pleurer, j'étais vivante,
L'été profond, le jour me rassuraient.

Du Mouvement et de l'Immobilité de Douve

SELECTED LIST OF REFERENCE BOOKS

BÉDIER, J., et HAZARD, P. : *Littérature Française* (Paris, 1949).

BÉGUIN, A. : *L'Ame Romantique et le Rêve*.

BOWRA, C. M. : *The Heritage of Symbolism* (Macmillan, London, 1947).

BRÉMOND, H. : *La Poésie Pure* (Grasset, Paris, 1926).
 Prière et Poésie (Grasset, Paris, 1926).
 Racine et Valéry (Grasset, Paris, 1930).

BRERETON, J. : *Racine* (Cassell, London, 1951).

CAZAMIAN, L. : *A History of French Literature* (Clarendon Press, Oxford, 1955).

CHIARI, J. : *The Poetic Drama of Paul Claudel* (Harvill, London, 1954).
 Symbolisme from Poe to Mallarmé (Rockliff, London, 1956).

CLAUDEL, P. : *Positions et propositions sur le vers français, I et II* (Gallimard, Paris, 1928 and 1934).

HACKETT, C. H. : *Rimbaud l'enfant* (Corti, Paris, 1948).

JONES, P. M. : *The Background to Modern French Poetry* (Cambridge University Press, 1952).

LEWIS, D. B. : *Villon* (Sheed and Ward, London, 1943).
 Ronsard (Sheed and Ward, London, 1944).

MAULNIER, T. : *Introduction à la Poésie française* (Gallimard, Paris, 1939).

MAUROIS, A. : *Olympio, ou la vie de Victor Hugo* (Hachette, Paris, 1954).

MICHAUD, G. : *Message poétique du Symbolisme* (Nizet, Paris, 1947).

NOULET, E. : *Paul Valéry* (Grasset, Paris, 1938).
 L'Œuvre poétique de Mallarmé (Droz, Paris, 1940).

POULET, G. : *Etudes sur le temps humain* (Plon, Paris, 1950).

RAYMOND, M. : *De Baudelaire au Surréalisme* (Corti, Paris, 1940).
 Génies de France (Cahiers du Rhône, La Bacconnière, 1942).
 L'Influence de Ronsard sur la Poésie Française de 1550 à 1580 (Paris, 1927).

RICHARD, J. P. : *Poésie et Sensation* (Plon, Paris, 1956).

SCARFE, F. : *The Art of Paul Valéry* (Heinemann, London, 1954).

STARKIE, E. : *Arthur Rimbaud* (Hamish Hamilton, London, 1947).
 Baudelaire (Faber, London, 1957).

STEELE, A. J. : *Three Centuries of French Verse, 1511–1819* (Edinburgh University Press, 1956).

STRACHEY, L. : *Landmarks in French Literature* (Thornton Butterworth, London, 1912).

THIBAUDET, A. : *Histoire de la Littérature française de 1789 à nos jours* (Stock, Paris, 1936).

VALÉRY, P. : *Variétés I–V* (Gallimard, Paris).

INDEX OF AUTHORS

and titles of anonymous works